PEVE – Processo Extraordinário de Viabilização de Empresas

PEVE – Processo Extraordinário de Viabilização de Empresas

2023

Fernando Taínhas
Mestre em Direito
Juiz de Direito

ALMEDINA

PEVE – PROCESSO EXTRAORDINÁRIO DE VIABILIZAÇÃO DE EMPRESAS

AUTOR
Fernando Taínhas

EDITOR
EDIÇÕES ALMEDINA, S.A.
Avenida Emídio Navarro, 81, 3D
3000-151 Coimbra
Tel.: 239 851 904 · Fax: 239 851 901
www.almedina.net · editora@almedina.net

DESIGN DE CAPA
EDIÇÕES ALMEDINA, S.A.

PRÉ-IMPRESSÃO
João Jegundo

IMPRESSÃO E ACABAMENTO

Abril, 2023

ISBN
978-989-40-1161-3

DEPÓSITO LEGAL
xxxxxxxxxxxxxxxx

ALMEDINA | GRUPOALMEDINA

RESUMO

A presente dissertação tem por objeto o estudo do processo extraordinário de viabilização de empresas (PEVE), criado pela Lei nº 75/2020, de 27 de novembro, no âmbito do Programa de Estabilização Económica e Social (PEES) enquanto instrumento excecional de recuperação específico para empresas que se encontrem em situação económica difícil ou de insolvência devido à crise socioeconómica espoletada pela pandemia da doença COVID-19.

Sem descurar o devido paralelo com o seu congénere processo especial de revitalização (PER), que, aliás, serviu de modelo para a criação do PEVE, o estudo incide na análise jurídica da integralidade do respetivo regime legal, destacando, em particular, os seus aspetos inovadores, *maxime* mais controversos, e as múltiplas questões que os mesmos concitam, para as quais se ensaiam respostas (*v.g.* a supressão da fase de reclamação de créditos; a obrigatoriedade da formulação de um juízo de mérito sobre se o acordo a homologar oferece perspetivas razoáveis de garantir a viabilidade da empresa ou a fase de adesão dos credores).

Palavras-chave: Covid-19, processo, extraordinário, viabilização, empresas.

ABSTRACT

This dissertation analyses the "Extraordinary Proceedings for the Feasibility of Companies" (PEVE), created by Law 75/2020, of 27 November, within the scope of the Economic and Social Stabilization Programme (PEES) as an exceptional instrument for the recuperation of companies affected by the socio-economic crisis triggered by the COVID-19 pandemic.

Without neglecting the due parallel with its counterpart Special Revitalization Process (PER), which served as a model for the creation of PEVE, the study focuses on the analysis of the respective legal regime. It highlights, in particular, the innovative and most controversial aspects of the process and the multiple questions they raise. Answers to these questions are then sketched out, including: the elimination of the credit claim stage and the obligation to formulate a judicial decision on the merits of whether the agreement to be ratified offers reasonable prospects of guaranteeing the company's feasibility or the creditor accession stage.

Keywords: Covid-19, proceedings, extraordinary, feasibility, companies.

SIGLAS E PRINCIPAIS ABREVIATURAS

AA. VV. – Autores vários
Ac. – Acórdão
Acs. – Acórdãos
AJP – Administrador Judicial Provisório
Art. – Artigo
Arts. – Artigos
CC – Código Civil
Cf. – Confrontar
CIRE – Código da Insolvência e da Recuperação de Empresas
Coord. – Coordenação
CPC – Código de Processo Civil
CPPT – Código de Procedimento e de Processo Tributário
DL – Decreto-Lei
Nº – Número
Ob. cit. – Obra citada
Org. – Organização
P. – Página
Pp. – Páginas
PER – Processo Especial de Revitalização
PEAP – Processo Especial para Acordo de Pagamento
PEES – Programa de Estabilização Económica e Social
PEVE – Processo Extraordinário de Viabilização de Empresas
RCM – Resolução do Conselho de Ministros
RERE – Regime Extrajudicial de Recuperação de Empresas
S. – Seguintes
V. G. – *verbi gratia*

I
Ponto de Ordem Metodológica

Tempos extraordinários exigem medidas extraordinárias[1].

Ora, foi num contexto de crise sanitária extraordinária – uma espécie de "crise das crises", devido ao ineditismo do seu carácter global que não deixou nenhuma parte do mundo incólume social e economicamente – que surgiu o processo extraordinário de viabilização de empresas (PEVE) como um instrumento de recuperação específico[2] para as empresas que viram a sua atividade económica afetada pela pandemia da doença COVID-19.

[1] Neste sentido, note-se as declarações de maio de 2021 da Embaixadora KATHERINE TAI, Representante de Comércio dos Estados Unidos da América, quando anunciou que a administração norte-americana BIDEN-HARRIS apoiava o levantamento das patentes das vacinas contra a COVID-19: "This is a global health crisis, and the extraordinary circumstances of the COVID-19 pandemic call for extraordinary measures. The Administration believes strongly in intellectual property protections, but in service of ending this pandemic, supports the waiver of those protections for COVID-19 vaccines. We will actively participate in text-based negotiations at the World Trade Organization (WTO) needed to make that happen. Those negotiations will take time given the consensus-based nature of the institution and the complexity of the issues involved.", cf. https://ustr.gov/about-us/policy-offices/press-office/press-releases/2021/may/statement-ambassador-katherine-tai-covid-19-trips-waiver, último acesso em 10/07/2022.

[2] "(...) o PEVE é um bisturi para ser utilizado em cirurgias muito específicas. Não será, certamente, um instrumento de utilização generalizada. Com estas ressalvas, dir-se-á não obstante que é sempre útil ter mais uma ferramenta, mais um instrumento, para utilizar quando se reestruturam as empresas, de modo a podermos fazer essa reestruturação tão tailor made e de forma tão eficiente quanto possível." – DINIS, David Sequeira/CASANOVA, Nuno Salazar/NUNES, Raquel Cardoso, *O processo extraordinário de viabilização de empresas*, em "Revista de Direito da Insolvência", nº 5, Coimbra, Almedina, 2021, p. 75.

Contudo, não obstante o tempo volvido desde a entrada em vigor do diploma legal que o criou, é consabido que o PEVE tem sido objeto de uma muito residual procura[3], pelo que a presente exposição se ressente, infelizmente, de arrimo jurisprudencial, por manifesta falta de publicação de decisões relevantes dos tribunais superiores[4].

Assim, concentraremos as nossas atenções na análise do respetivo regime legal, aprovado através da Lei nº 75/2020, de 27 de novembro, levantando as dúvidas e interrogações que o mesmo concita, estabelecendo os necessários paralelos com institutos congéneres como o processo especial de revitalização (PER) e ensaiando respostas para as mesmas, à luz do Direito da Insolvência e da Recuperação de Empresas nacional e europeu, esperando que, no futuro, as conclusões aqui extratadas possam contribuir, de alguma forma, para a administração da justiça, *maxime* para o exercício prático de interpretação e aplicação do Direito ao caso concreto.

Em termos sistemáticos, a presente exposição abordará, primeiramente, a crise socioeconómica que suscitou a criação do regime jurídico objeto do estudo e, em seguida, debruçar-se-á, em profundidade, sobre os seus principais aspetos identitários, processuais e substantivos.

Com efeito, a análise do PEVE compreenderá a aferição da sua razão de ser e da sua natureza; o seu âmbito de aplicação; os requisitos de admissão e termos da apreciação liminar; os efeitos adjetivos e substantivos da decisão de abertura do processo; a supressão da fase de reclamação de créditos, suas vicissitudes e os pedidos de não homologação; a natureza

[3] Tal foi, aliás, assumido pelo Ministério da Justiça no comunicado, datado de 31 de julho de 2021, intitulado "Justiça económica e pandemia", no qual *inter alia* se refere que "a manutenção das medidas de apoio às empresas, aos trabalhadores e aos consumidores, por um lado, e a incerteza quanto à evolução da atividade económica, necessariamente condicionada pela evolução, também incerta, da crise pandémica de saúde pública, tem impedido um aumento exponencial da procura do serviço de justiça económica, sendo estatisticamente evidente a inexistência de um aumento relevante das entradas processuais na jurisdição do comércio, tanto no tocante aos processos de insolvência como relativamente a processos de recuperação do devedor e, bem assim, do PEVE.", disponível para consulta em https://www.portugal.gov.pt/pt/gc22/comunicacao/comunicado?i=justica-economica-e-pandemia, último acesso em 10/07/2022.

[4] No âmbito da pesquisa realizada (até julho de 2022) logrou-se, apenas, localizar um acórdão que tem por objeto o PEVE, a saber o Ac. do Tribunal da Relação de Guimarães de 2/06/2021, Relator Jorge Santos, Processo nº 6803/20.2T8VNF.G1, disponível para consulta em www.dgsi.pt, último acesso em 10/07/2022.

e delimitação do âmbito do parecer do administrador judicial provisório; a fase judicial de decisão sobre as impugnações e de homologação do acordo de viabilização; a inovatória fase de adesão dos credores; os efeitos da decisão de homologação e de não homologação; a irrepetibilidade do PEVE; o enquadramento jurídico do incumprimento do acordo de viabilização e, ainda, a definição do âmbito e termos de proteção do regime de financiamento da empresa.

Por último, enunciam-se as conclusões do estudo, que têm por desiderato permitir uma visão panorâmica sobre os principais pontos distintivos do regime jurídico do PEVE, enquanto instrumento excecional de recuperação de empresas.

II
A Crise

No princípio foi a crise.

O novo coronavírus SARS-CoV-2[5], responsável pela doença COVID-19[6], deflagrou, rápida e globalmente, uma crise sanitária sem precedentes[7] que, por sua vez, provocou uma situação de grave crise social e económica[8], vulgarmente apelidada de "crise COVID-19"[9].

[5] Este coronavírus foi identificado pela primeira vez em janeiro de 2020 na China, na cidade de Wuhan, sendo que a fonte da infeção não foi até aos dias de hoje, ainda, absolutamente esclarecida, parecendo ter tido uma origem zoonótica. Nesse sentido, cf. o relatório da Organização Mundial da Saúde intitulado *WHO-convened Global Study of Origins of SARS-CoV-2: China Part*, disponível para consulta em https://www.who.int/docs/default-source/coronaviruse/final-joint-report_origins-studies-6-april-201.pdf?sfvrsn=4f5e5196_1&download=true, último acesso em 10/07/2022.

[6] A Organização Mundial de Saúde declarou, em 30 de janeiro de 2020, a situação de Emergência de Saúde Pública de Âmbito Internacional da COVID-19 e, em 11 de março de 2020, considerou a COVID-19 como uma pandemia.

[7] Equiparando os efeitos da "crise COVID-19" aos de uma guerra mundial, cf. Gonçalves, Francisca Margarida Pereira, *O Processo Extraordinário de Viabilização de Empresas (PEVE) – Lei nº 75/2020 de 27 de novembro, Análise dos artigos 6º a 15º*, Dissertação, Faculdade de Direito – Escola do Porto, Universidade Católica Portuguesa, Porto, 2021, p. 12, disponível para consulta em https://repositorio.ucp.pt/bitstream/10400.14/37907/1/202961966.pdf, último acesso em 10/07/2022.

[8] Sobre o conceito de crise económica e a sua relação abrangente com as noções de insolvência, de insolvência iminente e de situação económica difícil, cf. Serra, Catarina, *A falência no quadro da tutela jurisdicional dos direitos de crédito – O problema da natureza do processo de liquidação aplicável à insolvência no Direito português*, Coimbra, Coimbra Editora, 2009, pp. 241 e s..

[9] Acompanhamos as críticas de Catarina Serra quanto à imperfeição terminológica da crise, na medida em que a crise *lato sensu* não teve origem na doença em apreço, mas nas respetivas

Com efeito, devido à muito fácil transmissão do vírus e na ausência de um tratamento médico adequado, que a impedisse de forma eficaz, a larga maioria dos países adotou como forma de proteção das suas populações, e respetivos sistemas de saúde pública, uma política de confinamento das pessoas, e, consequentemente, da respetiva atividade económica, ao cercear-se o direito de iniciativa dos agentes mediante a imposição do encerramento de atividades económicas não essenciais e redução do período e/ou condições de funcionamento das demais[10].

O confinamento determinou, assim, súbita e prolongadamente a interrupção ou paralisação da atividade das empresas, tendo, na maioria dos casos, os Estados – incluindo o português – respondido com a disponibilização de "mecanismos básicos de suporte de vida económica"[11] a cidadãos

decisões políticas de combate à transmissibilidade do vírus, quando refere que "apesar do nome que se lhe dá, a crise aqui em causa não teve origem, de facto, na doença / pandemia COVID-19 mas sim nas decisões políticas (boas ou más, não é aqui o lugar para essa avaliação) que foram tomadas em reacção a ela (para atingir o tão ambicionado distanciamento social, foi considerado necessário, em quase todos os países, impor o encerramento de estabelecimentos e restringir, em geral, a actividade das empresas; a crise é consequência directa disso)" – *O Processo Extraordinário de Viabilização de Empresas (PEVE) e outras medidas da Lei nº 75/2020*, em "Revista de Direito Comercial", Lisboa, 2020, p. 2019, nota nº 1, disponível para consulta em https://www.revistadedireitocomercial.com/o-processo-extraordinario-de-viabilizacao-de-empresas-peve-e-outras-medidas-da-lei-n-75/2020, último acesso em 10/07/2022.

[10] Na exposição de motivos da Proposta de Lei nº 53/XIV/2, que originou a Lei nº 75/2020, de 27 de novembro, que, por sua vez, criou o Processo Extraordinário de Viabilização de Empresas, expressamente, se refere que "na sequência da emergência de saúde pública internacional, muitos Estados-Membros da União Europeia, entre os quais Portugal, declararam o estado de emergência nacional, que determinou o necessário confinamento dos cidadãos e, consequentemente, a paralisação de um conjunto vário de atividades, criando para os agentes económicos uma situação de constrangimento financeiro fundado na falta de liquidez, que tem impedido o cumprimento de obrigações vencidas." O texto da aludida proposta de lei, bem como a informação relativa à tramitação do respetivo procedimento legislativo, encontra-se disponível para consulta em https://www.parlamento.pt/ActividadeParlamentar/Paginas/DetalheIniciativa.aspx?BID=45155, último acesso em 10/07/2022.

[11] Para uma súmula das medidas sanitárias, processuais e substantivas adotadas em Portugal de proteção das empresas, cf. SERRA, Catarina, *COVID-19/Para uma legislação para a crise das empresas em tempos de 'crise total'*, em "Observatório Almedina", abril de 2020, disponível para consulta em https://observatorio.almedina.net/index.php/2020/04/03/covid-19-para-uam-legislacao-para-a-crise-das-empresas-em-tempos-de-crise-total/, último acesso em 10/07/2022, e DOMINGUES, Joana, *A COVID-19 e as empresas: que desafios para os juízos de comércio*, "Julgar", nº 44, Coimbra, Almedina, 2021, p. 81-111. Sendo que para consulta completa da profusão de medidas legislativas de apoio à sustentabilidade da economia e das empresas

e empresas, designadamente a concessão de moratórias referentes a créditos bancários e rendas, a disponibilização de apoios públicos a fundo perdido, a criação de linhas de crédito ou a simplificação de regimes de *lay-off*.

Apesar dos apoios, muitas das empresas viram, de facto, a sua atividade reduzida a zero, com grave impacto na sua solvabilidade por falta de liquidez ou tesouraria para cumprir as suas obrigações pontualmente, colocando-as numa situação económica difícil[12] ou até em situação de insolvência iminente[13] ou atual.

relativas à infeção epidemiológica por COVID-19, permanentemente atualizadas, cf. https://dre.pt/legislacao-covid-19-areas-tematicas#3, último acesso em 10/07/2022.

[12] Os artigos 17º-B e 222º-B do CIRE definem, respetivamente, no âmbito do Processo Especial de Revitalização (PER) e do Processo Especial para Acordo de Pagamento (PEAP), "situação económica difícil" como sendo a dificuldade séria, de uma empresa ou devedor, respetivamente, em cumprir pontualmente as suas obrigações, designadamente por ter falta de liquidez ou por não conseguir obter crédito. Neste contexto, na doutrina acompanhamos Nuno Salazar Casanova e David Sequeira Dinis quando referem que a situação económica difícil é "anterior à da insolvência iminente na qual o devedor, tendo embora um ativo suficiente para fazer face às suas obrigações, não as pode cumprir sem para isso praticar actos – designadamente negócios desfavoráveis em condições normais de mercado – que ponham em causa a sua viabilidade económica" – *PER – O processo especial de revitalização – Comentários aos artigos 17º-A a 17º-I do Código da Insolvência e da Recuperação de Empresas*, Coimbra, Coimbra Editora, 2014, p. 24. Diferentemente, e de forma menos densificada, o Código dos Processos Especiais de Recuperação da Empresa e de Falência, na redação introduzida em 1998, definia "situação económica difícil" como a situação em que se encontra a empresa que "não devendo considerar-se em situação de insolvência, indicie dificuldades económicas e financeiras, designadamente por incumprimento das suas obrigações", cf. nº 2 do artigo 3º. Para os antecedentes históricos do conceito em apreço, cf. Fernandes, Luís Carvalho/ Labareda, João, *Código dos Processos Especiais de Recuperação da Empresa e de Falência Anotado*, 3ª Edição, Lisboa, Quid Juris, 1999, pp. 69-71 e Serra, Catarina, *Lições de Direito da Insolvência*, Reimpressão, Coimbra, Almedina, 2019, pp. 310-311, nota nº 460.

[13] O CIRE não nos dá uma noção de insolvência iminente, limitando-se a equiparar tal situação à situação de insolvência atual, no caso de apresentação pelo devedor à insolvência, cf. nº 4 do artigo 3º do Código. Contrariamente, a título de mero exemplo, o art. 2º, nº 3 da *Ley Concursal* espanhola define insolvência iminente como *"se encuentra en estado de insolvencia inminente el deudor que prevea que no podrá cumplir regular y puntualmente sus obligaciones"*; sendo que, por sua vez, no §18, (2) da Insolvenzordnung alemã tal estado é definido como *"Der Schuldner droht zahlungsunfähig zu werden, wenn er voraussichtlich nicht in der Lage sein wird, die bestehenden Zahlungspflichten im Zeitpunkt der Fälligkeit zu erfüllen"* (Será considerado em situação de insolvência iminente o devedor que previsivelmente não consiga cumprir, na data de vencimento, as obrigações de pagamento existentes – *tradução nossa*). Ora, não obstante a evidência semântica de que uma situação de insolvência iminente se caracteriza por ser uma situação de insolvência que *está prestes a acontecer*, a doutrina e a jurisprudência portuguesas

Como é consabido, o conceito de insolvência está intimamente ligado à ideia de existência de meios líquidos para satisfazer as obrigações vencidas[14]; sendo que a superioridade do ativo sobre o passivo releva, apenas, para infirmar uma situação de insolvência, na medida em que, além do mais, se demonstre uma efetiva capacidade de gerar liquidez que permita a satisfação das obrigações vencidas[15].

A este respeito Mário João Coutinho dos Santos[16] defende que "*[a] situação de insolvência sendo, conceptualmente, um fenómeno de índole económica manifesta-se sob a forma de uma insuficiência de liquidez para solver as obrigações financeiras contratuais, a qual é resultante da incapacidade, não necessariamente transitória, da empresa gerar excedente económico*".

têm trilhado caminho na construção de uma noção bastante. Para o efeito, sem prejuízo de noções diversas, louvamo-nos nos ensinamentos de Luís A. Carvalho Fernandes e João Labareda quando referem que "a iminência da insolvência caracteriza-se pela ocorrência de circunstâncias que, não tendo ainda conduzido a situação de insolvência já atual, com toda a probabilidade a vão determinar a curto prazo, exatamente por insuficiência do ativo líquido e disponível para satisfazer o passivo exigível", *Código da Insolvência e da Recuperação de Empresas Anotado*, Reimpressão, Lisboa, Quid Juris, 2015, p. 73. Sobre a noção de insolvência iminente cf. ainda Ferreira, Manuel Requicha, *Estado de insolvência*, em "Direito da Insolvência – Estudos" (coord. Rui Pinto), Coimbra, Coimbra Editora, 2011, p. 301-308; Prata, Ana/ Carvalho, Jorge Morais/Simões, Rui, *Código da Insolvência e da Recuperação de Empresas Anotado*, Coimbra, Almedina, 2013, p. 54; Machado, José Manuel Gonçalves, *O dever de renegociar no âmbito pré-insolvencial – Estudo comparativo sobre os principais mecanismos de recuperação de empresas*, Coimbra, Almedina, 2016, pp. 128-133; Serra, Catarina, *Lições (...)*, ob. cit., pp. 63-64; Martins, Alexandre de Soveral, *Um curso de Direito da Insolvência*, Volume I, 3ª Edição revista e atualizada, Coimbra, Almedina, 2021, pp. 73-77; Epifânio, Maria do Rosário, *Manual de Direito da Insolvência*, Coimbra, Almedina, 2022, 8ª Edição, pp. 33-34.

14 Nos termos do artigo 3º, nº 1 do CIRE é considerado em situação de insolvência o devedor que se encontre impossibilitado de cumprir as suas obrigações vencidas, sendo que nos termos do nº 2 do mencionado preceito – aplicável, apenas, a certas pessoas coletivas e certos patrimónios autónomos – são também considerados insolventes quando o seu passivo seja manifestamente superior ao ativo, avaliados segundo as normas contabilísticas aplicáveis.

15 "A insolvência no sentido acima referido (impossibilidade de cumprir) não coincide necessariamente com – e por isso não significa – uma situação patrimonial líquida negativa (superioridade do passivo face ao activo). Com efeito, pode muito bem verificar-se a primeira sem se verificar a segunda: não obstante ser titular de um património sólido e abundante, o devedor vê-se impossibilitado de cumprir por lhe faltar liquidez. E pode verificar-se a segunda sem se verificar a primeira: não obstante não ter património suficiente para cumprir as obrigações, o devedor mantém a capacidade de cumprir por via do crédito que lhe é disponibilizado." – Serra, Catarina, *Lições (...)*, ob. cit., p. 58.

16 *Algumas notas sobre os aspectos económicos da insolvência da empresa*, em "Direito e Justiça", Universidade Católica Editora, 2005, Tomo II, p. 182.

No mesmo sentido, refere o Supremo Tribunal de Justiça, num Ac. de 24 de janeiro de 2006[17], que *"não é pela insuficiência do activo disponível face ao passivo exigível que, em rigor, se caracteriza a insolvência; é sim insuficiência do activo líquido, o que é coisa bem diferente!*

É que devedor pode ser titular de bens livres e alienáveis disponíveis, portanto! – de valor superior ao passivo e, mesmo assim, estar insolvente, exactamente porque esse activo não é líquido e o devedor não consegue, com ele, cumprir pontualmente as suas obrigações."

Por outro lado, esta crise – contrariamente à sua antecessora no plano nacional[18] – apresentou-se como uma crise exógena e simétrica[19], porquanto não é, de todo, produto necessário da execução de (más!) políticas de gestão financeira ou orçamental, mas resultado de fatores externos, de ordem sanitária, que escaparam ao controlo de qualquer Governo, por mais avisado

[17] Relator FERNANDES MAGALHÃES, Processo nº 05A3958, disponível para consulta em www.dgsi.pt, último acesso em 10/07/2022.

[18] "A crise de crédito *subprime*, que teve origem nos Estados Unidos da América (EUA) em 2007, e a subsequente recessão económica, com início em 2009, podem ser apontadas como os principais detonadores das crises de dívidas soberanas, por terem tornado evidentes fragilidades de alguns países da Área do Euro, nomeadamente os seus excessivos níveis de défices orçamentais e stocks de dívida pública e a sua falta de competitividade externa. (...) O caso português é muito semelhante ao grego, ainda que em menor dimensão. Portugal era um país pouco competitivo e com graves problemas nas contas públicas, que foi consideravelmente afetado pela recessão económica da Área do Euro iniciada em 2009. À semelhança da Grécia, a recessão contribuiu para um aumento dos spreads das suas taxas de juro e numa descida dos seus ratings, o que dificultou o acesso do Estado português aos mercados para se financiar. Em junho de 2011, Portugal decidiu pedir apoio financeiro externo." – PINTO, Mariana Pinho de Freitas, *A crise de dívida soberana na área do Euro*, Dissertação, Faculdade de Economia e Gestão da Universidade do Porto, pp. 2-3, disponível para consulta em https://sigarra.up.pt/fep/pt/pub_geral.show_file?pi_doc_id=26887, último acesso em 10/07/2022.

[19] "A "crise COVID-19" é uma crise extraordinária, o que se manifesta, pelo menos, em três aspectos. Em primeiro lugar, ela é uma crise multidimensional, afectando, simultaneamente, não só a economia mas outras dimensões da actividade humana. Supera, pois, neste sentido, a "grande depressão" de 1929 e a crise global de 2008. Depois, ela alastrou, de forma mais ou menos simétrica, de forma mais ou menos sincrónica, a todo o globo. Diversamente de uma guerra, mesmo de uma guerra mundial, ela não deixou lugares que possam considerar-se absolutamente seguros ou "não contaminados". Por último, é expectável que os seus efeitos se produzam por muito tempo – o que é apenas lógico, visto o seu extraordinário alcance. Por estas razões, é legítimo configurar a "crise COVID-19" como uma "modificação brusca das condicionantes estruturais da coexistência social" ou mesmo uma "grande" alteração das circunstâncias, uma alteração em grau superlativo e que escapa às categorias dogmáticas habituais." – SERRA, Catarina, *O Processo Extraordinário (...)*, ob. cit, pp. 2019-2020.

que fosse, e afetou todos os países, cidadãos, empresas (lucrativas ou em dificuldades), trabalhadores, fornecedores, a Banca e os credores públicos.

Trata-se, com efeito, de uma grande alteração de circunstâncias[20], com um impacto relevante no comércio jurídico e na estabilidade do cumprimento pontual dos contratos, designadamente no equilíbrio das posições das partes, que pode convocar a aplicabilidade do disposto no art. 437º do Código Civil (doravante designado abreviadamente por CC) quanto à sua resolução ou modificação, segundo juízos de equidade, pela parte lesada.

Nesse sentido, acompanhamos o entendimento de A. Barreto Menezes Cordeiro[21] de que o citado art. 437º se aplica a todas as alterações de circunstâncias, porquanto "*não há nenhum elemento, aplicando o artigo 9º do CC, que permita afirmar que o artigo 437º não se aplica às grandes. Não há trabalhos preparatórios, não há elemento teleológico, não encontro qualquer fundamento interpretativo que sustente a afirmação de que o artigo 437º do CC não se aplica às grandes alterações.*"

Ante o exposto e tendo em vista contribuir para a consolidação socioeconómica de Portugal durante os primeiros meses da crise pandémica, o Governo, através da Resolução de Conselho de Ministros nº 41/2020, de

[20] "As «grandes alterações das circunstâncias» representam o reduto mais firme e irredutível da aplicação do art. 437º/1. O Covid-19 realiza uma alteração desse tipo porque a emergência sanitária surgida representa a modificação (brusca) de uma condicionante geral da coexistência social, com impacto generalizado e, em muitos casos, brutal, na possibilidade e forma da interacção e cooperação de um número indeterminado de sujeitos. A índole tão particular da alteração que se instaurou não pode ordinariamente ser resolvida, como acontece neste género de alterações, mediante o recurso às regras comuns de distribuição do risco, próprias dos diversos tipos de contratuais, que foram predispostas pelo legislador. A orientação pelo contrato atingido não é possível, precisamente porque o contrato não quis nem pretendeu regular as bases da coexistência social, nem repartir os riscos dos respectivos pressupostos. Verifica-se facilmente, tanto uma inadequação de disposições específicas, como uma insuficiência da disciplina normativa geral de outras e menos particulares formas de perturbação do programa prestacional (v.g., os arts. 795º e 1040º do CC), sem prejuízo da necessidade de um aproveitamento pleno e intensivo das possibilidades oferecidas pelo direito comum do não cumprimento das obrigações." – Frada, Manuel A. Carneiro da, *A alteração das circunstâncias à luz da Covid-19: teses e reflexões para um diálogo*, "Revista da Ordem dos Advogados", Ano 80, Nº 1-2, Lisboa, janeiro-junho, 2020, p. 154-155, disponível para consulta em https://portal.oa.pt/media/131420/manuel-carneiro-da-frada.pdf, último acesso em 10/07/2022.

[21] *Alteração das circunstâncias*, em "1º Novo Coronavirus e gestão da crise contratual, Estratégias jurídicas", Centro de Investigação de Direito Privado da Faculdade de Direito de Lisboa, 9 de abril de 2020, p. 33, disponível para consulta em https://www.cidp.pt/Archive/Docs/f633504439438.pdf, último acesso em 10/07/2022.

6 de junho[22], aprovou um Programa de Estabilização Económica e Social (PEES), que tinha por desiderato "*definir um quadro de intervenções que garantam uma progressiva estabilização nos planos económico e social, sem descurar a vertente sanitária*"[23].

Ora, no plano da justiça económica, em particular, preconizava-se a adoção de três grandes medidas: *a)* a criação de um *novo* processo extraordinário de viabilização de empresas, de caráter excecional e temporário; *b)* a obrigatoriedade da realização de rateios parciais nos processos de insolvência e *c)* a inclusão de determinadas dívidas fiscais e à segurança social nos planos de recuperação de empresas em curso, aprovados no âmbito do processo de insolvência, processo especial de revitalização ou regime extrajudicial de recuperação de empresas[24].

O processo extraordinário de viabilização de empresas (PEVE) e a obrigatoriedade da realização de rateios parciais nos processos de insolvência foram introduzidos no nosso ordenamento jurídico através da Lei nº 75/2020, de 27 de novembro[25], diploma legal que, além do mais, previu medidas de flexibilização ou adaptação processual dos processos de insolvência e de recuperação à crise económica causada pela COVID-19[26].

[22] Publicada no Diário da República nº 110-A/2020, Série I de 06/06/2020, pp. 2-37.

[23] Cf. a respetiva exposição de motivos.

[24] Esta última medida foi concretizada através do artigo 17º da Lei nº 27º-A/2020, de 24 de julho, que procedeu à segunda alteração à Lei nº 2/2020, de 31 de março (Orçamento do Estado para 2020).

[25] Publicada no Diário da República nº 232/2020, Série I de 27/11/2020, pp. 2-9.

[26] Talvez a medida de adaptação processual mais relevante consista, no nosso entender, na instituição de um regime excecional e temporário de extensão do prazo para conclusão das negociações encetadas com vista à aprovação de plano de recuperação ou de acordo de pagamento, bem como da concessão de prazo para adaptação da proposta de plano de insolvência, no âmbito da pandemia da doença COVID-19, cf. artigo 2º e nº 1 do artigo 4º da Lei nº 75/2020, de 27 de novembro. De facto, os preceitos em causa asseguram, com maior certeza e segurança jurídicas, o direito da empresa ou do devedor a uma extensão do prazo de negociações para adaptação "ao cenário COVID", o que assume especial relevo se tivermos em consideração que não se mostra ainda totalmente pacificada na jurisprudência a natureza perentória ou tendencialmente ordenadora de tal prazo no PER e no PEAP. Por último, neste plano devemos ainda ressaltar duas importantes medidas: *i)* suspensão temporária da produção dos efeitos do incumprimento do plano de insolvência a que alude a alínea *a)* do nº 1 do artigo 218º do CIRE; *ii)* alargamento temporário do âmbito subjetivo de aplicação do RERE a empresas em situação de insolvência atual.

III
O Processo Extraordinário de Viabilização de Empresas (PEVE)

1. Considerações Iniciais
1.1. Fundamento

Antes da entrada em vigor do PEVE – a 28 de novembro de 2020[27] – as empresas tinham unicamente à sua disposição como instrumentos pré-insolvenciais de recuperação[28] o PER e o Regime Extrajudicial de Recuperação de Empresas (RERE). Com efeito, ambos têm por desiderato (i) mediato a recuperação de empresas[29] que, apenas, se encontrem em situ-

[27] Nos termos do disposto no nº 1 do artigo 18º da Lei nº 75/2020, de 27 de novembro, esta Lei entra em vigor no dia seguinte ao da sua publicação e vigora até 31 de dezembro de 2021. Não obstante, através do art. 2º do DL nº 92/2021, de 8 de novembro, foi prorrogada a vigência do PEVE até 30 de junho de 2023.

[28] Sobre a *ratio legis* e a evolução dos processos de recuperação, cf. CAMPOS, Luís, *A recuperação do devedor vs «O melhor interesse dos credores»*, em "Revista de Direito da Insolvência", nº 6, Coimbra, Almedina, 2022, pp. 12-15.

[29] A RCM nº 42/2016, de 18 de agosto, aprovou o Programa "Capitalizar", enquanto programa estratégico de apoio à capitalização das empresas, à retoma do investimento e ao relançamento da economia, com o objetivo de promover estruturas financeiras mais equilibradas, reduzindo os passivos das empresas economicamente viáveis, ainda que com níveis excessivos de endividamento, bem como de melhorar as condições de acesso ao financiamento das pequenas e médias empresas, assumindo como um dos seus eixos estratégicos – eixo III – a reestruturação empresarial. No âmbito desse programa, *inter alia*, procedeu-se à criação do referido RERE e à reforma do CIRE, através do DL nº 79/2017, de 30 de junho, tendo ficado esclarecido que o PER se destinava exclusivamente a empresas, colocando, assim, termo a um dissenso doutrinário e jurisprudencial. Sobre os contornos concretos do dissenso em apreço, cf. TAÍNHAS, Fernando, *Pode uma pessoa singular que não seja empresário ou comerciante submeter-se a processo especial de revitalização? – Sobrevoando uma controvérsia jurisprudencial*, "Julgar *online*",

ação económica difícil ou de insolvência iminente e não de insolvência atual (cf., respetivamente, o nº 2 do art. 17º-A do CIRE e a alínea *b)* do nº 1 do art. 3º da Lei nº 8/2018, de 2 de março).

Ora, como deixámos sobredito, a crise económica que importava debelar resultou de uma abrupta falta de liquidez das empresas para satisfazer pontualmente as obrigações vencidas devido à interrupção da normal atividade comercial, que afetou empresas que eram economicamente *saudáveis* antes da pandemia, tornando-as suscetíveis a uma situação de insolvência atual.

Mostrando-se necessário potenciar a recuperação destas empresas em particular – porque, à partida, dotadas de maior viabilidade – prevenindo, assim, uma eventual e injusta vaga de declarações de insolvência empresariais, com consequente perda de emprego, importaria eleger uma de duas vias: ou alargar (ainda que temporariamente) o âmbito objetivo de aplicação dos instrumentos pré-existentes[30] a empresas em situação de insol-

dezembro de 2015, pp. 1 e s.; Epifânio, Maria do Rosário, *Anotação ao Acórdão do STJ de 12 de outubro de 2015 (Pinto de Almeida)*, em "Revista de Direito da Insolvência", nº 1, abril/2017, Coimbra, Almedina, pp. 179-193; Trindade, Diana, *O processo especial de revitalização – Análise crítica da reforma e o desígnio da recuperação*, em "Estudos de Direito da Insolvência", Volume II (coord. Maria do Rosário Epifânio), Coimbra, Almedina, 2019, pp. 69-71, notas nº 6 a 8; Serra, Catarina, *Lições (...)*, ob. cit., pp. 363-370.

[30] Contrariamente à criação de um processo novo, Catarina Serra defendeu que o RERE seria o mecanismo extraordinário ideal para o apoio e a reanimação de empresas, porquanto, no seu entender, este corresponde aos instrumentos preconizados na Diretiva (UE) 2019/1023 do Parlamento Europeu e do Conselho, de 20 de junho de 2019, sendo mais vantajoso que o PER, porquanto não sobrecarregaria os tribunais, nem coenvolveria um risco de declaração de insolvência da empresa se as negociações se gorassem, cf. *COVID-19 (III) / O RERE como programa extraordinário para o apoio e a reanimação de empresas*, em "Observatório Almedina", fevereiro de 2020, disponível para consulta em https://observatorio.almedina.net/index.php/2020/04/30/covid-19-iii-o-rere-como-programa-extraordinario-para-o-apoio-e-a-reanimacao-de-empresas/, último acesso em 10/07/2022. Por sua vez, a Associação Portuguesa de Direito da Insolvência (APDIR), no âmbito do processo de audição parlamentar que conduziu à aprovação da Lei nº 75/2020, questionou a opção legislativa do Governo de criar um processo judicial de recuperação de empresas novo, o PEVE – semelhante ao PER do artigo 17º-I – ao invés de "se introduzirem medidas transitórias no PER ou no RERE, o que facilitaria a análise dos devedores, credores, tribunais, mandatários já familiarizados com tais mecanismos, contribuindo para a sua redundância", cf. https://app.parlamento.pt/webutils/docs/doc.pdf?path=6148523063484d364c793968636d356c6443397a61585
26c6379395953565a4d5a5763765130394e4c7a464451554e45544563765247396a6457
316c626e527663306c7561574e7059585270646d46446232317063334 e686279387a5a
5459795a446b344d5330344f475a6c4c54526a4f5445744f44466a4e6930324d544d34

vência atual ou, em alternativa, criar um mecanismo novo, na medida em que as empresas insolventes – cuja situação de insolvência fosse ou não causada pela crise pandémica – não eram elegíveis para os mecanismos de recuperação de empresas vigentes, à data da entrada em vigor da Lei nº 75/2020: PER e RERE[31].

Analisada a exposição de motivos da referida Proposta de Lei constata-se que, claramente, o legislador optou por criar um instrumento novo e temporário que desse resposta às necessidades de recuperação das empresas viáveis "infetadas pelo vírus" – o PEVE – porquanto se mostrava consolidada na ordem jurídica a reforma levada a cabo no âmbito do Programa "Capitalizar", designadamente através da credibilização do "*Processo Especial de Revitalização (PER), impedindo que empresas insolventes possam recorrer ao mesmo, tendo sido introduzidas alterações no Código da Insolvência e da Recuperação de Empresas que otimizaram os seus institutos*".

Nesse sentido, destacava-se, ainda, que "*não pode ser ignorado o elevado número de empresas que, não sendo efetivamente suscetíveis de recuperação, recorreram de forma abusiva ao PER, entre 2012 e 2017, apenas para atrasar a sua declaração de insolvência, prejudicando, assim, o regular funcionamento da economia, causando prejuízo ao Estado, trabalhadores e demais credores.*"

Por sua vez, aí também se reconhece não ser oportuno introduzir alterações ao regime do PER decorrentes da obrigação de transposição da Diretiva (UE) 2019/1023 do Parlamento Europeu e do Conselho, de 20 de

4e54566b4e7a4e6b4d4451756347526d&fich=3e62d981-88fe-4c91-81c6-613855d73d04.pdf&Inline=true, último acesso em 10/07/2022. De facto, não obstante o RERE não tenha sido elevado a principal mecanismo de recuperação de empresas afetadas pela "crise COVID-19", certo é que através do art. 5º da Lei nº 75/2020 foi, temporariamente, alargado o âmbito de aplicação a empresas em situação de insolvência, nos mesmos termos estabelecidos para o PEVE, referindo a exposição de motivos, a este propósito, que tal se destinava a "assegurar a coerência entre os mecanismos de reestruturação de empresas e de promover a viabilização através de mecanismos extrajudiciais". Simultaneamente, permitiu-se também o recurso ao RERE às empresas que, não tendo a 31 de dezembro de 2019 o ativo superior ao passivo, tenham logrado regularizar a sua situação com recurso à disposição transitória prevista no nº 1 do artigo 35º daquele Regime e desde que tenham procedido ao depósito tempestivo do acordo de reestruturação.

[31] Para uma análise contrastante dos regimes jurídicos e suas virtualidades, de utilização por empresas, cf., Carvalho, Catarina Guedes de, *Principais diferenças entre os regimes da Insolvência, PER, RERE e PEVE*, em "PLMJ Restructuring Review", 01, pp. 19-30, disponível para consulta em https://www.plmj.com/xms/files/Restructuring_Review/PLMJ_Restructuring_Review.pdf, último acesso em 10/07/2022.

junho de 2019, sobre os regimes de reestruturação preventiva, o perdão de dívidas e as inibições, e sobre as medidas destinadas a aumentar a eficiência dos processos relativos à reestruturação, à insolvência e ao perdão de dívidas, e que altera a Diretiva (UE) 2017/1132 (Diretiva sobre reestruturação e insolvência), na medida em que a situação de crise "*não deve impor uma transposição acelerada e pouco ponderada desta ou, sequer, alterações apressadas ao Código da Insolvência e da Recuperação de Empresas, apenas devido às consequências da pandemia da doença COVID-19.*"

Em síntese, e tentando gizar uma reconstituição da *mens legislatoris* que conduziu à aprovação do PEVE, julgamos que se entendeu mais adequado e proporcional a criação *ex novo* de um mecanismo temporário, de natureza excecional ou extraordinária, para empresas afetadas pela crise económica singular decorrente da COVID-19[32], do que alterar – ainda que temporária e pontualmente – institutos consolidados.

Por outro lado, Portugal tinha a incumbência de transpor a referida Diretiva na qual impera a ideia de que apenas devem aceder a processos formais de recuperação empresas que possuam viabilidade económica.

Ora, analisado o regime jurídico do PEVE constata-se que, de certa forma, este surge também como uma espécie de ensaio prévio da transposição da Diretiva, ao assentar no conceito de viabilidade da empresa[33] como condição de acesso ao processo, bem como ao estabelecer expressamente a viabilização da empresa como desiderato último do acordo alcançado com os credores. Assim, concedendo uma resposta adjetiva às empresas "saudáveis que adoeceram", que se encontram em situação de insolvência (iminente ou atual) devido às medidas de combate à COVID-19.

[32] Não obstante questionar a qualidade técnica do instrumento de recuperação, refletindo na necessidade da sua reforma, isto mesmo foi reconhecido por Catarina Serra quando refere que: "The national legislator has put into practice the old saying «for great ills, great remedies» and created extraordinary proceedings for an extraordinary crisis." – *For great ills, great remedies!*, "Eurofenix – The Journal of INSOL Europe", nº 85, 2021, p. 28, disponível para consulta em https://www.insol-europe.org/publications/eurofenix-past-issues, último acesso em 10/07/2022

[33] No sentido de que a recuperação prevista no Código dos Processos Especiais de Recuperação da Empresa e de Falência, aprovado pelo DL nº 132/93 de 23 de abril, já teria como condições objetivas a viabilidade e suscetibilidade de recuperação, cf. Cardoso, Soraia Filipa Pereira, "Processo Especial de Revitalização: o efeito de standstill", Coimbra, Almedina, 2016, p. 22.

1.2. Da natureza do PEVE

O PEVE, à semelhança do congénere PER[34] (ou até mesmo do PEAP se considerarmos a identidade do seu regime jurídico com o do PER vigente antes da reforma de 2017[35]), caracteriza-se como sendo um processo de recuperação de empresas híbrido.

No que concerne à natureza recuperatória[36] do processo, esta decorre, desde logo, do seu *nomen juris* – processo de viabilização de empresas – e é enfatizada pelo texto da exposição de motivos da Proposta de Lei que o originou quando aí se menciona que o PEVE "*visa a homologação de um acordo de reestruturação*[37] *de dívida estabelecido extrajudicialmente entre a empresa e os seus credores*".

[34] No sentido de que o PER tem natureza híbrida, cf. EPIFÂNIO, Maria do Rosário, *O processo especial de revitalização*, em "II Congresso Direito das Sociedades em Revista" (coord. Pedro Pais de Vasconcelos, Jorge Manuel Coutinho de Abreu, Rui Pinto Duarte), Coimbra, Almedina, 2012, p. 258; SERRA, Catarina, *Emendas à lei da insolvência portuguesa – primeiras impressões*, em "Direito das Sociedades em Revista", Ano 4, Vol. 7, Coimbra, Almedina, março de 2012, p. 123; PEREIRA, João Aveiro, *A revitalização económica dos devedores*, em "O Direito", nº 145, I-II, Coimbra, Almedina, 2013, p. 28; LOUSA, Nuno Ferreira, *O incumprimento do plano de recuperação e os direitos dos credores*, em "I Colóquio de Direito da Insolvência de Santo Tirso" (coord. Catarina Serra), Coimbra, Almedina, 2014, p. 123; REBELO, Amélia Sofia, *A aprovação e a homologação do plano de recuperação*, em "I Colóquio de Direito da Insolvência de Santo Tirso" (coord. Catarina Serra), Coimbra, Almedina, 2014, p. 70; SILVA, Fátima Reis, *Processo Especial de Revitalização – Notas práticas e jurisprudência recente*, Porto, Porto Editora, 2014, p. 17; Cruz, Nuno Gundar da, *Processo Especial de Revitalização – Estudos sobre os poderes do Juiz*, Petrony, 2016, pp. 25-28; SERRA, Catarina, *Lições (...)*, ob. cit., p. 2028; Gonçalves, Filipa, *O processo especial de revitalização*, em "Estudos de Direito da Insolvência" (coord. Maria do Rosário Epifânio), Reimpressão, Coimbra, Almedina, 2020, pp. 56-57.

[35] Assim, cf. LEAL, Ana Alves/TRINDADE, Cláudia, *O processo especial para acordo de pagamento (PEAP): o novo regime pré-insolvencial para devedores não empresários*, em "Revista de Direito das Sociedades", nº 1, Ano IX, Coimbra, Almedina, 2017, p. 70; FERREIRA, José Gonçalves, *Novo (?) Processo Especial para Acordo de Pagamento*, em "Seminário de Direito da Insolvência" (coord. Catarina Serra), Coimbra, Almedina, 2019, pp. 118-119; SERRA, Catarina, *Lições (...)*, ob. cit., pp. 581-583; GONÇALVES, Renato, *Recuperação de empresas – um desígnio continuado*, em "IV Congresso de Direito da Insolvência" (coord. Catarina Serra), Reimpressão, Coimbra, Almedina, 2020, p. 384; RODRIGUES, Carla, *O processo especial para acordo de pagamentos*, em "Revista de Direito da Insolvência", nº 4, Coimbra, Almedina, 2020, p. 38; EPIFÂNIO, Maria do Rosário, *Manual (...)*, ob. cit., p. 536, nota nº 1644.

[36] Cf. SERRA, Catarina, *O processo extraordinário (...)*, ob. cit., p. 2027. Sobre os princípios da recuperação de empresas, cf., ainda, SERRA, Catarina, *O processo especial de revitalização na jurisprudência*, 2ª Edição, Coimbra, Almedina, 2017, pp. 15-16.

[37] Note-se que, no contexto português do Direito da Insolvência e da Recuperação de Empresas, os termos recuperação, reestruturação, revitalização e, agora recentemente,

Por sua vez, o caráter híbrido da figura[38] traduz-se no facto de ser composto por uma fase negocial, que ocorre extrajudicialmente, e outra (posterior) de cariz judicial[39] ordenada à própria admissão do processo, definição do universo de credores da empresa e à homologação do acordo alcançado, que tem um efeito vinculativo extensível aos credores que não o subscreveram.

A extraordinariedade do processo, que o intitula, manifesta-se no facto de ser um processo temporário, cuja vigência se encontrava (inicialmente) prevista, apenas, até 31 de dezembro de 2021. Todavia, ao prever-se a possibilidade de extensão da sua vigência por decreto-lei, não podemos afirmar com segurança absoluta estarmos perante um processo transitório que não possa vir a garantir um lugar mais definitivo na ordem jurídica nacional.

Com efeito, através do DL nº 92/2021, de 8 de novembro, foi prorrogada a vigência do processo extraordinário de viabilização de empresas até 30 de junho de 2023, sendo que o Comunicado do Conselho de Ministros de 21 de outubro de 2021[40], que aprovou o diploma legal em apreço, deu conta dessa extensão referindo que "*o alargamento temporal do regime das moratórias e o estado atual da situação pandémica impõem, como resposta à crise*

viabilização têm sido usados pelo legislador, quase de forma indiscriminada, como sinónimos de uma mesma realidade.

[38] Nesse sentido, cf. Martins, Alexandre de Soveral, *Mais vale tarde do que nunca: a Lei 75/2020, o PEVE e outras novidades (com o cair da folha)*, "Direito das Sociedades em Revista", Ano 13, Vol. 25, Semestral, Coimbra, Almedina, 2021, p. 38; Serra, Catarina, *O processo extraordinário (...)*, ob. cit., p. 2028; Serra, Catarina, *For great ills (...)*, ob. cit., p. 28; Carvalho, Catarina Guedes de, *Portugal's Extraordinary Business Viability Process*, em "Eurofenix – The Journal of INSOL Europe", nº 82, 2021, p. 36, disponível para consulta em https://www.insol-europe.org/publications/eurofenix-past-issues, último acesso em 10/07/2022; Carvalho, Catarina Guedes de, *Principais (...)*, ob. cit., p. 25; Epifânio, Maria do Rosário, *A pandemia da COVID-19 e o Direito da Insolvência*, em "Observatório Almedina", fevereiro de 2021, disponível para consulta em https://observatorio.almedina.net/index.php/2021/02/17/a-pandemia-da-covid-19-e-o-direito-da-insolvencia/, último acesso em 10/07/2022. Para uma melhor compreensão dos instrumentos de recuperação de devedor, tipologias e traços distintivos, cf. Serra, Catarina, *A contratualização da insolvência: hybrid procedures e pre-packs (A insolvência entre a lei e a autonomia privada)*, em "II Congresso — Direito das Sociedades em Revista" (coord. Pedro Pais de Vasconcelos, Jorge Manuel Coutinho de Abreu, Rui Pinto Duarte), Coimbra, Almedina, 2012, pp. 265 e s..

[39] A propósito do PER, Fátima Reis Silva refere que este "não dispensa a intervenção do tribunal em três momentos chave: na admissão, na reclamação de créditos e no final." – *Paralelismos e diferenças entre o PER e o processo de insolvência – o plano de recuperação*, em "Revista de Direito da Insolvência", nº 0, Coimbra, Almedina, 2016, p. 136.

[40] Cf. https://www.portugal.gov.pt/pt/gc22/governo/comunicado-de-conselho-de-ministros?i=450, último acesso em 10/07/2022.

no plano de justiça económica, a prorrogação da vigência do PEVE até 30 de junho de 2023, sem prejuízo de eventuais ulteriores prorrogações, caso se justifiquem." – sublinhado nosso. Tal informação indicia uma aparente e tendencial longevidade do regime na nossa ordem jurídica, que pode ir muito além da inicialmente gizada.

Este carácter extraordinário ou até inédito do PEVE manifesta-se também no facto de, apenas, poder ser utilizado uma única vez[41], beneficiar de isenção de custas processuais[42] e assumir prioridade sobre a tramitação e julgamento de processo de insolvência, PER e PEAP, sendo uma espécie de processo *urgentíssimo* entre urgentes[43].

No nosso entender, estes três aspetos adjetivos confluem no sentido de sublinhar a singularidade do PEVE enquanto instrumento de recuperação de empresas, *maxime* em comparação com os pré-existentes. Por um lado, há, claramente, a intenção de facilitar o acesso à recuperação ao isentar as empresas elegíveis do pagamento de custas processuais, ao mesmo tempo que se imprime uma extrema urgência ao respetivo processado, a fim de evitar quaisquer delongas priorizando, assim, a viabilização de empresas que se apresentavam saudáveis em momento anterior à crise[44].

Em contrapartida, o legislador responsabiliza as empresas-devedoras ao não lhes permitir o recurso a esta forma de processo mais do que uma única vez. Ou seja, as empresas deverão recorrer ao PEVE[45], apenas, se e

[41] O nº 15 do artigo 9º da Lei nº 75/2020, de 27 de novembro, estipula categórica e definitivamente que o termo do PEVE impede a empresa de recorrer novamente ao mesmo. Mais adiante na exposição analisaremos os contornos normativos desta proibição.

[42] Excetuando a remuneração do administrador judicial provisório que fica a cargo da empresa, cf. artigo 15º da Lei nº 75/2020, de 27 de novembro.

[43] Cf. nº 6 do artigo 6º da Lei nº 75/2020, de 27 de novembro. A este respeito CATARINA SERRA faz referência a uma "urgência superlativa do PEVE, que prevalece sobre a urgência dos outros processos" – *O processo extraordinário (...)*, ob. cit., p. 2029. Por sua vez, DAVID SEQUEIRA DINIS, NUNO SALAZAR CASANOVA e RAQUEL CARDOSO NUNES aludem ao processo que "é o mais urgente dos processos urgentes" – *O processo (...)*, ob. cit., p. 72. Aliás, não deixa de ser interessante notar que NUNO SALAZAR CASANOVA e DAVID SEQUEIRA DINIS já defendiam, em anotação ao PER, que este poderia vir a ter no futuro "prevalência sobre o restante serviço do tribunal, incluindo sobre processos de insolvência" – *PER (...)*, ob. cit., p. 19.

[44] Neste sentido, cf. DINIS, David Sequeira/CASANOVA, Nuno Salazar/NUNES, Raquel Cardoso, *O processo (...)*, ob. cit., p. 73.

[45] A este respeito MARIA DE FÁTIMA RIBEIRO concretiza o dever de cuidado e de lealdade dos administradores de sociedades comerciais, a que alude o art. 64º do Código das Sociedades Comerciais, durante a crise da COVID-19 referindo que "(...) na crise da empresa, densifica-

quando se encontrarem numa situação que lhes permita antever a conclusão do mesmo, com sucesso, designadamente mediante a reunião da maioria de credores necessária para aprovação do acordo, sob pena de, numa situação de malogro, não ser possível recorrer novamente ao mesmo.

Ora, enunciadas as principais características deste tipo processual impõe-se a formulação de uma questão: o PEVE é verdadeiramente um processo *novo*?

Parece-me discutível afirmar que o PEVE constitui, do ponto de vista dogmático, um processo novo *proprio sensu*, na medida em que são evidentes as semelhanças com o congénere PER[46], na modalidade[47] prevista no

se a obrigação de os administradores obterem e atualizarem constantemente a informação relevante e, considerando-a, de ponderarem com especial cuidado todas as vantagens e inconvenientes das decisões que se apresentem como possíveis e aptas para a prossecução do fim da sociedade e a salvaguarda dos interesses de todos os *stakeholders* (v.g. sócios, credores sociais, trabalhadores, fornecedores). Assim, caberá em primeiro lugar aos administradores diagnosticar habilmente a situação da empresa e, numa segunda fase, identificar todas as vias que, na situação identificada, se apresentem como legalmente possíveis. Só depois, analisando e ponderando todos os riscos envolvidos em cada uma das opções, estarão em condições de tomar a decisão que melhor se possa subsumir à atuação de um gestor criterioso e ordenado. (...) Assim, o dever de cuidado imporá aos administradores, pelo menos, a consideração da hipótese de início de um processo de recuperação pré-insolvencial – mas não lhes impõe necessariamente que tomem a iniciativa de optar por um desses meios, se outras soluções se apresentarem como decisão tomada segundo critérios de racionalidade empresarial, depois de devidamente avaliados e ponderados os riscos que cada decisão possível pode comportar." – *Os deveres dos administradores na crise provocada pelos efeitos da pandemia Covid-19 e a suspensão do dever de apresentação à insolvência*, em "Revista da Ordem dos Advogados", Ano nº 81, Nº 1-2, Lisboa, janeiro-junho, 2021, pp. 278-279 e 283, disponível para consulta em https://portal.oa.pt/media/133312/maria-de-fatima-ribeiro.pdf, último acesso em 10/07/2022. Sobre um dever geral de prevenção da insolvência, cf. ABREU, J. M. Coutinho de, *Administradores e (novo?) dever geral de prevenção da insolvência*, em "V Congresso de Direito da Insolvência" (coord. Catarina Serra), Coimbra, Almedina, 2019, pp. 229-235.

46 Neste mesmo sentido, cf. SERRA, Catarina, em *O processo extraordinário (...)*, ob. cit., p. 2028; SERRA, Catarina, *For great ills (...)*, ob. cit., p. 28; CARVALHO, Catarina Guedes de, *Portugal's (...)*, ob. cit., p. 37, nota nº 4; MARTINS, Alexandre de Soveral, *Mais vale tarde (...)*, ob. cit., p. 38; GONÇALVES, Francisca Margarida Pereira, *O processo (...)*, ob. cit., p. 14 e GONÇALVES, Ana Cláudia Marques, *A recuperação de empresas em Portugal e o impacto do PEVE em época de Covid-19*, Dissertação, Instituto Superior de Contabilidade e Administração de Coimbra, Instituto Politécnico de Coimbra, Coimbra, 2022, pp. 46-47, disponível para consulta em https://comum.rcaap.pt/bitstream/10400.26/40423/1/Ana_Gon%c3%a7alves.pdf, último acesso em 10/07/2022.

47 ANA PAULA BOULAROT entende que o regime jurídico do PER compreende, na verdade, "dois processos especialíssimos, urgentes, antecipatórios do estado de insolvência do devedor,

art. 17º-I do Código da Insolvência e da Recuperação de Empresas (doravante designado pelo acrónimo CIRE).

Pestana de Vasconcelos[48] defende este mesmo entendimento quando assinala que *"este processo consiste em rigor numa adaptação de uma das modalidades do PER, os acordos extrajudiciais homologados (art. 17º-I), para cujo regime em grande parte remete e noutra parte reproduz. Tecnicamente, pode dizer-se que consiste simplesmente de uma variante da segunda modalidade do PER, cuja principal novidade, sendo este o aspeto mais relevante, consiste na possibilidade de empresas em situação de insolvência atual a ele recorrerem, o que não acontece nas outras modalidades de PER"*.

2. Do âmbito de aplicação

O PEVE, como o próprio nome denuncia, destina-se *exclusivamente* a empresas que, comprovadamente, se encontrem em situação económica difícil ou em situação de insolvência iminente ou atual em virtude

com vista à sua obstaculização: o primeiro, prevenido nos artigos 17º-A a 17º-H, destinado à obtenção de um acordo entre o devedor e os credores, com vista à sua conclusão para recuperação daquele; o segundo, prevenido no artigo 17º-I, é o processo que visa a homologação do acordo havido entre o devedor e os credores extrajudicialmente (...) no segundo dos procedimentos, o acordo é efetuado extrajudicialmente entre o devedor e os credores que representem, pelo menos, a maioria dos votos a que se alude no artigo 212º, nº 1 (...) tratando-se de um procedimento mais expedito e simplificado, que leva a uma tramitação processual mais abreviada ainda." – *Apontamentos sobre os efeitos do Processo Especial de Recuperação,* em "Julgar", nº 31, Coimbra, Almedina, 2017, pp. 11-12. Em idêntico sentido, cf. Martins, Alexandre de Soveral, *Alterações recentes ao Código da Insolvência e da Recuperação de Empresas,* Texto da conferência proferida no dia 5 de Julho de 2012, na Livraria Almedina Estádio de Coimbra, disponível para consulta em https://estudogeral.uc.pt/bitstream/10316/20699/1/alteracoes_CIRE.pdf, último acesso em 10/07/2022; Martins, Alexandre de Soveral, *O P.E.R. (Processo Especial de Revitalização),* em "AB Instantia – Revista do Instituto do Conhecimento AB", Ano I, nº 1, 2013, Coimbra, Almedina, p. 40 e Epifânio, Maria do Rosário, *O processo especial de revitalização,* Coimbra, Almedina, 2016, p. 91. Por sua vez, a respeito do denominado "PER do 17º-I" Elisabete Assunção refere, em síntese apertada, "que o que está em causa aqui neste artigo não é o já chamado P.E.R. de negociação mas sim um P.E.R. de homologação, ou seja, está em causa a homologação pelo juiz de um acordo judicial já feito e que lhe é posto a apreciação. Esse acordo tem de ser, nos termos do disposto no artigo 17º-I, nº 1, assinado pelo devedor e pelos credores que representem pelo menos a maioria de votos prevista no nº 1 do artigo 212º do C.I.R.E." [*rectius* as maiorias de votos previstas no nº 5 do artigo 17º-F] – *Impugnação e decisão da impugnação da lista provisória de créditos, no âmbito do Processo Especial de Revitalização,* "Julgar", nº 31, Coimbra, Almedina, 2017, p. 59.

48 *O novo processo (...),* ob. cit., p. 2113.

da pandemia da doença COVID-19, mas que ainda sejam suscetíveis de viabilização[49].

O nº 2 do art. 6º da Lei nº 75/2020 define empresa, "*para efeitos da presente lei*", como sendo toda a organização de capital e trabalho destinada ao exercício de qualquer atividade económica, independentemente da natureza jurídica do seu titular, excluindo da aplicação do PEVE todas as entidades enunciadas no nº 2 do art. 2º do CIRE[50] (cf. nº 8 do art. 6º da Lei nº 75/2020).

[49] "A crise da empresa conduz os seus gestores a refletir sobre o seu futuro, equacionando a sua subsistência e recuperação em detrimento da definitiva cessação da sua atividade e extinção anunciada. A manutenção da empresa em situação económica difícil passa então pela sua recuperação, a efetuar de acordo com um plano elaborado para o efeito. O momento em que o mesmo é implementado pode ser decisivo na consideração dos interesses em jogo. (...) E, por isso, o Direito criou novas medidas que permitem antecipar o controlo da situação difícil que o sujeito de Direito Comercial atravessa antes que a própria declaração de insolvência prejudique o valor da empresa que da mesma é objeto, pelo natural enfraquecimento do seu crédito" – Cunha, Paulo Olavo, *A recuperação de sociedades no contexto do PER e da insolvência*, em "Revista de Direito da Insolvência", nº 0, Coimbra, Almedina, 2016, p. 103.

[50] A saber: pessoas coletivas públicas e entidades públicas empresariais; empresas de seguros, instituições de crédito, sociedades financeiras, empresas de investimento que prestem serviços que impliquem a detenção de fundos ou de valores mobiliários de terceiros e organismos de investimento coletivo, na medida em que a sujeição a processo de insolvência seja incompatível com os regimes especiais previstos para tais entidades. A este respeito referem Carvalho Fernandes e João Labareda que "[A] solução acolhida no nº 2 replica, em larga medida, o que anteriormente resultava do artº 2º do diploma preambular que aprovou o CPEREF. Há porém duas novidades dignas de nota. A primeira está na assunção definitiva e expressa da subtração das entidades empresariais públicas à insolvência, sem necessidade de indagar, em concreto, o que possa resultar do seu regime jurídico próprio. Põe-se, assim, fim a dúvidas que se legitimavam em razão do texto da lei pregressa. A outra novidade traduz-se na admissibilidade da sujeição das entidades referidas na al. *b)* a aspetos do regime comum da insolvência e ao próprio processo regulado no Código, quando isso não seja incompatível com os regimes especiais previstos para elas, o que, desde logo, sucede quando os próprios regimes especiais contemplam, com maior ou menor amplitude, o recurso à disciplina geral. Mas exclusão, por regra, das empresas de seguros, instituições de crédito, sociedades financeiras, empresas de investimento que prestem serviços que impliquem a detenção de fundos ou de valores mobiliários de terceiros e organismos de investimento colectivo do regime comum da insolvência obedece, para além do mais que a pudesse justificar, à necessidade de dar cumprimento a exigências da legislação da União Europeia. Sublinha-se o facto de a mesma solução ser assumida no art. 1º, nº 2, do Regulamento (CE) nº 1346/2000. Isto não quer dizer, é claro, que as entidades em questão estejam imunes à hipótese de se encontrarem impossibilitadas de satisfazer pontualmente as suas obrigações. O que se passa é que, então, há regimes especiais legalmente fixados que provêem à situação. Ora, o significado da al. *b)* do nº

Na verdade, a noção de empresa dada pela Lei nº 75/2020 reproduz a definição contida no CIRE (cf. art. 5º), esclarecendo[51], adicionalmente, que tal conceito independe da natureza jurídica do seu titular[52].

Concordamos com a observação de PESTANA DE VASCONCELOS[53] quando refere que quem é elegível para o PEVE não é, de facto, a empresa, em sentido próprio, "*mas o devedor, pessoa singular ou coletiva, que seja titular de uma empresa nos termos que vimos de referir. A empresa aí aparece em sentido objetivo. Quem inicia o processo, porém, é a empresa em sentido subjetivo, ou seja, o seu titular, em regra uma sociedade comercial.*" Para aceder ao PEVE a empresa – *rectius*, o titular desta – tem, indiscriminadamente, de se encontrar em situação económica difícil ou de insolvência (atual ou iminente) desde que tal estado seja devido[54] à pandemia da COVID-19. Ou seja, *a contrario* o acesso ao PEVE mostra-se vedado[55] a todas as empresas cuja situação económica difícil ou de insolvência não se deva[56] à crise pandémica.

2 é, pois, o de que será em função do que resultar desses regimes especiais que poderá ou não aproveitar-se alguma coisa do regime comum da insolvência e do processo respectivo, os quais, consequentemente, não são nunca directamente aplicáveis." – *Código da Insolvência (...)*, p. 67.

[51] CATARINA SERRA questiona a utilidade do esclarecimento, por não se tratar de uma questão controvertida, cf. *O processo extraordinário (...)*, ob. cit., p. 2037.

[52] No sentido de que ficam, claramente, abrangidos os empresários em nome individual, cf. DINIS, David Sequeira/ CASANOVA, Nuno Salazar/ NUNES, Raquel Cardoso, *O processo (...)*, ob. cit., p. 80.

[53] *O novo processo (...)*, p. 2114.

[54] ALEXANDRE DE SOVERAL MARTINS apelida a locução normativa "em virtude da pandemia da COVID-19" como sendo uma das "associações de palavras mais infeliz da história recente: ligar a palavra virtude a pandemia da COVID-19 tem que se lhe diga" – "*Mais vale tarde (...)*", ob. cit., p. 39.

[55] Criticando o facto de o PEVE não ser aberto a "empresas saudáveis", cf. DINIS, David Sequeira/ CASANOVA, Nuno Salazar/ NUNES, Raquel Cardoso, *O processo (...)*, ob. cit., p. 76-77.

[56] A este respeito, MARIA DE FÁTIMA RIBEIRO define "empresas zombie" como sendo "um número significativo de empresas, já em crise antes da pandemia, ou sem viabilidade, beneficiando de todas as medidas de apoio que têm sido disponibilizadas e do quadro legal favorável, continua em actividade (ainda que, frequentemente, em modo "hibernação"), o que levará a que estas medidas concebidas para combater os efeitos da pandemia Covid-19 acabem por ter o efeito perverso de dificultar a declaração de insolvência de empresas que deveriam ser afastadas do mercado, permitindo-lhes que continuem assim a contrair obrigações que não satisfarão e a absorver recursos que seriam essenciais para a recuperação de empresas com efectiva previsão de viabilidade." – *Deveres dos administradores da empresa em crise: as perspectivas de viabilidade e o recurso ao PEVE*, em "Revista de Direito Comercial", Lisboa, 2021, p. 1234, nota nº 8, disponível para consulta em https://www.revistadedireitocomercial.com/deveres-dos-

Para o efeito a empresa deverá juntar no requerimento inicial uma declaração escrita e assinada pelo respetivo órgão de administração[57] que ateste que a situação em que se encontra é devida à pandemia da doença COVID-19 (alínea a) do nº 1 do art. 7º).

No meu entender, a comprovação do referido nexo causal, que assume relevância processual[58] na medida em que este instrumento foi exclusivamente desenhado para empresas "saudáveis" afetadas pela COVID-19, far-se-á não só através da obrigatória declaração formal da empresa nesse sentido, mas também *indiciariamente* através da análise das contas daquela que deverão demonstrar, obrigatoriamente, a existência de um ativo superior ao passivo, a 31 de dezembro de 2019[59], que consiste também num requisito adicional de acesso a esta forma de processo *per se*.

administradores-da-empresa-em-crise-as-perspectivas-de-viabilidade-e-o-recurso-ao-peve, último acesso em 10/07/2022.

57 A propósito do PER e lamentando o papel passivo dos sócios na tomada de decisão sobre o recurso a processos de recuperação, cf. CUNHA, Paulo Olavo, *Reestruturação de Sociedades e Direitos de Sócios*, em "IV Congresso do Direito da Insolvência" (coord. Catarina Serra), Reimpressão, Coimbra, Almedina, 2020, pp. 347-348.

58 ALEXANDRE DE SOVERAL MARTINS entende que a comprovação do nexo causal entre a situação da empresa e a doença pandémica não é relevante porquanto também a situação de insolvência atual é abrangida pelo regime, cf. *Mais vale tarde (...)*, ob. cit., p. 40.

59 Todavia, não podemos deixar de concordar com CATARINA SERRA quando refere que a demonstração de que a empresa tinha, naquela data, um ativo superior ao passivo não significa, de todo, que não estivesse já insolvente, porquanto "a insolvência é a impossibilidade de cumprir obrigações vencidas e não se confunde com a situação patrimonial líquida negativa. É verdade que esta última é, por força do art. 3º, nº 2, do CIRE, equiparada à insolvência, mas isso é só em determinados casos (por excelência, quando estejam em causa sociedades por quotas ou anónimas). Por isso, é igualmente possível que a empresa não tivesse um activo superior ao passivo – e, consequentemente, não consiga demonstrar que tinha – mas não estivesse ainda insolvente naquela altura. Esta última hipótese é, porém, irrelevante, uma vez que se admite que recorram ao PEVE empresas pré-insolventes." – *O processo extraordinário (...)*, ob. cit., p. 2038. No mesmo sentido, cf. o abundante argumentário de PESTANA DE VASCONCELOS, *O novo processo (...)*, ob. cit., pp. 2115-2117. Por sua vez, MARIA DE FÁTIMA RIBEIRO defende que a solução adotada pelo legislador italiano é mais equilibrada, porquanto "passou a prever, com o «*decreto liquiditá*» (cf. o art. 7 da *legge 5 giugno 2020, n 40*) a «cristalização» de um princípio de continuidade da empresa na elaboração do balanço de exercício, com o fim de neutralizar os efeitos da pandemia, desde que a perspectiva de continuidade da empresa resultasse, de modo consistente, do último balanço de exercício anterior a 23 de fevereiro de 2020." – *Os deveres (...)*, ob. cit., p. 284, nota nº 39.

Para além do nexo causal e de um balanço contabilístico que demonstre um ativo superior ao passivo, a empresa deverá ser viável[60] ou "*suscetível de viabilização*"[61], nas palavras da lei (cf. nº 1 do art. 6º), devendo para o efeito, com o requerimento inicial, ser junta declaração escrita e assinada pelo órgão de administração da empresa que ateste que reúne as condições necessárias para a sua viabilização e o respetivo acordo de viabilização, subscrito pela empresa e por credores que representem as maiorias legais de aprovação (alíneas *a)* e *d)* do nº 1 do art. 7º).

Neste conspecto, concordamos com Pestana de Vasconcelos[62] no sentido de que "*haverá que ter em conta, tanto a sua viabilidade económica, como a financeira, dizendo a primeira respeito à sua capacidade para no futuro, ultrapassado o condicionalismo específico da pandemia, conseguir obter proveitos superiores aos custos. Neles incluiu-se a necessidade de pagar as dívidas, ou o serviço de dívida. E, por esse motivo, é necessário que a empresa seja também financeiramente sustentável. Para tal, a restruturação no seio do PEVE, que incluiria necessariamente alterações ou no valor do passivo, ou nos prazos de pagamento (provavelmente, os dois), é essencial*".

Ora, o conceito de viabilidade[63] atravessa este instrumento extraordinário de recuperação de empresas desde o nome que o designa, aos requi-

[60] De acordo com o dicionário enciclopédico em linha Infopédia, produzido pela Porto Editora, viável é um adjetivo de dois géneros que significa que tem condições para viver; que se pode realizar, praticável, exequível; que tem possibilidade de perdurar, Porto Editora – viável no Dicionário infopédia da Língua Portuguesa [em linha]. Porto: Porto Editora. [consult. 2022-06-30 22:07:05]. Disponível em https://www.infopedia.pt/dicionarios/lingua-portuguesa/viável.

[61] "A susceptibilidade de recuperação não pode ser entendida simplesmente como a possibilidade de o devedor, a curto prazo, passar a poder cumprir atempadamente as suas obrigações. Se assim fosse, todos os devedores estariam, em última análise, em condições de recuperação, ainda que com um perdão total ou quase total das dívidas. O que se pretende é que seja possível ao devedor prosseguir a sua actividade num cenário de normalidade e viabilidade económica e, portanto, com resultados de exploração previsivelmente positivos, ainda que não no imediato.", Casanova, Nuno Salazar/Dinis, David Sequeira, *PER (...)*, ob. cit., p. 16.

[62] *O novo processo (...)*, ob. cit., p. 2115.

[63] Curiosamente o décimo princípio orientador da recuperação extrajudicial de devedores, previsto na RCM nº 43/2011, de 25 de outubro, já mencionava que as propostas de recuperação do devedor devem basear-se num plano de negócios viável e credível, que evidencie a capacidade do devedor de gerar fluxos de caixa necessários ao plano de reestruturação, que demonstre que o mesmo não é apenas um expediente para atrasar o processo judicial de

sitos de elegibilidade, passando pelo teor do parecer que o Administrador Judicial Provisório (AJP) deverá emitir sobre se o acordo alcançado oferece perspetivas razoáveis de garantir a viabilidade da empresa e que culmina com o juízo de previsão, que também é exigido ao juiz, no momento de homologação do acordo, como um dos pressupostos necessários para a prática de tal ato jurisdicional.

Trata-se, de facto, de um "*reforço da seriedade do processo*"[64], que se encontra em linha com o preconizado pela Diretiva (UE) 2019/1023, do Parlamento Europeu e do Conselho, de 20 de junho de 2019[65], como melhor veremos mais adiante.

Com efeito, a Diretiva (UE) 2019/1023[66] é clara no sentido de que "*será possível salvar uma percentagem significativa de empresas e postos de trabalho se houver regimes preventivos em todos os Estados-Membros em que as empresas disponham de estabelecimentos, ativos ou credores. O regime de reestruturação deverá proteger os direitos de todas as partes envolvidas, incluindo os trabalhadores, de uma forma equilibrada. Paralelamente, as empresas não viáveis sem qualquer perspetiva de sobrevivência deverão ser liquidadas da forma mais rápida possível. Caso um devedor com dificuldades financeiras não seja economicamente viável ou caso a sua viabilidade económica não possa ser rapidamente restabelecida, os esforços de reestruturação poderão conduzir à aceleração e acumulação de perdas em prejuízo dos credores, trabalhadores e outras partes interessadas, bem como da economia no seu conjunto.*" – sublinhado nosso.

Ou seja, de acordo com o espírito da Diretiva os processos de reestruturação (preventiva) no espaço da União Europeia deverão ser reservados, em exclusivo, a empresas que sejam viáveis.

A este respeito refere Francisco Garcimartin[67] que "*The Directive is addressed to (economically) viable firms that are in financial difficulties, and designs a legal framework to prevent insolvency and allow those firms to continue business. That is, the whole purpose of the restructuring framework is to prevent the debtor's insolvency and ensure its viability (Article 1 par. 1 lit. a) and Article 4*

insolvência, e que contenha informação respeitante aos passos a percorrer pelo devedor de modo a ultrapassar os seus problemas financeiros.

64 Martins, Alexandre de Soveral, *Mais vale tarde (...)*, ob. cit., p. 40.

65 Diretiva transposta para a ordem jurídica interna através da Lei nº 9/2022, de 11 de janeiro.

66 Considerando (3) *in fine*.

67 *European preventive restructuring, Directive (EU) 2019/1023, Article-by-article commentary* (coord. Christoph G. Paulus e Reinhard Dammann), 2021, Beck-Hart-Nomos, p. 92.

par. 1). In economic terms, viability implies the ability of the business to provide an appropriate projected return on capital after having covered the operation costs. Conversely, non-viable business with no prospect of survival should be liquidated "as quickly as possible" (see Recital 3)."

Assim, o instrumento normativo europeu impõe aos Estados-Membros que assegurem que, caso exista uma probabilidade de insolvência, os devedores tenham acesso a um regime de reestruturação preventiva (pré-insolvencial) que lhes permita evitar a insolvência e garantir a sua viabilidade, sem prejuízo de outras soluções destinadas a evitar a insolvência, protegendo desta forma postos de trabalho e mantendo a atividade empresarial (cf. nº 1 do art. 4º). De igual forma prevê-se a possibilidade de manutenção ou introdução de um teste de viabilidade nos termos do Direito nacional, desde que esse teste tenha por objetivo excluir os devedores que não tenham perspetivas de viabilidade e possa ser efetuado sem prejuízo para os ativos dos devedores (cf. nº 3 do art. 4º).

Acresce ainda que, de acordo com a Diretiva, os Estados-Membros garantem que as autoridades judiciais ou administrativas possam recusar-se a confirmar um plano de reestruturação caso este não apresente perspetivas razoáveis de evitar a insolvência do devedor ou de garantir a viabilidade da empresa – nº 3 do art. 10º – sendo que o Devedor deverá fazer incluir, obrigatoriamente, no plano de reestruturação apresentado uma exposição de motivos que explique as razões pelas quais há uma perspetiva razoável de o plano de reestruturação evitar a insolvência do devedor e garantir a viabilidade da empresa, incluindo as condições prévias necessárias para o êxito do plano (cf. alínea *h)* do nº 1 do art. 8º).

Por último, para aceder ao PEVE à data da apresentação do requerimento inicial a empresa não poderá ter pendente PER ou PEAP[68].

[68] Catarina Serra denuncia o *lapsus calami* da referência ao PEAP, na medida em que, como é consabido, o mesmo não é aplicável a empresas, cf. *O processo extraordinário (...)*, ob. cit., p. 2038. De igual forma, Menezes Leitão defende tratar-se de um lapso do legislador e, nessa medida, preconiza uma interpretação restritiva da norma contida no nº 3 do artigo 6º da Lei nº 75/2020 no sentido de que se deverá excluir a referência a PEAP, cf. *Direito da Insolvência*, 10ª Edição, Coimbra, Almedina, 2021, p. 410. Não obstante a evidência do argumentário dos Insignes Autores quanto à inaplicabilidade do PEAP a empresas, pensamos que tal referência normativa, ainda que errada do ponto de vista dogmático, ou pretendeu acautelar eventuais situações, *de facto*, de uso incorreto do PEAP por empresas, ou, como bem refere Alexandre de Soveral Martins, casos em que "devedor que não tinha empresa e passou a ter" – *Mais vale tarde (...)*, ob. cit., p. 42.

Em síntese, ao PEVE poderá aceder uma empresa que seja suscetível de viabilização, se encontre em situação económica difícil ou de insolvência devido à crise pandémica causada pela COVID-19, demonstre, de acordo com as normas contabilísticas aplicáveis ter, em 31 de dezembro de 2019, um ativo superior ao passivo e à data de apresentação do requerimento inicial não tenha pendente PER ou PEAP.

Não obstante o regime-regra *supra* enunciado, a Lei nº 75/2020 prevê, adicionalmente, que o PEVE possa ser utilizado por empresas[69] que, não tendo a 31 de dezembro de 2019 o ativo superior ao passivo, tenham logrado regularizar a sua situação com recurso à disposição transitória prevista no nº 1 do art. 35º do RERE e desde que tenham procedido ao depósito tempestivo do acordo de reestruturação (nº 4 do art. 6º).

A título de exceção é, ainda, permitido, nos termos do nº 5 do art. 6º, o acesso ao PEVE a micro ou pequenas empresas, na aceção do anexo ao DL nº 372/2007, de 6 de novembro, que não tivessem, em 31 de dezembro de 2019, um ativo superior ao passivo, desde que:

a) Não tenha pendente processo de insolvência, processo especial de revitalização ou processo especial para acordo de pagamento à data da apresentação do requerimento inicial;
b) Tenha recebido um auxílio de emergência no âmbito do quadro temporário relativo a medidas de auxílio estatal em apoio da economia no atual contexto da pandemia da doença COVID-19 e o mesmo não tenha sido reembolsado nos termos legais; ou
c) Esteja abrangida por um plano de reestruturação no quadro das medidas de auxílio estatal.

A este respeito discute-se na doutrina sobre a cumulatividade ou alternatividade dos requisitos enunciados nas alíneas *a)* a *c)*.

Catarina Serra entende[70] que a formulação da norma, separando as três condições com ponto e vírgula e usando a conjunção disjuntiva "ou" parece indicar a alternatividade[71] das três condições.

[69] Destacando que aqui não há a referência do caso de ser micro ou pequena empresa, cf. Gonçalves, Francisca Margarida Pereira, *O processo (...)*, ob. cit., p. 20.

[70] *O processo extraordinário (...)*, ob. cit., p. 2040.

[71] Alexandre de Soveral Martins parece ser de idêntica opinião quando refere que "Tratando-se de micro ou pequena empresa, o nº 4 do art 6º, permite-lhe recorrer ao PEVE

Por sua vez, PESTANA DE VASCONCELOS[72] defende que "*é necessário que estejam preenchidas um conjunto de duas condições. Em primeiro lugar, é necessário que empresa não tenha pendente um processo de insolvência, um PER ou um PEAP à data da apresentação do requerimento para início do PEVE. Depois, em alternativa, que tenha recebido um auxílio de emergência no âmbito do quadro temporário de auxílio estatal em apoio da economia no contexto da pandemia e o mesmo não tenha sido reembolsado nos termos legais, ou esteja abrangida por um plano de reestruturação ao abrigo das regras em matérias de auxílios estatais.*"

Neste mesmo sentido, apelando ao elemento racional da interpretação, refere MARIA DE FÁTIMA RIBEIRO[73] que "*a situação prevista na alínea a) é de verificação obrigatória, devendo cumular-se com ela a verificação de uma das alíneas seguintes, em alternativa. O que nos leva a concluir neste sentido é o facto de não ser razoável inferir que o legislador tenha pretendido autorizar uma empresa, qualquer que seja a sua dimensão, que tenha pendente processo de insolvência ou processo especial de revitalização a entretanto recorrer ao PEVE, desde que verificada pelo menos uma das situações descritas nas alíneas b) e c). Desde logo, no nº 3 do artigo 8º esclarece-se que a empresa que pretenda recorrer ao PEVE não pode ter pendente um PER. Mais: determina-se no artigo 8º, nº 5, que os processos de insolvência pendentes se suspendem, a menos que tenha sido proferida sentença declaratória de insolvência. Em nenhum dos preceitos do diploma se prevê a possibilidade de existir pendência simultânea de um PER ou processo de insolvência em que já tenha sido proferida declaração de insolvência, mesmo que se trate de micro ou pequenas empresas, nem se estabelece o regime aplicável a uma tal eventualidade.*"

Salvo o devido respeito que nos merece opinião contrária, e independentemente da forma como a norma se mostra pontuada, somos do enten-

se, em alternativa: a) Não tiver pendente processo de insolvência, PER ou PEAP; b) Tiver recebido auxilio de emergência no âmbito do quadro relativo às medidas de auxilio estatal em apoio da economia no contexto da pandemia que vivemos e não tenha havido reembolso desse auxílio; ou c) Esteja abrangida por plano de reestruturação no quadro de medidas de auxílio estatal. Estas micro ou pequenas empresas não têm de demonstrar que em 31 de dezembro de 2019 tinham ativo superior ao passivo." – *Mais vale tarde (...)*, ob. cit., p. 42. Outrossim, cf. DINIS, David Sequeira/CASANOVA, Nuno Salazar/NUNES, Raquel Cardoso, *O processo (...)*, ob. cit., p. 80 e GOMES, Mickael Borges Pereira, *Processo extraordinário de viabilização de empresas*, Dissertação, Faculdade de Direito – Escola de Lisboa, Universidade Católica Portuguesa, Lisboa, 2021, p. 11, disponível para consulta em https://repositorio.ucp.pt/bitstream/10400.14/37711/1/202920933.pdf, último acesso em 10/07/2022.

[72] *O novo processo (...)*, ob. cit., p. 2118.

[73] *Deveres (...)*, ob. cit., pp. 1245-1246, nota nº 24.

dimento concorde com PESTANA DE VASCONCELOS e MARIA DE FÁTIMA RIBEIRO[74] no sentido de que as micro e pequenas empresas para poderem aceder ao PEVE, através do regime previsto no nº 4 do art. 6º – especialmente pensado para estas – não poderão, desde logo, ter pendente processo de insolvência ou de recuperação à data da apresentação do requerimento inicial e depois deverão preencher uma das outras duas condições, acima descritas, que são alternativas entre si.

Para esta interpretação conflui o caráter complementar do PEVE em relação aos demais instrumentos de recuperação vigentes, que não se sobrepõem entre si, pelo que, de harmonia com o regime geral do nº 3 do art. 6º, o recurso ao PEVE, em qualquer circunstância, pressuporá sempre que a empresa não tenha pendente PER ou PEAP (e ainda processo de insolvência no caso das micro e pequenas empresas).

De facto, o PEVE configura-se como um processo extraordinário, de utilização única, que não é compatível com a pendência concorrente, em simultâneo, de outros processos de recuperação.

Neste conspecto, importará ainda sublinhar que o impedimento de a empresa ter pendente um PEVE em simultâneo com um PER, ou até dois PER, visa evitar a formação contraditória de julgados entre processos com o mesmo desiderato: recuperação de empresas.

Note-se, aliás, que este entendimento se mostra espelhado também nas regras de PER e PEAP quando nos respetivos regimes se estabelecem normas disciplinadoras da abertura e encerramento destes tipos processuais, que obstam à pendência em simultâneo de mais do que um processo por empresa ou devedor.

Por último, importa referir que, tanto no regime regra definido no nº 3 do art. 6º, como nos regimes excecionais de acesso ao PEVE enunciados nos nºs 4 e 5 do referido artigo, é requisito de elegibilidade que a empresa não tenha recorrido anteriormente a este tipo processual (cf. nº 15 do art. 9º). Com efeito, como já sublinhámos abundantemente: o PEVE é um processo extraordinário de utilização única.

3. Dos requisitos de acesso ao PEVE e apreciação liminar

Como deixámos referido *supra*, o PEVE visa a homologação de um acordo de reestruturação de dívida estabelecido extrajudicialmente entre a empresa e os seus credores.

74 Outrossim, GONÇALVES, Francisca Margarida Pereira, *O processo (...)*, ob. cit., p. 19.

Naturalmente, a tramitação processual reflete tal desiderato, sendo ordenada apenas[75] à homologação do acordo obtido em momento anterior à propositura do processo; não sendo, portanto, possível negociar no âmbito do PEVE ou, por qualquer forma, na pendência deste introduzir alterações ao previamente consensualizado com os credores subscritores.

Assim, nos termos do nº 1 do art. 7º da Lei nº 75/2020, o PEVE inicia-se pela apresentação pela empresa[76], no tribunal competente para declarar a sua insolvência[77], de requerimento inicial acompanhado dos seguintes elementos[78]:

[75] "A lei não trata – e bem – da fase extrajudicial, na qual decorrem as negociações e se firma o acordo entre os credores e a empresa. A nosso ver, deverá prevalecer nesta sede a autonomia das partes e o princípio da boa fé. Deverão, ainda assim, ser aplicáveis os princípios previstos na Resolução do Conselho de Ministros nº 43/2011, de 25 de outubro. Não só está em causa um processo de reestruturação análogo a um PER, como a verdade é que a dita Resolução fala genericamente em processos de recuperação extrajudicial. Faz, por isso, todo o sentido aplicar esses princípios à situação em apreço." – DINIS, David Sequeira/CASANOVA, Nuno Salazar/NUNES, Raquel Cardoso, *O processo (...)*, ob. cit., p. 80-81.

[76] À semelhança da disciplina prevista para o PER permite-se à empresa que se submeta a PEVE requerer a apensação de processo extraordinário de viabilização, intentado por sociedades comerciais com as quais a empresa se encontre em relação de domínio ou de grupo, nos termos do Código das Sociedades Comerciais, aprovado pelo Decreto-Lei nº 262/86, de 2 de setembro, quando este, encontrando-se igualmente na fase liminar, tenha sido instaurado ao abrigo do presente regime, cf. nº 2 do art. 7º. CATARINA SERRA chama a atenção para a redação equívoca da norma, salientando que, nos mesmos moldes advogados para o PER, "o tribunal competente para a apensação é encontrado, em regra, com base no critério do factor determinante. E deste retira-se que o processo ao qual o outro se apensa é o processo que corre no tribunal competente para tramitar o processo da sociedade dominante ou directora" – *O processo extraordinário (...)*, ob. cit., p. 2042.

[77] Regra de competência idêntica à existente no PER e no PEAP, cf. nº 3 do art. 17º-C e nº 3 do art. 222º-C do CIRE, respetivamente. Tais normativos convocam a aplicação do disposto no artigo 7º do CIRE que fixa a competência para o processo de insolvência no tribunal da sede ou do domicílio do devedor ou do autor da herança à data da morte, consoante os casos, sendo igualmente competente o tribunal do lugar em que o devedor tenha o centro dos seus principais interesses, entendendo-se por tal aquele em que ele os administre, de forma habitual e cognoscível por terceiros.

[78] Para acesso aos benefícios fiscais referidos no art. 14º da Lei nº 75/2020, ALEXANDRE DE SOVERAL MARTINS salienta ainda a importância da junção pela empresa de "uma declaração emitida por revisor oficial de contas e em português, com um certo conteúdo: deve a declaração certificar que «o acordo de viabilização compreende a reestruturação de créditos correspondentes a, pelo menos, 30% do total do passivo não subordinado do devedor e que, em virtude do acordo de viabilização, a situação financeira da empresa fica mais equilibrada,

a) Declaração escrita e assinada pelo órgão de administração da empresa que ateste[79] que a situação em que se encontra é devida à pandemia da doença COVID-19 e que reúne as condições necessárias para a sua viabilização, sem prejuízo do disposto nos nºs 4 e 5 do art. 6º;[80]

b) Cópia dos documentos a que aludem as alíneas *b)* a *i)* do nº 1 do art. 24º do CIRE[81];

c) Relação por ordem alfabética de todos os credores[82], incluindo condicionais[83], com indicação dos respetivos domicílios, dos montan-

nomeadamente por aumento da proporção do ativo sobre o passivo, e os capitais próprios da empresa são superiores ao capital social»" – *Mais vale tarde (...)*, ob. cit., pp. 46-47.

79 No sentido (que acompanhamos) de que a administração pode ser responsabilizada civil e penalmente pela falsidade ou incompletude desta declaração, cf. DINIS, David Sequeira/ CASANOVA, Nuno Salazar/NUNES, Raquel Cardoso, *O processo (...)*, ob. cit., p. 78.

80 Concordamos com CATARINA SERRA quando refere que "deverá entender-se, assim, que as micro empresas e pequenas empresas e as empresas que tenham recorrido ao RERE ao abrigo do art. 35º, nº 1, do RERE e estejam nas condições referidas, respectivamente, nos nºs 4 e 5 do artigo 6º, (só) ficam dispensadas da primeira menção ou, pela positiva, continuam obrigadas a apresentar uma declaração com a segunda menção." – *O processo extraordinário (...)*, ob. cit., p. 2043. Ou seja, em síntese, todas as empresas que se apresentem a PEVE, independentemente da via de acesso, estão obrigadas a carrear declaração escrita e assinada pelo órgão de administração que ateste que reúne as condições necessárias para a sua viabilização. Neste mesmo sentido, cf. RIBEIRO, Maria de Fátima, *Deveres (...)*, ob. cit., p. 1248, nota nº 27.

81 Trata-se dos documentos que um devedor deverá carrear para os autos quando se apresenta à insolvência, cuja essencialidade para o PEVE decorre do retrato da situação patrimonial que os mesmos permitem realizar. Neste conspecto, destaca-se as contas anuais relativas aos três últimos exercícios, bem como os respectivos relatórios de gestão, de fiscalização e de auditoria, pareceres do órgão de fiscalização e documentos de certificação legal, se forem obrigatórios ou existirem, e informação sobre as alterações mais significativas do património ocorridas posteriormente à data a que se reportam as últimas contas e sobre as operações que, pela sua natureza, objecto ou dimensão extravasem da actividade corrente do devedor, o que assume particular relevância devido à exigência legal de um activo superior ao passivo a 31 de dezembro de 2019. São, enfim, "documentos necessário para que os demais credores, juiz e o AJP consigam fazer uma avaliação objetiva da situação económica da empresa e diagnosticar a viabilidade de sua recuperação." – GOMES, Mickael Borges Pereira, *Processo (...)*, ob. cit., p. 12.

82 Sobre o tratamento específico a dar aos credores litigiosos em PEVE, cf. DINIS, David Sequeira/CASANOVA, Nuno Salazar/NUNES, Raquel Cardoso, *O processo (...)*, ob. cit., pp. 82-83.

83 A referência expressa a credores condicionais é uma inovação legal em comparação com o PER. Não obstante, na prática pouco acrescenta considerando que tanto em PER, como em PEAP ou no âmbito do processo de insolvência os credores titulares de créditos condicionais já assumem um relevante papel na definição do destino da empresa ou do devedor não empresário. Por sua vez, DAVID SEQUEIRA DINIS, NUNO SALAZAR CASANOVA e

tes dos seus créditos, datas de vencimento, natureza e garantias de que beneficiem, e da eventual existência de relações especiais, nos termos do art. 49º do CIRE, subscrita e datada, há não mais de 30 dias, pelo órgão de administração da empresa e por contabilista certificado ou por revisor oficial de contas, sempre que a revisão de contas seja legalmente exigida;

d) Acordo de viabilização, assinado pela empresa e por credores que representem pelo menos as maiorias de votos previstas no nº 5 do art. 17º-F do CIRE.

A obrigatoriedade da junção de *mera* declaração escrita e assinada pelo órgão de administração da empresa que ateste que a situação em que se encontra é devida à pandemia e que reúne as condições necessárias para a sua viabilização constitui, de certo modo, uma involução do Direito da Insolvência e da Recuperação, porquanto se permite (de novo) o acesso de uma empresa a um instrumento judicial de recuperação sem a intervenção de outra entidade (*terceira*) que o ateste.

Com efeito, na sequência das alterações introduzidas ao PER em 2017, através do DL nº 79/2017, de 30 de junho[84], *inter alia* passou a exigir-se como requisito de acesso ao aludido processo que a empresa apresente declaração subscrita, há não mais de 30 dias, por contabilista certificado ou por revisor oficial de contas, sempre que a revisão de contas seja legalmente exigida, atestando que não se encontra em situação de insolvência atual, à luz dos critérios previstos no art. 3º do CIRE.

Tratou-se de uma medida que visou a credibilização do PER[85] mediante a consagração de *"um sistema de controlo externo (e independente) de verificação*

Raquel Cardoso Nunes preconizam que "ao expressamente referir que a relação abrange credores condicionais, estamos em crer que o legislador pretendeu que se indicassem não só os credores tipicamente reconhecidos no balanço da sociedade, mas também outras responsabilidades extrapatrimoniais que têm sido comummente reconhecidas no PER como créditos condicionais (como é o caso das garantias bancárias)" – *O processo (...)*, ob. cit., p. 82.

[84] Criticando a opção legislativa tomada do estabelecimento de diferenciação entre os processos de pré-insolvência dos devedores titulares e não titulares de empresa, cf. Oliveira, Nuno Manuel Pinto, *O Direito da Insolvência e a tendencial universalidade do Direito Privado*, em "IV Congresso de Direito da Insolvência" (coord. Catarina Serra), Reimpressão, Coimbra, Almedina, 2020, pp. 71-105.

[85] Na exposição de motivos do DL nº 79/2017 refere-se expressamente que "Apostou-se na credibilização do processo especial de revitalização (PER) enquanto instrumento de

desses requisitos[86] *[de acesso]" que, assim, pôs termo à dissonância de ser o "devedor a «atestar» que reunia as condições necessárias para a sua recuperação e a vontade de encetar negociações com os credores com vista à sua revitalização, i.e., tratava-se da defesa de um interesse próprio que não estava dotado de qualquer autoridade, pois consubstanciava-se somente na palavra e opinião do devedor."* [87]

Qual então a razão subjacente à adoção de um regime legal que, neste conspecto, aparentemente inverte os avanços de credibilização alcançados com a reforma de 2017 do PER?

A resposta parece radicar, desde logo, na natureza excecional do instrumento de recuperação de empresas *saudáveis* afetadas por uma crise, que é o PEVE. Ou seja, ante circunstâncias extraordinárias o legislador flexibilizou os requisitos de acesso.

Por outro lado, se é certo que na arquitetura do PEVE se prescinde de uma *prova* de que a situação em que a empresa se encontra é devida à pandemia como requisito de acesso ao instrumento de recuperação – como uma, eventual, declaração do contabilista certificado ou do revisor oficial de contas – tal dispensa mostra-se também contrabalançada com a exigência processual e substantiva de o acordo homologando dever *razoavelmente* assegurar a viabilidade da empresa, como veremos mais adiante.

No mais, dos elementos que devem instruir o requerimento inicial destacam-se no nosso entender, como elementos primordiais, as contas da empresa que atestem um ativo superior ao passivo a 31 de dezembro de 2019, a relação de credores e o acordo de viabilização.

Enquanto a demonstração de um ativo superior ao passivo, a 31 de dezembro de 2019, releva porquanto consiste numa *conditio* objetiva de acesso ao processo[88], por sua vez, a relação de credores[89] assume um papel

recuperação, reforçou-se a transparência e a credibilização do regime e desenhou-se um PER dirigido às empresas, sem abandonar o formato para as pessoas singulares não titulares de empresa ou comerciantes." Sobre o Programa "Capitalizar" e o robustecer de critérios de acesso ao PER, cf. Caetano, Gonçalo, *Do Processo Especial de Revitalização ao Processo Especial para Acordo de Pagamento*, Dissertação, Faculdade de Direito da Universidade do Porto, Porto, 2017, pp. 20-45, disponível para consulta em https://repositorio-aberto.up.pt/bitstream/10216/109735/2/237488.pdf, último acesso em 10/07/2022.

[86] Trindade, Diana, *O processo (...)*, ob. cit., p. 73.

[87] *Idem*, p. 74.

[88] Acauteladas as exceções dos nºs 4 e 5 do artigo 6º da Lei nº 75/2020.

[89] Não obstante o PEVE não visar a verificação e graduação definitiva de créditos, tendente ao pagamento aos credores num cenário de rateio após liquidação, parece-nos adequado do

instrumental no PEVE, na medida em que visa espelhar o universo real de credores da empresa a fim de determinar se os credores subscritores do acordo constituem maioria legal bastante que permita considerá-lo aprovado, exigindo-se para tanto, inovatoriamente[90], a certificação conjunta desse documento, há não mais de 30 dias, pelo órgão de administração da empresa e de contabilista certificado ou revisor oficial de contas, nos casos em que tal seja legalmente exigido.

A certificação da relação de credores em PEVE fará incorrer os declarantes em responsabilidade civil pela falsidade ou incompletude das informações nela contidas (art. 485º do CC[91]), assumindo, igualmente, relevância no contexto de qualificação de insolvência[92]. Tal ocorre à semelhança da declaração subscrita, há não mais de 30 dias, por contabilista certificado ou por revisor oficial de contas no âmbito do PER, atestando que a empresa não se encontra em situação de insolvência atual, à luz dos critérios previstos no art. 3º do CIRE, a que alude o nº 2 do art. 17º-A[93] do mesmo Código.

ponto de vista funcional que a relação de credores, à semelhança da relação a que alude o art. 129º do CIRE, deva identificar os créditos pela sua natureza, ao abrigo do disposto no art. 47º do citado Código.

[90] Como é consabido, tanto o PER como o PEAP, em qualquer das suas modalidades, não exigem tal certificação.

[91] "Os conselhos, recomendações e informações não responsabilizam, em princípio, quem os dá. Eles não representam, em regra, o cumprimento de uma obrigação, nem se pretende, com eles, assumir a responsabilidade pelas suas consequências. Este princípio comporta, no entanto, as excepções previstas no nº 2 onde se impõe a obrigação de indemnizar: (...) b) Quando haja o dever jurídico de dar o conselho, recomendação ou informação. Este dever jurídico pode ser imposto pela lei ou ter a sua fonte num contrato (mandato, prestação de serviços, etc), através do qual uma das partes (advogado, médico, engenheiro, arquitecto, perito contabilista, etc.) se vincula a dar conselhos, a fazer recomendações ou a prestar informações. A obrigação de indemnizar só existe, no entanto, quando se tenha procedido com dolo ou negligência; não basta o erro ou mau resultado dos conselhos ou informações." – Lima, Pires de/Varela, Antunes, *Código Civil Anotado*, Volume I, 4ª Edição Revista e Actualizada, Coimbra, Coimbra Editora, 1987, pp. 486-487.

[92] Assim, cf. Gonçalves, Francisca Margarida Pereira, *O processo (...)*, ob. cit., p. 22. Outrossim, neste sentido, no contexto do PER, cf. Leitão, Luís Manuel Teles de Menezes, *A responsabilidade pela abertura indevida do processo especial de revitalização*, em "II Congresso de Direito da Insolvência" (coord. Catarina Serra), Coimbra, Almedina, 2014, p. 151.

[93] Neste sentido, a propósito do PER cf. Leitão, Luís Manuel Teles de Menezes, *A recuperação (...)*, ob. cit., pp. 42-43; Epifânio, Maria do Rosário, *Manual de Direito (...)*, ob. cit., p. 446-448; e do PEVE, cf. Dinis, David Sequeira/Casanova, Nuno Salazar/Nunes, Raquel Cardoso, *O processo (...)*, ob. cit., pp. 81-82.

As exigências de certificação[94] em torno da relação de credores decorrem do facto de o PEVE não conter uma fase de reclamação de créditos *proprio sensu*[95]. Ou seja, o universo de credores relevante no contexto do processo é definido pela relação certificada de credores carreada pela empresa, que, apenas, é suscetível de ser alterada através do recurso à impugnação, como analisaremos mais adiante.

Ao contrário do preconizado por Catarina Serra[96] entendemos que a certificação da relação de credores é um aspeto muito positivo do regime, que claramente reforça a seriedade do instrumento, na medida em que permitirá com maior certeza a definição do universo dos credores da empresa. Com efeito, a intervenção de um profissional – contabilista certificado ou revisor oficial de contas – que validará a informação da empresa contida na relação de credores assegurará, em teoria, uma maior fidedignidade deste universo.

Por fim, é por demais evidente a relevância do acordo de viabilização[97], considerando, desde logo, que este é o objeto imediato do PEVE que visa a sua homologação.

Analisado o regime contido na Lei nº 75/2020 constata-se que o legislador não impôs à empresa quaisquer regras específicas relativas ao conteúdo do acordo[98], deixando, aparentemente, na esfera de autodeterminação da

[94] "(...) o legislador quis que o PEVE, pelo menos idealmente, abrangesse a totalidade dos credores da empresa." – Dinis, David Sequeira/Casanova, Nuno Salazar/Nunes, Raquel Cardoso, *O processo (...)*, ob. cit., p. 94.

[95] A razão para a supressão da fase de reclamação de créditos encontra-se refletida na exposição de motivos da Proposta de Lei que originou o PEVE: garantir que este seja tramitado de forma particularmente célere. Nesse mesmo sentido, cf. Serra, Catarina, *For great ills (...)*, ob. cit., p. 29.

[96] "This is to say: it all revolves around the list of creditors submitted by the debtor, contrary to what usually happens (the list is submitted to the court by the insolvency practitioner after the spontaneous lodging of the claims by the creditors). This certainly undermines or, in the least, reduces the possibility to determine with precision the definitive universe of creditors, but it is what allows the proceedings to be (more) accelerated." – *For great ills (...)*, p. 29.

[97] Curiosamente, a eleição do legislador pelo termo "acordo de viabilização" evoca uma outra figura jurídica do passado: os "contratos de viabilização", previstos no Decreto-Lei nº 124/77, de 1 de abril. Sobre este regime cf. Arsénio, Manuel Silva, *Recuperação de empresas por via judicial e extrajudicial – O caso SIREVE – Sistema de Recuperação de Empresas por Via Extrajudicial*, em "Revista de Direito da Insolvência", nº 0, Coimbra, Almedina, 2016, p. 173.

[98] Note-se que, diferentemente, por força da transposição da Diretiva (UE) 2019/1023 que a isso obriga, a Lei nº 9/2022, de 11 de janeiro, densifica de forma detalhada, o conteúdo

empresa e dos seus credores a definição dos seus termos concretos, desde que o acordo seja apto a garantir a viabilização da empresa[99].

Não obstante, por força do disposto no nº 7 do art. 6º da Lei nº 75/2020, que estabelece que ao PEVE se aplica o disposto no CIRE, nas disposições que não sejam incompatíveis com a sua natureza, julgamos ser de aplicar ao teor do acordo de viabilização o conteúdo *mínimo* obrigatório do plano de insolvência, a que alude o nº 2 do art. 195º do CIRE na redação que lhe foi, entretanto, dada pela Lei nº 9/2022.

do plano de recuperação a submeter em PER, obrigando à inclusão, designadamente, dos seguintes aspetos: *i)* descrição da situação patrimonial, financeira e reditícia da empresa ao momento da apresentação da proposta do plano de recuperação, indicando nomeadamente o valor dos ativos e uma descrição da situação económica da empresa; *ii)* indicação das partes afetadas pelo conteúdo do plano, designadas a título individual e repartidas por classes de créditos nos termos do artigo 47º, bem como os respetivos créditos ou interesses abrangidos pelo plano de recuperação; *iii)* identificação das partes que não são afetadas pelo plano de recuperação, juntamente com uma descrição das razões pelas quais o plano proposto não as afeta; *iv)* formas de informação e consulta dos representantes dos trabalhadores, a posição dos trabalhadores na empresa e, se for caso disso, as consequências gerais relativamente ao emprego, designadamente despedimentos, redução temporária dos períodos normais de trabalho ou suspensão dos contratos de trabalho; *v)* fluxos financeiros da empresa previstos, incluindo designadamente plano de investimentos, conta de exploração previsional e demonstração previsional de fluxos de caixa pelo período de ocorrência daqueles pagamentos, especificando de forma fundada os principais pressupostos subjacentes a essas previsões e balanço pró-forma, em que os elementos do ativo e do passivo, tal como resultantes da homologação do plano de recuperação, são inscritos pelos respetivos valores; *vi)* qualquer novo financiamento previsto no âmbito do plano de recuperação e *vii)* as razões pelas quais esse novo financiamento é necessário para executar o plano e uma exposição de motivos que contenha a descrição das causas e da extensão das dificuldades da empresa e que explique as razões pelas quais há uma perspetiva razoável de o plano de recuperação evitar a insolvência da empresa e garantir a sua viabilidade, incluindo as condições prévias necessárias para o êxito do plano.

[99] Notando que a lei não define, nem caracteriza o que é um acordo de viabilização, DAVID SEQUEIRA DINIS, NUNO SALAZAR CASANOVA e RAQUEL CARDOSO NUNES saúdam a eleição do termo viabilizar, porquanto "suscita uma imagética que é consentânea com o verdadeiro objetivo da recuperação da empresa: não apenas retirá-la no curto prazo de uma situação de insolvência ou de asfixia financeira, mas também o de a tornar sustentável como empresa a médio/longo prazo, económica e financeiramente. A empresa deve tornar-se viável, o que significa que ficará apta a gerar lucros num ambiente de equilíbrio financeiro ou, pelo menos, capaz de ir reduzindo consecutivamente o seu passivo, por recurso a resultados operacionais positivos, com vista à futura geração de lucro." – *O processo (...)*, ob. cit., p. 72. Neste mesmo sentido, cf. GONÇALVES, Francisca Margarida Pereira, *O processo (...)*, ob. cit., p. 10.

Nesse sentido, deve indicar a sua finalidade, descrevendo as medidas necessárias à sua execução, já realizadas ou ainda a executar, e conter todos os elementos relevantes para efeitos da sua aprovação pelos credores e homologação pelo juiz, nomeadamente: *a)* a descrição da situação patrimonial, financeira e reditícia da empresa; *b)* a indicação sobre se os meios de satisfação dos credores serão obtidos através de liquidação da massa insolvente, de recuperação do titular da empresa ou da transmissão da empresa a outra entidade; *c)* no caso de se prever a manutenção em atividade da empresa, na titularidade do devedor ou de terceiro, e pagamentos aos credores à custa dos respetivos rendimentos, plano de investimentos, conta de exploração previsional e demonstração previsional de fluxos de caixa pelo período de ocorrência daqueles pagamentos, e balanço pró-forma, em que os elementos do ativo e do passivo, tal como resultantes da homologação do plano de insolvência, são inscritos pelos respetivos valores; *d)* o impacte expectável das alterações propostas, por comparação com a situação que se verificaria na ausência de qualquer plano de insolvência; *e)* a indicação dos preceitos legais derrogados e do âmbito dessa derrogação.

Por outro lado, à luz do disposto na alínea *b)* do nº 4 do art. 9º, que define os requisitos cumulativos necessários à homologação judicial do acordo de viabilização, resulta também que este deverá observar uma característica tríplice: preencher uma das maiorias previstas no nº 5 do art. 17º-F do CIRE[100], apresentar perspetivas razoáveis de garantir a viabilidade da empresa e não evidenciar alguma das circunstâncias previstas nos arts. 215º e 216º do CIRE.[101]

Recebidos os documentos, o juiz determina a abertura formal do PEVE, através da nomeação, imediata, de um AJP[102], nos termos do disposto no

[100] "Diga-se que, nesta fase (apresentação do requerimento para abertura do PEVE), não é ainda possível saber se o acordo é conforme às exigências de maioria, pois não se conhece, em definitivo, o universo dos créditos relacionados com direito de voto" – Serra, Catarina, *O processo extraordinário (...)*, ob. cit., p. 2044.

[101] Note-se, ainda, que o princípio da igualdade dos credores (cf. art. 194º do CIRE) não obsta ao estabelecimento no acordo de viabilização de diferenças de tratamento relativamente a credores em desigualdade de circunstâncias, inclusive, dentro da mesma categoria de credores, nomeadamente para os credores que proporcionem os meios financeiros necessários para o desenvolvimento da atividade da devedora. Neste sentido, e a propósito do PER, cf. Ac. do Tribunal da Relação de Lisboa de 29/05/2014, Relator Tomé Ramião, Processo nº 723/13.4TYLSB.L1-6, disponível para consulta em www.dgsi.pt, último acesso em 10/07/2022.

[102] O legislador manteve no PEVE a designação utilizada no PER e no PEAP e consagrada no Estatuto do Administrador Judicial, cf. nº 2 do art. 2º da Lei nº 22/2013, de 26 de fevereiro.

nº 3 do art. 7º. Ora, para que tal suceda é necessário que o processo se encontre, de facto, em condições de prosseguir por se mostrarem reunidos os respetivos requisitos materiais e formais de procedibilidade.

Com efeito, é hoje entendimento dominante na doutrina[103] e na jurisprudência[104] que, no âmbito do PER e do PEAP, *"aquando da prolação do despacho de nomeação do administrador judicial provisório (...) o juiz não se demite do exercício da sua função jurisdicional"*[105], pelo que deve, no primeiro contacto com os autos, proceder a uma apreciação liminar dos mesmos[106], ao abrigo do disposto no art. 27º do CIRE[107].

CATARINA SERRA revelou-se sempre contrária à utilização deste nome, porquanto o mesmo resultará de um erro de tradução de alemão para português do termo *Sachwalter*, que significará curador ou administrador de bens, sendo, potencialmente, equívoco com o órgão que atua no processo de insolvência, em momento anterior à declaração de insolvência, cf. *Processo especial de revitalização – contributos para uma rectificação*, em "Revista da Ordem dos Advogados", Ano 72, Lisboa, abril-setembro de 2012, pp. 724-726 e "Lições (...)", ob. cit., p. 354.

[103] CASANOVA, Nuno Salazar/DINIS, David Sequeira, *PER (...)*, ob. cit., p. 19; SILVA, Fátima Reis, *Processo Especial (...)*, ob. cit., pp. 25-26; SILVA, Fátima Reis, *Questões processuais relativas ao processo especial de revitalização (arts. 17º-A a 17º-I do Código da Insolvência e da Recuperação de Empresas)*, em "Processo de Insolvência e Ações Conexas", E-book CEJ, dezembro de 2014, p. 71, disponível para consulta em https://cej.justica.gov.pt/LinkClick.aspx?fileticket=utB28KmMBKU%3d&portalid=30, último acesso em 10/07/2022; FERNANDES, Luís Carvalho/LABAREDA, João, *Código da Insolvência (...)*, ob. cit., pp. 145-146; CRUZ, Nuno Gundar da, *Processo especial (...)*, ob. cit., pp. 37-43; SERRA, Catarina, *Lições (...)*, ob. cit., pp. 378-384; EPIFÂNIO, Maria do Rosário, *Manual (...)*, ob. cit., pp. 449-450 e 540-541.

[104] Neste sentido, cf. a título meramente exemplificativo: Ac. do Tribunal da Relação de Coimbra de 10/07/2013, Relator CARLOS MOREIRA, Processo nº 754/13.4TBLRA.C1; Ac. do Tribunal da Relação de Guimarães de 20/02/2014, Relator MOISÉS SILVA, Processo nº 8/14.9TBGMR.G1; Ac. do Tribunal da Relação de Coimbra de 19/01/2015, Relator FERNANDO MONTEIRO, Processo nº 9425/15.6T8CBR.C1; Ac. do Supremo Tribunal de Justiça de 3/11/2015, Relator JOSÉ RAINHO, Processo nº 1690/14.2TJCBR.C1.S1; Ac. do Tribunal da Relação de Coimbra de 14/06/2016, Relator FONTE RAMOS, Processo nº 4023/15.7T8LRA.C1; Ac. do Tribunal da Relação de Coimbra de 6/10/2020, Relatora MARIA JOÃO AREIAS, Processo nº 616/20.9T8ACB.C1, todos disponíveis para consulta em www.dgsi.pt, último acesso em 10/07/2022.

[105] CRUZ, Nuno Gundar da, *Processo especial (...)*, ob. cit., p. 37.

[106] A respeito do PER refere CATARINA SERRA que "O dever do juiz é, tão-somente, o de «honrar» a existência de pressupostos, esforçando-se por verificá-los, especialmente quando vêm ao seu conhecimento factos que indicam que eles não se verificam, e de se recusar a pôr em movimento a máquina judiciária sempre que conclua, sem margem para dúvidas, pela sua falta. São factos indiciadores desta falta a empresa ter-se apresentado à insolvência imediatamente antes do PER ou confessado a sua insolvência atual ou a sua irrecuperabilidade no requerimento inicial do PER. A doutrina e a jurisprudência portuguesas começam a dar

Nessa medida, por identidade de razões, o juiz confrontado com um requerimento inicial de PEVE poderá praticar um de três atos:

a) indeferir liminarmente o processo, caso o requerimento inicial seja manifestamente improcedente, ocorram exceções dilatórias insupríveis de conhecimento oficioso ou o requerente não corresponda ao convite ao aperfeiçoamento;
b) convidar a requerente a aperfeiçoar[108] o seu requerimento inicial e/ou os documentos que o instruem[109];
c) determinar a abertura do processo, mediante a prolação do despacho de nomeação do AJP.

Do ponto de vista meramente formal é indubitável que o juiz deverá liminarmente aferir *sempre* da competência do tribunal[110], da regularidade

sinais de adesão à tese propugnada, sustentando a rejeição do pedido de abertura do PER quando seja ostensivo que não estão reunidos os pressupostos do PER" – *Lições (...)*, ob. cit., p. 384. Assim, cf. Leitão, Luís Manuel Teles de Menezes, *A recuperação (...)*, ob. cit., pp. 44-45.

107 A aplicabilidade direta do CIRE ao PEVE, *maxime* do estabelecido no art. 27º, decorre expressamente do nº 7 do artigo 6º da Lei nº 75/2020 que, conforme referido, prevê que ao processo extraordinário de viabilização de empresas aplica-se o disposto no CIRE, nas disposições que não sejam incompatíveis com a sua natureza, e, subsidiariamente, as disposições gerais do Código de Processo Civil. Note-se que tais regras são, aliás, coincidentes com o entendimento prevalente sobre qual o Direito subsidiário aplicável em sede de PER. Nesse sentido, cf. Serra, Catarina, *O processo especial de revitalização na jurisprudência*, ob. cit., pp. 23-29.

108 Concordamos com a apreciação de Nuno Gundar da Cruz no sentido de que a prolação de despacho de aperfeiçoamento do requerimento inicial se funda "no imperativo de economia processual e, ainda, no dever de gestão processual (...) de que o juiz foi investido" – *O processo especial (...)*, ob. cit., p. 41. Acrescentamos, ainda, que a não prolação de despacho de aperfeiçoamento, quando devida, configura uma nulidade processual por incumprimento do dever de gestão processual – arts. 195º, nº 1, 590º, nº 3 e 4 do Código de Processo Civil e 27º, nº 1, alínea *b)* do CIRE.

109 Neste sentido, em particular, cf. Assunção, Elisabete, *O Despacho Liminar*, em "Insolvência e processo especial de revitalização" (org. Gabriela Cunha Rodrigues, Laurinda Gemas e Margarida Paz), Coleção Formação Contínua, Centro de Estudos Judiciários, 2017, pp. 13-14, disponível em http://www.cej.mj.pt/cej/recursos/ebooks/civil/eb_Insolvencia_Revitalizacao.pdf, último acesso em 10/07/2022.

110 No sentido de que, no âmbito do PER, a competência territorial é passível de conhecimento oficioso, cf. Ac. do Tribunal da Relação de Coimbra de 21/03/2013, Relator Teles Pereira, Processo nº 484/13.7TJCBR-A.C1 e Decisão do Vice-Presidente do Tribunal da Relação de Guimarães de 4/05/2017, Relator António Júlio Costa Sobrinho, Processo nº 7/17.9T8BGC-A.G1, ambos disponíveis para consulta em www.dgsi.pt, último acesso em 10/07/2022.

do mandato da requerente, bem como da completude e correção dos documentos legalmente exigidos, à luz do disposto no nº 1 do art. 7º.

A irregularidade do mandato da requerente, a omissão total[111] ou parcial da junção de documentos ou a junção de documentos incompletos, indevidamente assinados ou datados, são situações que devem determinar a prolação de despacho de aperfeiçoamento, nos termos do disposto na alínea *b)* do art. 27º do CIRE *ex vi* nº 7 do art. 6º da lei nº 75/2020.

Caso o convite ao aperfeiçoamento seja devidamente correspondido pela empresa, o juiz deverá determinar o prosseguimento dos autos, mediante a nomeação de AJP, sendo que caso o convite seja recusado ou indevidamente cumprido deverá, naturalmente, ocorrer o indeferimento do requerimento inicial.

Por outro lado, à luz do regime-regra, incumbe ao juiz, igualmente, verificar do cumprimento de *alguns* requisitos materiais de acesso ao PEVE como são: a própria elegibilidade do requerente (exclusivamente empresarial); a existência de um ativo superior ao passivo a 31 de dezembro de 2019[112]; a não submissão a PEVE em momento anterior; a não declaração de insolvência da empresa[113] ou a ausência de PER ou PEAP pendentes, à data da apresentação do requerimento, e a reunião das maiorias legais de aprovação do acordo de viabilização[114]. O desrespeito destes requisitos

[111] No Ac. do Tribunal da Relação de Guimarães de 2/06/2021, Relator Jorge Santos, Processo nº 6803/20.2T8VNF.G1, disponível para consulta em www.dgsi.pt, último acesso em 10/07/2022, refere-se a ocorrência de uma situação processual particularmente extrema ou, se quisermos, até absurda: o requerente não carreou para os autos o próprio acordo de viabilização homologando. Com efeito, aí menciona-se que, no caso, "o Recorrente apresentou o requerimento inicial e não juntou, nesse momento, qualquer acordo de viabilização, sendo que lhe era legalmente exigível que esse acordo de viabilização fosse junto com a apresentação do requerimento inicial, acordo esse que tinha de ser assinado por Credores que representassem um quórum de créditos legalmente exigível para assegurar a sua aprovação. É verdade que o tribunal recorrido convidou o Recorrente a apresentar nos autos, em momento posterior, o referido acordo."

[112] Requisito inaplicável às situações descritas no nº 4 e 5 do art. 6º da Lei nº 75/2020.

[113] "Resulta da norma, *a contrario*, que, se a insolvência já tiver sido declarada, o processo de insolvência pode prosseguir, o que significa que a pendência de processo de insolvência em que a empresa haja sido declarada insolvente é uma das causas de recusa de abertura do PEVE" – Serra, Catarina, *Lições (...)*, ob. cit., p. 2050.

[114] Neste sentido Catarina Serra refere que: "It is this list [*relação de credores*] which, firstly, will serve as the basis for the court to assess the approval of the plan for the purpose of opening the proceedings (...)" – *The extraordinary proceedings for the economic sustainability of*

materiais constitui uma situação de manifesta improcedência do pedido, conducente ao seu indeferimento liminar nos termos da alínea *a)* do art. 27º do CIRE *ex vi* nº 7 do art. 6º.

Aqui chegados importa, então, colocar duas questões: pode ou deve o juiz avaliar liminarmente *a)* da relação de causalidade entre a situação económica difícil ou de insolvência da empresa e a pandemia da doença COVID-19 ou *b)* se a empresa reúne condições necessárias para a sua viabilização, designadamente através de um controlo prévio dos termos do acordo de viabilização estabelecido com os credores?

No nosso entendimento, a resposta a ambas as questões não pode deixar de ser negativa[115].

No que concerne ao nexo causal entre a situação da empresa e a pandemia COVID-19, que justifica o recurso ao PEVE, aquele resulta, no nosso entender, demonstrado (*formalmente*) através da concatenação da declaração do órgão de administração da empresa nesse sentido com o balanço positivo da empresa, a 31 de dezembro de 2019.

Com efeito, da conjugação do disposto nos nºs 1 e 3 do art. 6º parece resultar que o legislador *presume*[116] que a existência de um ativo superior ao passivo da empresa, no termo do ano anterior à crise, indicia de forma bastante que a situação económica difícil ou de insolvência em que se encontra advém da pandemia e não de dificuldades pregressas. Ou seja, por outras palavras, o juiz apenas pode sindicar desta relação causal através do escrutínio formal que deverá efetuar às contas da empresa, a fim de avaliar do cumprimento do requisito legal de um balanço positivo no final de 2019.

businesses: the viability or feasability test, "PoLaR Portuguese Law Review", vol. 5 – nº 1, Coimbra, Almedina, 2021, p. 4.

[115] Defendendo igualmente que os credores não têm direito a opor-se à admissão liminar do PEVE, cf. DINIS, David Sequeira/ CASANOVA, Nuno Salazar/ NUNES, Raquel Cardoso, *O processo (...)*, ob. cit., p. 78.

[116] Neste mesmo sentido, CATARINA GUEDES DE CARVALHO refere que "O PEVE socorreu-se de uma presunção já adotada noutras jurisdições europeias, face ao contexto excecional que vivemos: a de que as empresas que tinham um ativo superior ao passivo a 31 de dezembro de 2019 são empresas cuja situação económica difícil ou de insolvência (iminente ou atual) é uma consequência direta da crise pandémica, o que significa que se trata de empresas estruturalmente viáveis, já que aquela situação será apenas temporária." – *Principais (...)*, ob. cit., p. 26, nota nº 28 e *Portugal's (...)*, ob. cit., p. 37, nota nº 7. Identicamente, cf. DINIS, David Sequeira/ CASANOVA, Nuno Salazar/ NUNES, Raquel Cardoso, *O processo (...)*, ob. cit., p. 78; SERRA, Catarina, *The extraordinary (...)*, ob. cit., p. 3 e RIBEIRO, Maria de Fátima, *Deveres (...)*, ob. cit., p. 1247.

Não obstante, com o avançar do tempo e a manutenção em vigor do PEVE, a lei não nos dá resposta sobre a relevância das contas da empresa subsequentes (posteriores a 2019) que vierem a ser aprovadas e depositadas.

Neste conspecto, acompanhamos o argumentário de DAVID SEQUEIRA DINIS, NUNO SALAZAR CASANOVA e RAQUEL CARDOSO NUNES[117] quando referem que *"a solução deverá ser a seguinte – uma espécie de in dubio pro devedor: as contas de 2020 não deverão servir de entrave ao PEVE, se em 2019 o ativo fosse superior ao passivo (atendendo-se, portanto, ao critério literal); no entanto, se o ativo for igual ou inferior ao passivo em 2019 mas for superior em 2020, então poder-se-á recorrer ao PEVE, caso a empresa esteja – ou continue a estar – em situação económica difícil ou em situação de insolvência. Caso contrário, uma empresa cujo balanço fora reequilibrado em 2020 (nomeadamente à custa de aumentos de capital) mas que sucumbira em 2021 em virtude da pandemia, estaria afastada do recurso ao PEVE."*

No que concerne à aferição liminar da viabilidade da empresa pensamos que tal é processualmente inadmissível[118], porquanto o regime do PEVE expressamente prevê um momento para o efeito.

De facto, nos termos da subalínea *ii*) da alínea *b*) do nº 4 do art. 9º incumbe ao juiz, aquando da prolação da sentença de homologação, analisar o acordo de viabilização no sentido de determinar se este apresenta perspetivas razoáveis de garantir a viabilidade da empresa. Este juízo é efe-

[117] DINIS, David Sequeira/ CASANOVA, Nuno Salazar/ NUNES, Raquel Cardoso, *O processo (...)*, ob. cit., p. 77, nota nº 11.

[118] No contexto do PER, NUNO GUNDAR DA CRUZ apesar de admitir que o juiz tem o poder-dever de fazer uma apreciação liminar do requerimento inicial – que "não consubstancia um juízo de mérito sobre a situação substantiva do devedor, mas antes, e apenas uma análise perfunctória sobre a legalidade do recurso ao PER pelo requerente" – designadamente quanto ao preenchimento de requisitos formais, verificação de situações de manifesta improcedência ou excepções dilatórias insupríveis de conhecimento oficioso, defende que "no PER não cabe ao juiz realizar um juízo sobre a viabilidade económica do devedor. De facto, da interpretação conjugada dos nºs 1 e 2, do artigo 17º-A, decorre que o legislador quis que a prova da «susceptibilidade da recuperação» se bastasse com a apresentação, pelo devedor, da declaração prevista no nº 2 do mencionado normativo legal. Esta opção do legislador enquadra-se no espírito do CIRE, o qual, em oposição ao que se estabelecia na legislação anterior (o CPEREF), abandonou a previsão de um juízo, pelo tribunal, sobre a viabilidade económica do devedor, conferindo, nesta matéria, total primazia à vontade dos credores que, no decurso do processo negocial e aquando da votação do plano de recuperação, terão oportunidade de aferir a recuperabilidade do devedor." – *Processo Especial (...)*, ob. cit., pp. 38-41.

tuado necessária e obrigatoriamente após os autos evidenciarem o parecer obrigatório que o AJP deve emitir quanto à suscetibilidade do acordo alcançado assegurar a viabilização da empresa, ao abrigo do nº 3 do art. 9º.

Nessa medida, sendo o PEVE caracterizado como um processo urgentíssimo, mais célere até que os seus congéneres[119], que visa meramente a homologação de um acordo pré-estabelecido com os credores, parece-nos desadequado admitir que no contexto de um processo desta natureza o juiz possa, de forma liminar, rejeitar, à partida, um requerimento inicial de PEVE, com fundamento na inviabilidade da empresa, antes que haja lugar à emissão obrigatória de um parecer por um especialista de recuperação de empresas (AJP) quanto à probabilidade razoável de o acordo garantir a sua recuperação, sendo que, como referido, o juiz deve *imperiosamente* avaliar os termos do acordo aquando da prolação da sentença.

Inexistindo razões que determinem a prolação de despacho de indeferimento liminar do requerimento inicial, também designado de recusa de abertura[120] do PEVE, o juiz nomeia[121] de imediato, por despacho[122], o AJP[123],

[119] Por força da supressão e concentração de fases processuais, que mais adiante detalharemos.

[120] Esta é a terminologia usada no Direito da União Europeia, cf., desde logo a título de exemplo, a já citada Diretiva (UE) 2019/1023 e o Regulamento (UE) 2015/848 do Parlamento Europeu e do Conselho, de 20 de maio de 2015.

[121] A nomeação é efetuada aleatoriamente, por sorteio, através dos meios eletrónicos, sendo que o juiz pode nomear o administrador indicado pela empresa quando a avaliação da situação de viabilidade desta carecer de especiais conhecimentos, cf. nº 5 do art. 7º. Tal dispositivo emula a regra prevista no nº 1 do art. 32º do CIRE que dispõe que a escolha do administrador judicial provisório recai em entidade inscrita na lista oficial de administradores de insolvência, podendo o juiz ter em conta a proposta eventualmente feita na petição inicial no caso de processos em que seja previsível a existência de atos de gestão que requeiram especiais conhecimentos ou quando o devedor seja uma sociedade comercial em relação de domínio ou de grupo com outras sociedades cuja insolvência haja sido requerida e se pretenda a nomeação do mesmo administrador nos diversos processos. Neste sentido, cf. MARTINS, Alexandre de Soveral, *Mais vale tarde (...)*, ob. cit., pp. 50-51. Sublinhando a importância de a indicação de administrador judicial provisório ser fundamentada, no sentido de persuadir o julgador que a avaliação da situação de viabilidade da empresa carece de especiais conhecimentos, cf. DINIS, David Sequeira/ CASANOVA, Nuno Salazar/ NUNES, Raquel Cardoso, *O processo (...)*, ob. cit., p. 85 e GONÇALVES, Francisca Margarida Pereira, *O processo (...)*, ob. cit., p. 27.

[122] O despacho é, de imediato, notificado à empresa, sendo-lhe aplicável o disposto nos artigos 37º e 38º do CIRE com as devidas adaptações, cf. nº 4 do art. 7º.

[123] Logo que tome conhecimento da sua nomeação, o administrador judicial provisório deve informar a Autoridade Tributária e Aduaneira (AT), o Instituto da Segurança Social, I. P., e o Instituto de Gestão Financeira da Segurança Social, I. P., da pendência do processo

aplicando-se, para o efeito, o disposto nos arts. 32º a 34º[124] do CIRE com as necessárias adaptações, devendo a secretaria, em cumprimento *imediato* do referido despacho[125], publicar na Área de Serviços Digitais dos Tribu-

extraordinário de viabilização, identificando a empresa requerente e comprovando tal ato nos autos, cf. nº 6 do art. 7º. A Lei nº 8/2018, de 2 de março, que aprovou o RERE prevê, em sentido idêntico e ainda que de forma mais limitada, a obrigação de informação da Segurança Social, da Autoridade Tributária e dos trabalhadores do depósito do protocolo de negociação e do seu conteúdo, obrigação essa subordinada ao facto de aqueles credores públicos sejam titulares de créditos sobre o devedor. Não obstante, o administrador judicial provisório não deve proceder a qualquer notificação ao Fundo de Garantia Salarial, porquanto este não assegura, no âmbito do PEVE, o pagamento ao trabalhador de créditos emergentes do contrato de trabalho ou da sua violação ou cessação, cf. art. 1º do Novo Regime do Fundo de Garantia Salarial, aprovado pelo DL nº 59/2015, de 21 de abril, na sua redação atual. Criticando a falta de previsão legal de comunicação a eventual entidade representativa dos trabalhadores, cf. Gomes, Mickael Borges Pereira, *Processo (...)*, ob. cit., p. 24.

[124] Não obstante a remissão legal para o nº 3 do art. 32º do CIRE que disciplina, de forma genérica, a remuneração do administrador judicial provisório no processo de insolvência, PER e PEAP, o nº 7 do art. 7º regula especificamente tal matéria no contexto do PEVE, prevendo que a mesma é fixada pelo juiz na sentença, entre 300 (euro) e 3000 (euro), considerando a natureza e âmbito do acordo, a dimensão da empresa, designadamente o seu volume de negócios, número de trabalhadores e especificidades da área de atividade em que se encontra inserida. Trata-se de uma única remuneração, não existindo destrinça entre remuneração fixa e variável. Diferentemente, no PER em conformidade com o disposto no art. 23º do Estatuto do Administrador Judicial – aprovado pela Lei nº 22/2013 de 26 de fevereiro –, o administrador judicial provisório em processo especial de revitalização tem direito a uma remuneração fixa (nº 1) e a uma remuneração variável em função do resultado da recuperação do devedor (nº 2), sendo que a remuneração variável apenas é devida quando, no âmbito do processo de revitalização, seja aprovado e homologado um plano de recuperação com vista à revitalização da empresa. Até à entrada em vigor da Lei nº 9/2022, de 11 de janeiro, que alterou o Estatuto do Administrador Judicial, os termos dessas remunerações foram fixadas por recurso a analogia com a Portaria nº 51/2005 de 20 de janeiro (remuneração fixa) e por recurso à equidade (remuneração variável). Nesse sentido, cf. os Acs. da Relação do Porto de 16/05/2016, Relator José Eusébio Almeida, Processo nº 631/15.4T8AVR-A.P1 e de 05/02/2018, Relator Rodrigues Pires, Processo nº 914/16.6T8AMT.P1; os Acs. da Relação de Coimbra de 16/02/2016, Relatora Maria João Areias, Processo nº 5543/14.6T8CBR.C1, de 22/06/2020, Relatora Maria Catarina Gonçalves, Processo nº 1525/19.0T8LRA.C1 e o Ac. da Relação de Guimarães de 12/07/2016, Relatora Helena Melo, Processo nº 2032/14.2TBGMR.G1, disponíveis em www.dgsi.pt, último acesso em 10/07/2022.

[125] Apesar de a Lei nº 75/2020 não o explicitar parece-nos evidente que o ato da secretaria de publicação na área de serviços digitais dos tribunais do acordo de viabilização e da relação de credores certificada constitui um ato de execução do despacho judicial de nomeação do administrador judicial provisório, que deverá ser levado a cabo imediatamente. Com efeito, se à luz da letra do nº 3 e 4 do art. 7º o juiz deve nomear, de imediato, um administrador

nais a relação de credores aludida na alínea *c*) do nº 1 do art. 7º e o acordo de viabilização, que constitui o objeto do processo[126].

A necessidade de publicação da relação de credores *certificada* pelo órgão de administração da empresa e por contabilista certificado ou revisor oficial de contas decorre do facto de o PEVE (ao contrário do PER, do PEAP ou até do processo de insolvência) não contemplar uma fase de reclamação de créditos *proprio sensu*, porquanto o legislador visou imprimir maior agilidade neste tipo processual de recuperação, considerando a sua utilização excecionalíssima.

4. Dos Efeitos do PEVE

À semelhança do PER[127], o PEVE também contempla no seu regime (cf. art. 8º da Lei nº 75/2020, de 27 de novembro) um acervo de efeitos adjetivos e substantivos[128] decorrentes do despacho de nomeação do AJP que visam, no essencial, proteger a empresa na pendência deste processo de recuperação e, outrossim, salvaguardar (ainda que excecionalmente e de forma mais reduzida) a situação dos credores.

judicial provisório, desde que reunidas as condições para o efeito, sendo tal despacho notificado, de imediato, à empresa, não podemos deixar de considerar que a secretaria está igualmente vinculada à execução imediata do despacho de abertura do PEVE, que consiste na publicação dos dois documentos instruendos do requerimento inicial. A lei não o refere, mas tal interpretação decorre do contexto de celeridade processual dos demais atos processuais.

[126] No sentido de que o princípio da tutela jurisdicional efectiva impõe também a notificação pessoal dos credores que não intervieram no acordo e que constam da relação de credores apresentada pela empresa, que a lei não prevê, cf. SERRA, Catarina, *O processo extraordinário (...)*, p. 2026.

[127] Para uma análise mais detalhada deste efeito – *rectius* plêiade de efeitos – no âmbito do PER na doutrina, cf. EPIFÂNIO, Maria do Rosário, *O processo especial de revitalização*, Coimbra, Almedina, 2016, pp. 31-39; CARDOSO, Soraia Filipa Pereira, *Processo (...)*, ob. cit., pp. 45-121; SERRA, Catarina, *Lições (...)*, ob. cit., pp. 385-400; VASCONCELOS, L. Miguel Pestana, *Recuperação de empresas: o processo especial de revitalização*, Coimbra, Almedina, 2017, pp. 63-66; BOULAROT, Ana Paula, *Apontamentos (...)*, ob. cit., pp. 11-24. Por sua vez, no âmbito da jurisprudência, cf. SERRA, Catarina, *O processo especial de revitalização: colectânea de jurisprudência*, Reimpressão, Coimbra, Almedina, 2017, pp. 39-78.

[128] Por força da transposição da Diretiva da Reestruturação Preventiva, através da Lei nº 9/2022, de 11 de janeiro, estes efeitos no CIRE passaram a ser ali apelidados de "suspensão das medidas de execução".

4.1. Dos efeitos adjetivos

Em primeira linha, o despacho de abertura do PEVE obsta à instauração de quaisquer ações para cobrança de dívidas contra a empresa e, até ao trânsito em julgado da sentença de homologação ou de não homologação suspende, quanto à empresa, as ações em curso com idêntica finalidade[129], extinguindo-se as mesmas logo que seja homologado o acordo de viabilização, salvo quando este preveja a sua continuação ou quando os créditos em causa naquelas ações não estejam abrangidos pelo acordo.

A alínea *a)* do nº 1 do art. 8º emula, assim, o disposto no nº 1 do art. 17º-E do CIRE, na sua redação anterior à introduzida pela Lei nº 9/2022, de 11 de janeiro, quanto ao efeito impeditivo da propositura de quaisquer ações para cobrança de dívidas contra a empresa na pendência do PEVE, bem como ao efeito suspensivo, *apenas* quanto à empresa, das ações em curso com idêntica finalidade.

A iteração do conceito abrangente de "ações para cobrança de dívidas"[130], que tanto debate doutrinário[131] e jurisprudencial causou, poderia ser

[129] É o denominado efeito de *standstill* inspirado no *automatic stay* constante do Title 11 do United States Code. No sentido de que este efeito traduz um dever de cooperação dos credores para com o devedor, que corresponde aos quarto e quinto princípios orientadores da recuperação extrajudicial de devedores enunciados na RCM nº 43/2011, de 25 de outubro, cf. Boularot, Ana Paula, *Apontamentos (...)*, ob. cit., p. 13. Por sua vez, Pestana de Vasconcelos apelida este efeito de "escudos protetores" do devedor, por referência à nomenclatura germânica que refere "processo de escudo de protecção (Schutzschirmverfahren)" – *O novo processo (...)*, ob. cit., p. 2124, nota nº 17 e João Aveiro Pereira refere-se a este período como "trégua processual" – *A revitalização (...)*, ob. cit., p. 37.

[130] Catarina Serra refere que o próprio processo de insolvência cai dentro do âmbito do conceito de "ação para cobrança de dívidas", não lhe sendo, contudo, aplicável o regime em apreço porquanto o legislador concebeu para esta espécie processual um regime próprio – *O processo extraordinário (...)*, ob. cit., p. 2050. Em idêntico sentido, referindo-se ao PER, cf. Casanova, Nuno Salazar/Dinis, David Sequeira, *PER (...)*, ob. cit., p. 118. Com o devido respeito que nos merecem os Autores em causa discordamos que o processo de insolvência possa ser caracterizado como uma ação para cobrança de dívidas *tout court*. O processo de insolvência, revestindo a natureza de uma execução universal (cf, art. 1º do CIRE), ou seja, em benefício de todos os credores, não é, precisamente e nessa medida, um processo de cobrança de dívidas *stricto sensu*, a que corresponde a execução judicial singular. Como bem se refere no sumário do Ac. do Tribunal da Relação de Coimbra, de 12/06/2012, Relator Teles Pereira, Processo nº 1954/09.7TBVIS.C1, disponível para consulta em www.dgsi.pt, último acesso em 10/07/2022: "I – A dedução de um pedido de declaração de insolvência por um credor do devedor visando pressionar este ao pagamento de determinado valor no quadro

da discussão entre os dois do montante de um crédito, consubstancia um uso desviado do processo de insolvência, relativamente a um fim legítimo: propiciar a execução universal do património de um devedor impossibilitado de cumprir as suas obrigações vencidas. II – A dedução desse pedido de insolvência, apurando-se a não verificação de qualquer das situações elencadas nas alíneas do nº 1 do artigo 20º do CIRE, confere ao comportamento do credor ao requerer essa insolvência a natureza de comportamento temerário, expressando uma total indiferença pela exposição do devedor aos desvalores normalmente associados pelos diversos agentes económicos, à circunstância de alguém (concretamente uma empresa) ser sujeito a um processo de insolvência, mesmo quando esta não vem a ser decretada."
Por sua vez, Ana Patrícia Leite Teixeira refere, a este respeito, que "é com o intuito de prevenir potenciais abusos que os outros legitimados poderiam cometer, que o legislador exige que estes tenham que justificar a natureza, a origem e o montante do seu crédito, na petição inicial, condicionando assim a legitimidade para o pedido da declaração de insolvência. A este propósito, Menezes Leitão defende que é necessário que, "nos termos gerais", os outros legitimados, referidos no artigo 20º, nº 1, "tenham interesse na respetiva declaração", faltando esse interesse quando, por exemplo, o requerente visa "obter apenas a cobrança do próprio crédito". Ao credor cabe, também, trazer ao processo as circunstâncias através das quais se torna possível deduzir o incumprimento generalizado do devedor, bem como os meios de prova convenientes, segundo o artigo 25º do CIRE" – "*O poder de iniciativa do credor no Processo de Insolvência*", Dissertação, Escola Superior de Tecnologia e Gestão do Politécnico do Porto, 2013, disponível para consulta em https://recipp.ipp.pt/bitstream/10400.22/5770/1/DM_AnaTeixeira_MSOL_2013.pdf, p. 25, último acesso em 10/07/2022.

131 Sobre esta discussão cf., na doutrina, Oliveira, Madalena Perestrelo de, *O processo especial de revitalização: o novo CIRE*, em "Revista de Direito das Sociedades", Ano IV – 2012, nº3, Coimbra, Almedina, p. 718; Pereira, João Aveiro, *A revitalização (...)*, ob. cit., p. 37; Serra, Catarina, *Tópicos para uma discussão sobre o Processo Especial de Revitalização (com ilustrações jurisprudenciais)*, em "AB Instantia – Revista do Instituto de Conhecimento AB", Ano II, nº 4, Coimbra, Almedina, 2014, pp. 71-77; Casanova, Nuno Salazar/Dinis, David Sequeira, *PER (...)*, ob. cit., pp. 97 e s.; Silva, Fátima Reis, *Processo especial (...)*, ob. cit., p. 53; Cunha, Paulo Olavo, *Os deveres dos gestores e dos sócios no contexto da revitalização de sociedades*, em "II Congresso de Direito da Insolvência" (coord. Catarina Serra), Coimbra, Almedina, 2014, p. 209; Alexandre, Isabel, *Efeitos processuais de abertura do processo de revitalização*, em "II Congresso de Direito da Insolvência" (coord. Catarina Serra), Almedina, Coimbra, 2014, p. 240 e s.; Fernandes, Luís A. Carvalho/Labareda, João, *Código da Insolvência (...)*, ob. cit., p. 164, nota nº 3; Serra, Catarina, *O processo especial de revitalização na jurisprudência*, ob. cit., pp. 52-67; Epifânio, Maria do Rosário, *O processo (...)*, ob. cit., pp. 32-34; Cardoso, Soraia Filipa Pereira, *Processo (...)*, ob. cit., pp. 48-63; Serra, Catarina, *O processo especial de revitalização: colectânea (...)*, ob. cit., pp. 39-78; Vasconcelos, Luís Miguel Pestana de, *Recuperação (...)*, ob. cit., pp. 63-66; Boularot, Ana Paula, *Apontamentos (...)*, ob. cit., pp. 14-15; Freitas, Miguel Fernandes, *Processo Especial de Revitalização – dúvidas presentes e soluções/dúvidas futuras (parte I)*, "IPSO JURE", nº 93, fevereiro de 2017, disponível para consulta em https://www.oa.pt/upl/%7B7a6a5ba1-b2a7-4f53-a60f-239d79c574e3%7D.pdf, último acesso em 10/07/2022; Casanova, Nuno Salazar, *Os efeitos processuais no PER e no PEAP nas acções declarativas de*

problemática não fosse a discussão se ter, à data, *aparentemente*[132] estabilizado em torno da ideia de que se mostra abrangida qualquer ação judicial – declarativa ou executiva – destinada a exigir o cumprimento de um direito de conteúdo patrimonial resultante da atividade económica do devedor.

Ambos os efeitos cessam com o trânsito em julgado da sentença de homologação ou de não homologação, sendo que se prevê a extinção das ações pendentes[133] logo que seja homologado o acordo de viabilização, salvo quando este preveja a sua continuação ou, *inovatoriamente* em relação ao PER, quando os créditos em causa naquelas ações não estejam abrangidos pelo acordo.

Ao mesmo tempo que este regime se mostra alinhado com o referido nº 1 do art. 17º-E, na sua redação pretérita, quanto aos efeitos processuais do despacho de nomeação do AJP, certo é que o preceito em análise traz consigo aspetos inovadores que carecem de ponderação.

Com efeito, o preceito estatui, contraditoriamente[134], que as ações pendentes para cobrança de dívidas contra a empresa suspendem-se até ao

condenação, em "Actualidad Jurídica Uría Menendez", nº 49, Madrid, 2018, pp. 47-70; SERRA, Catarina, *Lições (...)*, ob. cit., pp. 385-393; LEITÃO, Luís Manuel Teles de Menezes, *A recuperação (...)*, ob. cit., pp. 52-55; GONÇALVES, Filipa, *O processo (...)*, ob. cit., pp. 69-70; LEITÃO, Luís Manuel Teles de Menezes, *Direito (...)*, ob. cit., pp. 385-386, nota nº 491.

[132] Dizemos "aparentemente" porquanto a Lei nº 9/2022, de 11 de janeiro, por força da transposição da Diretiva (UE) 2019/1023 do Parlamento Europeu e do Conselho, de 20 de junho de 2019, trouxe uma nova solução jurídica para a questão ao restringir o efeito de *standstill* no PER às ações executivas para pagamento de quantia certas e respetivas providências cautelares antecipatórias, excluindo destas expressamente as ações executivas para cobrança de créditos emergentes de contrato de trabalho, ou da sua violação ou cessação. Assim, cf. DINIS, David Sequeira, *Stand-still, cláusulas ipso facto e new money após a transposição da Diretiva*, em "Conferência «O Plano de Recuperação e Resiliência para a Justiça Económica e a transposição da Diretiva 2019/1023, do Parlamento Europeu e do Conselho»" – E-book", Ministério da Justiça, março de 2022, pp. 44-46, disponível para consulta em https://justica.gov.pt/Portals/0/Ficheiros/Organismos/JUSTICA/E-bookCONF-PRR-VF2.pdf, último acesso em 10/07/2022.

[133] Defendendo que, no âmbito do PER e do PEAP, as execuções fiscais poderão ficar afastadas do efeito extintivo a que aludem os arts. 17º-E e 222º-E do Código da Insolvência e da Recuperação de Empresas se os créditos tributários ficarem excluídos dos efeitos do plano, não produzindo este quaisquer efeitos quanto à afetação destes créditos, cf. DIAS, Sara Luís, *O crédito tributário no processo de insolvência e nos processos judiciais de recuperação*, Coimbra, Almedina, 2021, p. 218.

[134] CATARINA SERRA dá nota desta contradição, cf. *O processo extraordinário (...)*, ob. cit., pp. 2048-2049.

trânsito em julgado da sentença de homologação ou de não homologação, extinguindo-se, contudo, logo que seja homologado o acordo de viabilização, exceto quando este preveja a sua continuação ou quando os créditos em causa naquelas ações não estejam abrangidos pelo acordo[135].

A única forma de compatibilizar estes dois segmentos normativos antagónicos será entender, por maioria de razão, que o efeito extintivo das ações suspensas ocorrerá, apenas, com o trânsito em julgado da sentença de homologação e não com a homologação do acordo de viabilização. Com efeito, se as ações pendentes se mostram suspensas *até ao trânsito em julgado da sentença de homologação ou não homologação* não fará sentido útil permitir que as mesmas se extingam por mero efeito de homologação do acordo de viabilização, em momento anterior ao trânsito em julgado desta decisão[136].

[135] A este respeito ALEXANDRE DE SOVERAL MARTINS refere que "(...) as ações para cobrança de dívidas pendentes não se extinguem com a homologação do acordo se nelas estão em causa créditos não abrangidos pelo acordo e ainda que estejam incluídos na relação de credores. Essa solução é um pouco estranha porque a homologação do acordo vincula não apenas a empresa e os credores subscritores, mas também os restantes credores constantes da relação de credores quanto aos créditos constituídos à data da decisão de nomeação do administrador judicial provisório." – *Mais vale tarde (...)*, ob. cit., p. 51. Salvo o devido respeito, dissentimos deste entendimento porquanto reduz a noção de créditos abrangidos pelo acordo aos créditos dos credores subscritores do acordo de viabilização, o que não corresponde ao espírito do regime – que abrange créditos de credores não subscritores – nem à prática judiciária, uma vez que os planos de recuperação *lato sensu* caracterizam-se por serem essencialmente acordos de pagamento, que estabelecem os termos dos pagamentos das dívidas, por referência a classes de credores. De facto, o entendimento vertido pelo Insigne Autor não tem fundamento no elemento literal do preceito, que deverá ser interpretado, do ponto de vista sistemático, à luz do disposto no nº 9 do artigo 9º da Lei nº 75/2020, de 27 de novembro. Ou seja, as ações para cobrança de dívidas pendentes só não se extinguirão, caso o acordo preveja expressamente a sua continuação ou no caso de os créditos não se mostrarem abrangidos pelo acordo, na medida em que não constem da relação de credores definitiva ou não venham a aderir ao acordo nos termos do disposto no artigo 10º.

[136] Neste mesmo sentido, ALEXANDRE DE SOVERAL MARTINS refere que "(...) a parte inicial da al. a) do art. 8º, nº 1, começa por dizer que as ações para cobrança de dívidas em curso ficam suspensas até ao trânsito em julgado da sentença de homologação ou não homologação. Não teria sentido que se extinguissem com a homologação e continuassem suspensas até ao trânsito em julgado da sentença de homologação." – *Mais vale tarde (...)*, ob. cit., p. 51. Outrossim, cf. DINIS, David Sequeira/ CASANOVA, Nuno Salazar/ NUNES, Raquel Cardoso, *O processo (...)*, ob. cit., p. 86, nota nº 27; GONÇALVES, Francisca Margarida Pereira, *O processo (...)*, ob. cit., p. 28 e GOMES, Mickael Borges Pereira, *Processo (...)*, ob. cit., p. 18.

O regime do PEVE contempla ainda efeitos processuais que contendem com o processo de insolvência[137].

Com efeito, e à semelhança do PER, prevê-se no nº 5 do art. 8º da Lei nº 75/2020 que os processos de insolvência em que anteriormente haja sido requerida a insolvência da empresa se suspendem na data de publicação na Área de Serviços Digitais dos Tribunais do despacho de nomeação de AJP desde que não tenha sido proferida sentença declaratória da insolvência, extinguindo-se logo que seja homologado o acordo de viabilização.

Ou seja, a publicação do despacho de abertura do PEVE implica a suspensão dos processos de insolvência intentados contra a empresa que se encontrem pendentes desde que *ainda*[138] não tenha sido proferida sentença

[137] David Sequeira Dinis, Nuno Salazar Casanova e Raquel Cardoso Nunes salientam que o regime do PEVE é omisso quanto à sua articulação com o PER, sugerindo a aplicação da mesma solução prevista para o processo de insolvência, cf. *O processo (...)*, ob. cit., p. 89. Discordamos desta opinião porquanto, desde logo, não é exato afirmar que o PEVE não disciplina *in totum* a sua relação com o PER. Com efeito, constitui requisito de acesso da empresa ao PEVE que a mesma não tenha pendente nenhum PER, cf. nº 3 do art. 6º. Donde, a propositura de um PEVE nunca poderia suspender um PER anterior, excluindo-se, assim, a aplicação *mutatis mutandis* do disposto no nº 5 do art. 8º da Lei nº 75/2020. Quanto à possibilidade de a empresa intentar um PER na pendência do PEVE inexiste, de facto, impedimento legal para tanto, à semelhança do que sucede com o processo de insolvência. Nessa medida, uma empresa que reúna os requisitos de acesso ao PER (desde logo que não se encontre em situação de insolvência atual) poderá proceder à sua instauração. Neste caso correrão ambos os processos os seus termos em simultâneo ou deverá haver lugar à suspensão do PER intentado posteriormente? Do ponto de vista do racional subjacente ao funcionamento do sistema de justiça não faz sentido algum permitir que ambos os processos, que têm o mesmo fito – a recuperação da empresa – sejam tramitados simultaneamente, designadamente a fim de evitar uma eventual contradição de julgados com grave impacto na vida da empresa-requerente e dos respetivos credores. Assim, lançando mão de um argumento de maioria de razão, se é legalmente possível a suspensão de processos de insolvência intentados posteriormente à abertura do PEVE – que são qualitativamente mais sérios que um PER, considerando a gravidade dos seus efeitos – deverão, igualmente, ser suspensos processos especiais de revitalização que sejam intentados após a abertura do PEVE, por aplicação analógica do disposto no nº 6 do art. 8º. Por último, apesar do interesse teórico desta questão julgamos que a mesma não passa o "teste da prática judiciária" uma vez que não nos parece consentâneo com as regras de experiência comum que uma empresa que tendo recorrido a PEVE queira simultaneamente recorrer a um PER, confundindo credores e demonstrando um claro desnorte quanto ao caminho que pretende prosseguir.

[138] "Quanto ao PEVE, o art. 8º, nº 5 da L 75/2020 prevê igualmente que, após a publicação do despacho que nomeia o administrador judicial provisório, tem lugar a suspensão dos processos de insolvência em que anteriormente tenha sido requerida a insolvência da empresa, suspensão que, porém, não ocorre se já tiver sido proferida sentença de declaração da insolvência. Assim,

declaratória da insolvência, não se exigindo para este efeito o trânsito em julgado desta sentença[139]. A razão para tanto decorrerá do facto que uma declaração de insolvência, mesmo que não transitada, produz um acervo de efeitos adjetivos e substantivos[140] na esfera jurídica da empresa que impede, necessariamente, a prossecução de um processo de recuperação, seja ele um PER ou um PEVE.

Neste conspecto, e à semelhança do propugnado a respeito das ações para cobrança de dívidas, por razões de congruência sistemática julgamos que o termo do prazo deverá ser, nessa medida e por maioria de razão, o trânsito em julgado da sentença de homologação (ou não homologação) do acordo de viabilização [141].

De forma inovatória, consagra-se de forma expressa no nº 6 do art. 8º da Lei nº 75/2020 que se suspendem os processos de insolvência em que seja requerida a insolvência da empresa entrados depois da publicação do despacho de abertura do PEVE[142]. Ou seja, os credores não ficam impe-

esta sentença também produz o efeito de impedir aquela suspensão. O PEVE não poderá prosseguir se a declaração de insolvência no processo de insolvência tem lugar antes da publicação do despacho a nomear o administrador judicial provisório no PEVE." – MARTINS, Alexandre de Soveral, *Um curso (...)*, ob. cit, p. 205. Outrossim, cf. SERRA, Catarina, *O processo extraordinário (...)*, ob.cit., p. 2050.

139 Neste sentido, e a propósito do PER, cf. Ac. do Tribunal da Relação de Coimbra de 16/10/2012, Relator CARLOS MOREIRA, Processo nº 421/12.6TBTND.C1, disponível para consulta em www.dgsi.pt, último acesso em 10/07/2022, no qual se sumariou que "Considerando a finalidade recuperatória do devedor do novo processo especial de revitalização – PER – introduzido pela Lei 16/2012 de 20.04, o mesmo prevalece sobre a tramitação de quaisquer outras ações contra aquele instauradas, excepto o processo de insolvência e apenas se neste já tiver sido prolatada sentença, transitada ou não, declaratória da mesma."

140 Sobre os efeitos da declaração de insolvência cf. SERRA, Catarina, *Lições (...)*, ob. cit., pp. 137-253; LEITÃO, Luís Manuel Teles de Menezes, *Direito (...)*, ob. cit., pp. 169-237; MARTINS, Alexandre de Soveral, *Um curso (...)*, pp. 244-321; EPIFÂNIO, Maria do Rosário, *Manual (...)*, pp. 105-280.

141 Assim, cf. SERRA, Catarina, *O processo extraordinário (...)*, ob. cit., p. 2051; MARTINS, Alexandre de Soveral, *Mais vale tarde (...)*, ob. cit., p. 52; GONÇALVES, Francisca Margarida Pereira, *O processo (...)*, ob. cit., pp. 28-29 e GOMES, Mickael Borges Pereira, *Processo (...)*, ob. cit., pp. 19-20.

142 Tal já era defendido por FÁTIMA REIS SILVA no âmbito da redação original do PER quando refere que "relativamente aos processos de insolvência entrados depois da pendência do PER e antes do seu desfecho diria que o *ratio* do preceito – prevendo a suspensão de processos intentados anteriormente por forma a permitir o decurso sereno das negociações sem a pressão do processo de insolvência pendente – se aplica integralmente e por maioria de razão aos processos posteriormente intentados durante o procedimento. Ou seja, deverão,

didos[143] de requerer a declaração de insolvência da empresa na pendência do PEVE[144]; sendo que, contudo, os novos processos não prosseguem, ficando suspensos[145].

Não obstante, o preceito omite o termo da suspensão dos processos de insolvência intentados após a publicação do despacho de abertura do PEVE, bem como nada refere quanto a um eventual efeito extintivo destes processos com a homologação do acordo de viabilização.

No que concerne ao termo da suspensão destes processos, pensamos que, por identidade de razão com os processos intentados antes da abertura do PEVE, o termo da suspensão deverá ser o mesmo: o trânsito em julgado da sentença de homologação[146].

Diferentemente, considerando a natureza excecional do efeito extintivo dos processos de insolvência pendentes à data da publicação do despacho de abertura do PEVE, julgamos que o mesmo não pode ser estendido em relação aos processos intentados posteriormente. Ou seja, se o legislador foi claro no sentido de estatuir a extinção automática dos processos de

por analogia, suspender-se quer os processos entrados antes do PER quer depois, desde que neles não tenha sido decretada a insolvência." – *Processo especial (...)*, ob. cit., p. 54.

[143] Acompanhamos a acutilante análise que CATARINA SERRA faz da intenção do legislador de não impedir a propositura de processos de insolvência na pendência do PEVE quando refere que "a transitoriedade do regime como o carácter célere do processo apontam para a ideia de que o PEVE é uma oportunidade extraordinária – uma última oportunidade, que vigora num curtíssimo prazo. Mal ou bem, o destino da empresa será decidido a breve trecho, com a homologação ou recusa de homologação do acordo de viabilização. Através da suspensão, assegura-se, simultaneamente, aquilo que é necessário para levar a cabo a tentativa de viabilização da empresa e, não sendo ela bem-sucedida, a possibilidade de aplicar imediatamente outras soluções. Neste contexto, não se justifica impedir a abertura de processos de insolvência, dado que os processos de insolvência instaurados podem, mais tarde, vir a ser aproveitados." – *O processo extraordinário (...)*, ob. cit., pp. 2050-2051.

[144] O que de resto, note-se, é coerente com a decisão genérica que o legislador português tomou de não impedir durante a pandemia da COVID-19 a declaração de insolvência de devedores, através da criação de um qualquer período de quarentena para o efeito, tendo sido, apenas, decidido suspender o dever de apresentação à insolvência a que alude o artigo 18º do CIRE, deixando à discricionariedade de devedores e credores a decisão de requerer a insolvência. Neste conspecto, há, contudo, que sublinhar que a decisão do legislador português de não obstar a declaração de insolvência de devedores não coenvolveu um aumento dos pedidos desta natureza, cf. https://estatisticas.justica.gov.pt/sites/siej/pt-pt/Paginas/Insolvencias-decretadas-nos-tribunais-judiciais-de-1-instancia.aspx.

[145] Neste aspeto foram antecipadas no PEVE as alterações que vieram a ser introduzidas no PER pela Lei nº 9/2022, de 11 de janeiro, cf. alínea *b)* do nº 9 do art. 17º-E do CIRE.

[146] Neste sentido, cf. SERRA, Catarina, *O processo extraordinário (...)*, ob. cit., p. 2051.

insolvência entrados antes do PEVE, por *mero* efeito da homologação do acordo de viabilização – *rectius* do trânsito em julgado desta decisão – e nada disse a este respeito quanto aos processos de insolvência entrados posteriormente deveremos considerar que se exprimiu de forma adequada, não sendo possível, portanto, estender o efeito extintivo a estes processos, quer seja por força de analogia ou interpretação extensiva[147].

Contudo, tal não significará necessariamente que estes processos devam prosseguir. A este respeito acompanhamos o entendimento que Fátima Reis Silva[148] formulou quanto ao regime original do PER: "*os processos de insolvência posteriores não se extinguem com a aprovação e homologação do plano de recuperação, sem prejuízo de a respetiva instância se vir a extinguir por vicissitudes decorrentes da inclusão do crédito invocado no plano, o que sempre terá que ser ponderado em concreto*", à luz dos efeitos que o crédito do requerente da insolvência sofreu por força da homologação do acordo.

4.2. Dos efeitos substantivos

No plano dos efeitos substantivos o PER[149] e o PEVE[150] apresentam em comum, nos mesmos exatos termos[151], o impedimento ou a inibição[152] da

[147] Em sentido contrário, cf. Serra, Catarina, *O processo extraordinário (...)*, ob. cit., pp. 2066-2067.

[148] *Processo(...)*, ob. cit., pp. 54-55.

[149] Em texto datado de 2014, Filipa Gonçalves manifestava-se contrária a esta solução no âmbito do PER, porquanto entendia que a mesma poderia levar a que os devedores não recorressem a este instrumento de recuperação "com medo de ver a sua gestão ameaçada pela necessidade de aprovação pelo AJP", em "O processo (...)", ob. cit., pp. 67-68 e 90. A prática veio demonstrar que não havia razão para ter tais receios, na medida em que desde a criação deste tipo de processo e até ao final de 2019, "foram identificadas 2.387 entidades (...) em processos especiais de revitalização findos segundo a modalidade de termo homologação do plano, em que o objeto de ação é a revitalização de pessoa coletiva; deste universo de 2.387 pessoas coletivas distintas, aferindo quantos destes intervenientes surgem noutros processos especiais de revitalização ou em processos de insolvência iniciados após a data de termo dos processos especiais de revitalização findos (...) o resultado obtido foi de 1.062 pessoas coletivas, representando uma taxa de cerca de 44,5% face ao universo inicialmente considerado." – *Relatório de avaliação do Processo especial de revitalização*, elaborado pela Direção-Geral da Política da Justiça, p. 20, disponível para consulta em https://app.parlamento.pt/webutils/docs/doc.pdf?path=6148523063446f764c324679595842774f6a63334e7a637664326c75636d56785833426c636d6431626e52686379395953565976636e41784d54517465476c324c544668597931684c6e426b5a673d3d&fich=rp114-xiv-1ac-a.pdf&Inline=true, último acesso em 10/07/2022.

[150] "Apesar de parte da doutrina entender ser excessiva a limitação dos atos de gestão pelo devedor no caso do PER, existem duas diferenças entre os processos. Primeiro, o PEVE pode

empresa praticar atos de especial relevo, tal como definidos no art. 161º do CIRE, sem que previamente obtenha autorização[153] para a realização da operação pretendida por parte do AJP (cf. art. 8º, nº 1, alínea *b)* da Lei nº 75/2020).

De acordo com o disposto no nº 2 do art. 161º do CIRE a qualificação de um ato como de especial relevo[154] deverá atender aos riscos envolvidos e às suas repercussões sobre a tramitação ulterior do processo, às perspetivas de satisfação dos credores da insolvência e à suscetibilidade de recuperação da empresa, sendo que no nº 3 concretizam-se, a título exemplificativo, atos de especial relevo[155], que se traduzem, em suma, em atos de disposição

ser utilizado por empresas em insolvência atual, o que justifica maior controle do AJP nos moldes do processo de insolvência. Segundo, o PEVE supõe ser mais célere do que o PER, de modo que tal gestão supervisionada será por pouco tempo." – Gomes, Mickael Borges Pereira, *Processo (...)*, ob. cit., p. 19.

151 Cf. art. 17º-E, nº 2 a 5 do CIRE *ex vi* artigo 17º-I, nº 6 do referido Código e art. 8º, nº 1, alínea *b)* e 2 a 4 da Lei nº 75/2020.

152 Usando esta terminologia, cf. Leitão, Luís Manuel Teles de Menezes, *Direito (...)*, ob. cit., p. 385.

153 Sobre os critérios que o administrador judicial provisório deve prosseguir para o efeito, cf. Pidwell, Pedro, *Os poderes e deveres do administrador judicial (da insolvência) na reestruturação de empresas*, em "Revista de Direito da Insolvência", nº 2, Coimbra, Almedina, 2018, pp. 83 e s.

154 A propósito do PER, Maria do Rosário Epifânio critica a técnica legislativa usada referindo que "o legislador foi pouco feliz nesta remissão para os atos de especial relevo: trata-se de um conceito indeterminado definido no art. 161º, nº 2, e concretizado através das várias alíneas do seu nº 3, que, no âmbito do processo de insolvência, se aplica à atuação do administrador da insolvência e cuja violação nem sequer importa, em princípio, a ineficácia do ato (art. 163º). Esta opção legislativa desprotege claramente os credores. Por isso, mesmo que o devedor não solicite previamente a autorização para a prática do ato, entendemos que o credor mais avisado deverá interpelar o administrador judicial provisório antes de praticar um ato com o devedor no âmbito de um PER" – *O processo especial (...)*, ob. cit., pp. 35-36.

155 Constituem, designadamente, actos de especial relevo: a) A venda da empresa, de estabelecimentos ou da totalidade das existências; b) A alienação de bens necessários à continuação da exploração da empresa, anteriormente ao respectivo encerramento; c) A alienação de participações noutras sociedades destinadas a garantir o estabelecimento com estas de uma relação duradoura; d) A aquisição de imóveis; e) A celebração de novos contratos de execução duradoura; f) A assunção de obrigações de terceiros e a constituição de garantias; g) A alienação de qualquer bem da empresa por preço igual ou superior a (euro) 10000 e que represente, pelo menos, 10% do valor da massa insolvente, tal como existente à data da declaração da insolvência, salvo se se tratar de bens do activo circulante ou for fácil a sua substituição por outro da mesma natureza.

patrimonial com impacto no balanço da empresa, *maxime* no seu ativo, ou no desenvolvimento da sua atividade[156].

O pedido de autorização da empresa para prática de um ato de especial relevo deve seguir a forma escrita, sendo que a concessão do pedido, pelo AJP, assume, igualmente, a mesma forma[157], devendo ser dada no prazo de cinco dias. Ou seja, *a contrario* a recusa expressa do pedido não tem exigência de forma.

Por sua vez, atribui-se ao silêncio[158] do AJP o valor de recusa de autorização para a realização do negócio pretendido pela empresa.

A violação deste regime de inibição – prática de um ato de especial de relevo sem autorização prévia do AJP – importará, tal como sucede no PER ou no PEAP *mutatis mutandis*, a ineficácia[159] do ato em relação aos bens da empresa (cf. art. 81º, nº 6, *ex vi* art. 34º do CIRE e arts. 6º, nº 7 e 7º, nº 3 da Lei nº 75/2020).

Outro dos efeitos ditos substantivos do despacho de abertura do PEVE, idêntico ao do congénere PER[160], consiste na suspensão[161] de todos os prazos

[156] "Nem sempre será fácil saber se um acto é ou não de especial relevo. No que respeita, por exemplo, ao levantamento pela empresa de quantias depositadas na sua conta bancária, pode questionar-se se aquilo a que deve atender-se é ao respectivo valor e, no caso afirmativo, quais são os limites. Aqui, como em outros casos menos claros, aquilo que deve nortear o administrador é sempre o fim perseguido com a operação." – Serra, Catarina, *O processo extraordinário (...)*, pp. 2046-2047, nota nº 31.

[157] A empresa e o administrador judicial provisório devem recorrer, sempre que possível, a comunicações eletrónicas, cf. artigo 8º, nº 3 da Lei nº 75/2020, de 27 de novembro.

[158] Nos termos do disposto no nº 1 do artigo 218º do CC o silêncio vale como declaração negocial, quando esse valor lhe seja atribuído por lei, uso ou convenção.

[159] Assim, cf. Dinis, David Sequeira/Casanova, Nuno Salazar/Nunes, Raquel Cardoso, *O processo (...)*, ob. cit., pp. 87-88. A propósito do PER, neste sentido cf. Casanova, Nuno Salazar/ Dinis, David Sequeira, *PER (...)*, ob. cit., pp. 112-114; Silva, Fátima Reis, *Processo especial (...)*, ob. cit., p. 57; Fernandes, Luís A. Carvalho/Labareda, João, *Código da Insolvência (...)*, ob. cit., p. 538; Epifânio, Maria do Rosário, *O processo especial (...)*, ob. cit., p. 37; Vasconcelos, Luís Miguel Pestana de, *Recuperação de empresas (...)*, ob. cit., pp. 65-66; Cardoso, Soraia Filipa Pereira, *Processo (...)*, ob. cit., p. 40; Epifânio, Maria do Rosário, *Manual (...)*, ob. cit., p. 464. No sentido de que se trata do vício de nulidade, cf. Martins, Luís M., *Recuperação (...)*, ob. cit., p. 40.

[160] "A suspensão dos prazos de prescrição e de caducidade oponíveis pela empresa, regulada no art. 17º-E, nº 7, foi introduzida pelo DL nº 79/2017, de 30 de junho, aproximando-se o regime do PER do processo de insolvência (cfr. art. 100º)." – Serra, Catarina, *Lições (...)*, ob. cit., p. 398. Sobre a introdução deste regime, cf., em particular, Freitas, Miguel Fernandes, *Processo Especial de Revitalização – dúvidas presentes e soluções/dúvidas futuras face ao projeto de*

de prescrição e de caducidade oponíveis pela empresa até à prolação da sentença de homologação ou de não homologação (art. 8º, nº 7 da Lei nº 75/2020).

Esta prescrição legal é uma espécie de contrapartida atribuída aos credores pelos constrangimentos de natureza processual a que ficam sujeitos quanto à propositura ou prossecução de ações contra a empresa na pendência do PEVE, tendo em vista a cobrança de dívidas. Nessa medida, por identidade de razões com o preconizado quanto aos efeitos adjetivos do despacho de abertura do PEVE, entendemos que a suspensão dos prazos cessará apenas com o trânsito em julgado da sentença de homologação ou de não homologação do acordo de viabilização[162].

Por último, de harmonia com o regime estabelecido no PER, prevê-se expressamente, no nº 8 do art. 8º da Lei nº 75/2020, a proibição de suspensão dos serviços públicos essenciais[163] de fornecimento de água, de energia elétrica, de gás natural e gases de petróleo liquefeitos canalizados, de comunicações eletrónicas, serviços postais, de recolha e tratamento de águas residuais e de gestão de resíduos sólidos urbanos.

Decreto-lei (parte II), "IPSO JURE", nº 94, março de 2017, disponível para consulta em https://www.oa.pt/upl/%7Be0fc07cc-37df-494e-80b8-ae2d6c6663e2%7D.pdf, último acesso em 10/07/2022.

161 "Trata-se, neste caso, de uma situação de suspensão e não de interrupção dos prazos de prescrição e de caducidade, pelo que o tempo anteriormente decorrido antes da suspensão é contabilizado na altura em que o prazo volta a correr." – Leitão, Luís Manuel Teles de Menezes, *A recuperação (...)*, ob. cit., p. 52.

162 Neste sentido, cf. Gomes, Mickael Borges Pereira, *Processo (...)*, ob. cit., p. 18.

163 Neste conspecto, Catarina Serra replicou as críticas que já havia feito ao PER, na medida em que, em síntese, "se pressupõe um carácter público que os serviços em causa, de facto, (já) não têm; depois, que se usa uma técnica legislativa (enumeração taxativa) que não permite sujeitar à disciplina todos os serviços realmente essenciais à continuidade da empresa" – *O processo extraordinário (...)*, ob. cit., p. 35. Note-se, contudo, que a Lei nº 9/2022, de 11 de janeiro, que transpôs para a ordem jurídica interna a Diretiva (UE) 2019/1023 do Parlamento Europeu e do Conselho, de 20 de junho de 2019, procedeu à revisão profunda deste regime, em sede de PER, alargando o conceito de contratos executórios essenciais, abrangendo não só os serviços públicos essenciais, mas todos os contratos de execução continuada que sejam necessários à continuação do exercício corrente da atividade da empresa, garantindo que, durante o período de suspensão das medidas de execução, os credores não podem recusar cumprir, resolver, antecipar ou alterar unilateralmente esses contratos em prejuízo da empresa, relativamente a dívidas constituídas antes da suspensão, desde que o fundamento consista exclusivamente na falta de pagamento. Sobre este novo regime, cf. Dinis, David Sequeira, *Stand-still (...)*, ob. cit., pp. 47-53.

Contudo, diferentemente do PER (cf. art. 17º-E, nº 9 do CIRE) não se prevê[164] que o preço dos serviços públicos essenciais prestados durante o período referido no número anterior que não seja objeto de pagamento pela empresa seja considerado dívida da massa insolvente em insolvência da mesma que venha a ser decretada nos dois anos posteriores ao termo do processo.

Trata-se de omissão intencional devido ao desiderato do processo – a *mera* homologação de um acordo extrajudicial – e à urgência superlativa inerente ao mesmo, parece-nos ser possível, diríamos até adequado, dispensar a atribuição de um benefício pensado, claramente, para um processo que coenvolva na sua pendência uma fase de negociações.[165]

Pestana de Vasconcelos[166] defende que "*deve aplicar-se, por força do art. 6º, nº 7 da Lei nº 75/2020, de 27/11 (que manda aplicar ao PEVE o CIRE em tudo o que não seja incompatível com a sua natureza), quanto ao preço dos serviços prestados neste período de tempo, o art. 17º-E, nº 9 CIRE (norma para a qual o art. 17º-J, nº 6, relativo aos acordos extrajudiciais homologados, remete), nos termos do qual ele será considerado dívida da massa insolvente em insolvência da empresa que venha a ser decretada nos dois anos posteriores, neste caso ao termo do processo.*"

Salvo o devido respeito, não acompanhamos este entendimento atento o princípio da tipicidade das dívidas da massa insolvente[167]. Ou seja, a clas-

[164] David Sequeira Dinis, Nuno Salazar Casanova e Raquel Cardoso Nunes mostram reservas quanto à constitucionalidade do regime imposto aos fornecedores dos serviços públicos essenciais que não podem interromper o seu serviço em caso de incumprimento do devedor, comprimindo o seu direito de propriedade de forma desproporcionada, cf. *O processo (...)*, ob. cit., p. 87. Por sua vez, Menezes Leitão entende estarmos perante uma desproteção destes fornecedores, cf. *Direito (...)*, ob. cit., p. 414.

[165] Note-se até que, não obstante o expressamente disposto no artigo 17º-I, nº 6 do CIRE que estende o efeito de suspensão das medidas de execução ao PER de homologação, Soraia Cardoso, na concretização do objeto do seu estudo, refere que "o foco do presente estudo – efeito *standstill* – apenas se aplica ao PER negociação pois é durante o período negocial que os preditos efeitos se verificam, ficando o PER homologação presente no art. 17º-I excluído do objeto do presente estudo" – *Processo (...)*, ob. cit., p. 36.

[166] *O novo processo (...)*, ob. cit., p. 2126. Catarina Serra é da mesma opinião, cf. *Garantias ao financiamento das empresas e outros instrumentos jurídicos de combate à iliquidez na Lei nº 75/2020 – a justa medida*, em "Direito das Sociedades em Revista" Ano 13, Vol. 25, Semestral, Coimbra, Almedina, 2021, p. 68.

[167] Neste sentido e a propósito do artigo 51º do CIRE referem Carvalho Fernandes e João Labareda que "diferentemente do que sucede com os art.os 48º e 49º, a enumeração, que aqui se contém, das dívidas da massa insolvente tem carácter enunciativo, como resulta

sificação de um determinado crédito como dívida da massa insolvente carecerá, no nosso entender, de consagração legal expressa nesse sentido por se tratar de uma qualificação de natureza excecional[168], considerando a posição prioritária que assume em termos de ordem de pagamento[169] (cf. arts. 46º, nº 1 e 172º do CIRE), que não admite, por isso, aplicação analógica nos termos do art. 11º do CC.

Assim, nessa medida na falta de norma expressa que qualifique como dívida da massa insolvente o preço dos serviços essenciais prestados durante o período de suspensão esses créditos não poderão assumir tal natureza[170]. Não obstante, é nosso entendimento que esses créditos não assumem natureza meramente comum, mas beneficiam do privilégio creditório mobiliário geral[171] previsto no art. 11º, nº 2 da Lei nº 75/2020[172].

Aqui chegados importará, contudo, suscitar uma questão *de jure condendo* mais ampla.

Fará sentido normativo – designadamente na arquitetura do equilíbrio de interesses de devedores e credores – atribuir efeito de *standstill* a

inequivocamente do texto do proémio. Mas, como também daí decorre, só são dívidas da massa insolvente aquelas que, como tal, sejam qualificadas pelo Código. A consequência deste sentido ambivalente da lei é a de que, mais do que proceder a um alinhamento enunciativo, o artº 48º reveste a natureza de verdadeira norma de qualificação das realidades a que se reporta" – *Código da Insolvência (...)*, ob. cit., p. 238. Defendendo posição diversa, cf. Leitão, Luís Menezes, *As dívidas da massa insolvente*, em "IV Congresso de Direito da Insolvência" (coord. Catarina Serra), Reimpressão, Coimbra, Almedina, 2020, pp. 25-26.

[168] Neste sentido, cf. Serra, Catarina, *Lições (...)*, ob. cit., pp. 67-68 e Leitão, Luís Manuel Teles de Menezes, *Direito (...)*, ob. cit., p. 414.

[169] "Ou seja, é inquestionável que as dívidas da massa insolvente (v.g. as indicadas o artº 51º, do CIRE) beneficiam de um regime mais favorável no pagamento do que os créditos sobre a insolvência, não estando desde logo sujeitas ao processo de verificação e de graduação de créditos, não tendo portanto que ser reclamadas. Dito de uma outra forma, «as como tal qualificadas, dívidas da massa, são pagas com precipuidade, significando isto que os créditos sobre a insolvência, independentemente da sua categoria, são preteridos no confronto com os créditos sobre a massa»", Ac. do Tribunal da Relação de Guimarães de 14/01/2016, Relator António Santos, Processo nº 6034/13.8TBBRG-O.G1, disponível para consulta em www.dgsi.pt, último acesso em 10/07/2022.

[170] Assim, cf. Serra, Catarina, *O processo extraordinário (...)*, ob. cit., p. 2053. Não obstante, em sentido contrário a Autora veio a defender que "ao abrigo do art. 6º, nº 7, da Lei nº 75/2020" se deve "aplicar o disposto no PER, ou seja, a classificação, no caso de processo de insolvência como dívidas da massa.", *Garantias (...)*, ob. cit., p. 68.

[171] Sobre este privilégio, cf. infra Ponto 15. "*Do financiamento*".

[172] Neste sentido, cf. Serra, Catarina, *O processo extraordinário (...)*, ob. cit., p. 2079.

processos judiciais de recuperação urgentes que visam, *apenas*, a homologação de um acordo alcançado extrajudicialmente, sem fase formal de negociações com os credores?

É consensual que o efeito de escudos protetores é ordenado a garantir uma certa paz social ao devedor que, se encontrando em situação económica difícil *lato sensu* (abrangendo, nessa medida, tanto a noção restrita deste conceito como a de insolvência iminente), necessita de entabular negociações com os seus credores, sem a pressão acrescida e adversa de ter um conjunto de medidas processuais em curso que coloquem em crise a sua atividade e obriguem a um desdobramento de esforços.

Com efeito, a suspensão das medidas de execução[173] deve "*funcionar como um «balão de oxigénio» para o devedor em dificuldades, tem o efeito de conferir um inédito poder negocial ao devedor neste tipo de situações, o que representa a principal diferença deste novo processo relativamente a anteriores figuras com objetivos semelhantes (...)*"[174], sendo que "*a proteção conferida desta forma ao devedor tem vantagens evidentes: (i) dá um estímulo aos credores para negociar com o devedor (uma vez que não poderão agir pela via da cobrança judicial); (ii) constitui uma garantia para os credores envolvidos nas negociações de que a pendência das mesmas não é suscetível de prejudicar a sua posição relativamente a credores que não participem nas negociações (que, caso contrário, poderiam acautelar os seus interesses autonomamente por via da interposição de ações de cobrança para pagamento dos seus créditos ao arrepio das negociações); e (iii) impede execuções e processos de insolvência que acabam por ser a sentença de morte de muitas empresas, frustrando qualquer tentativa de viabilização da continuação da sua atividade. O standstill é, portanto, verdadeira condição sine qua non para a aplicabilidade prática do PER.*"[175]

Tal perspetiva mostra-se, igualmente, evidenciada no Considerando (32) da Diretiva (UE) 2019/1023 do Parlamento Europeu e do Conselho, quando aí se diz que "*um devedor deverá poder beneficiar de uma suspensão temporária das medidas de execução, quer seja concedida por uma autoridade judicial ou administrativa quer por força da lei,* <u>*no intuito de apoiar as negociações de um plano*</u>

[173] Terminologia adotada, desde logo, na Diretiva (UE) 2019/1023 do Parlamento Europeu e do Conselho, de 20 de junho de 2019, bem como na Lei nº 9/2022, de 11 de janeiro, que a transpôs para a ordem jurídica interna.

[174] MALAQUIAS, Pedro Ferreira/LEAL, Miguel Rodrigues, *A reforma do Código de Insolvência e Recuperação de Empresas e o processo especial de revitalização*, em "Actualidad Jurídica Uría Menendez", nº 33, Madrid, 2012, p. 107.

[175] MALAQUIAS, Pedro Ferreira/ LEAL, Miguel Rodrigues, *A reforma (...)*, ob. cit., p. 108.

de restruturação, a fim de continuar a exercer a sua atividade ou, pelo menos, preservar o valor do seu património, durante as negociações."[176] – sublinhado nosso.

Num processo de homologação judicial de um acordo de reestruturação de dívida – como é o PEVE – as negociações ocorrem a montante do processo, ou seja, acontecem em momento anterior à instauração do processo formal de recuperação, pelo que se destinando o efeito de *standstill* a fomentar o sucesso das negociações importaria aquilatar se faz sentido a sua consagração nesta espécie processual e, na afirmativa, em que termos.

Se, por um lado, nos parece evidente a relevância processual e substantiva do impedimento da propositura de ações executivas tendentes à cobrança de dívidas da empresa (ou antecipatórias destas) na pendência dos processos de recuperação, bem como a suspensão destas espécies processuais e dos processos de insolvência pendentes ou propostos posteriormente, para assegurar a regular e pacífica tramitação dos processos de recuperação, sem que o devedor se disperse na defesa da sua situação jurídica numa pluralidade de processos.

Por outro lado, suscitam-se-nos dúvidas sobre a real necessidade de nestes tipos de processos de homologação se proteger o fornecimento de serviços e bens essenciais ao funcionamento da empresa com a proibição da sua suspensão ou, igualmente, da obrigatoriedade da autorização prévia, pelo administrador judicial, de atos de especial relevo a praticar pelo devedor, na ponderação dos diversos interesses a tutelar.

Noutro conspecto, ainda *de jure condendo*, nestes casos talvez fosse mais relevante assegurar a proteção da fase prévia (e extrajudicial) de negociações da empresa com os credores através da criação de mecanismos de suspensão das medidas de execução *ad hoc*, a decidir judicial ou administrativamente, uma vez que dizem as regras de experiência comum que será aí que se verifica uma maior e efetiva necessidade de proteção e não na tramitação *tout court* de um processo urgentíssimo, como o PEVE, que visa *apenas* a homologação de um acordo já alcançado.

[176] "A suspensão dos processos de execução em curso contra o devedor constitui uma bolha de oxigénio que encoraja o estabelecimento de negociações tendentes à estabilização e à recuperação da empresa e contribui para a preservação do património da empresa durante o tempo em que aquelas perdurarem", ANTUNES, João Tiago Morais/CARREIRA, Petra, *A Diretiva (UE) 2019/1023 – Transposição à vista*, "PLMJ Restructuring Review", 01, p. 69, disponível para consulta em https://www.plmj.com/xms/files/Restructuring_Review/PLMJ_Restructuring_Review.pdf, último acesso em 10/07/2022.

5. Da supressão da fase da reclamação de créditos e suas vicissitudes

Conforme resulta explicitado na exposição de motivos da Proposta de Lei que conduziu à aprovação da Lei nº 75/2020, de 27 de novembro, "*a fim de garantir que seja tramitado de forma particularmente célere, além do encurtamento dos prazos e da supressão da fase da reclamação de créditos, atribui-se prioridade a este processo extraordinário sobre os demais processos também urgentes (processos de insolvência, PER e PEAP).*"

Com efeito, a supressão da fase de reclamação de créditos e a sua substituição pela junção pela empresa de uma lista provisória de créditos certificada, por referência comparativa com o PER, leva a um ganho de tempo de vinte e cinco dias: os vinte dias previstos para os credores procederem à reclamação de créditos e os cinco dias para o AJP elaborar uma lista provisória de créditos[177].

Mutatis mutandis podemos considerar a relação de credores carreada pela empresa como uma lista provisória de créditos *qualificada*, fruto da dupla certificação pelo órgão de administração da empresa e por um contabilista certificado, que após publicação, e à semelhança dos processos judiciais congéneres, pode ser objeto de impugnação por qualquer credor, tornando-se definitiva após decisão das impugnações ou, de imediato, caso estas inexistam[178].

Por sua vez, em contraponto, a publicação do acordo de viabilização é *de jure et de facto* um ato processual de cariz inovador, desconhecido no regime análogo do PER dito abreviado[179] que, como já referido, constitui a *alma mater* do PEVE.

A razão para tal publicidade precoce funda-se no facto de estarmos perante um processo marcadamente célere e urgente, que compreende simultaneamente a supressão e a concentração de fases processuais.

Com efeito, prevendo-se que os credores podem solicitar a não homologação do acordo de viabilização, nos termos e para os efeitos previstos nos arts. 215º e 216º do CIRE, no mesmo prazo de 15 dias de impugnação da relação de credores[180], impõe-se a divulgação imediata, logo que possível,

[177] Cf. art. 17º-D, nº 2 e 3 do CIRE *ex vi* art. 17º-I, nº 3 do referido Código.

[178] Cf. nº 6 art. 9º da Lei nº 75/2020.

[179] Com efeito, como bem notou Catarina Serra, "no regime do PER abreviado prevê-se que a lista provisória de créditos seja também publicada no portal Citius [cfr. art. 17º-I, nº 2, al. b), do CIRE] e que o acordo fique patente na secretaria do tribunal para consulta [cfr. art. 17º-I, nº 2, al. a), in fine, do CIRE", *O processo extraordinário (...)*, ob. cit., p. 2044, nota nº 27.

[180] Cf. segunda parte do nº 1 do art. 9º da Lei nº 75/2020.

do teor do acordo alcançado entre a empresa e os credores subscritores, de forma a que os demais credores possam pronunciar-se quanto aos termos acordados e suscitarem a eventual violação de normas injuntivas, conducentes a uma sentença de não homologação.

O ato de publicação da relação de credores e do acordo de viabilização faz nascer na esfera jurídica dos credores da empresa dois direitos que podem ser exercidos, de forma concomitante ou não, no mesmo prazo de 15 dias[181]: *a)* direito de impugnar a relação de credores; e/ou *b)* direito de requerer a não homologação do acordo de viabilização[182].

Comecemos por atentar, primeiramente, na fase de impugnação da relação de credores e as questões adjetivas que a mesma pode suscitar[183].

[181] No sentido de que o nº 2 do artigo 9º da Lei nº 75/2020 é claro quanto à vontade do legislador de promover a celeridade do processo e também de pôr termo às discussões que ainda subsistem a respeito da aplicabilidade do citado artigo 139º do Código de Processo Civil às impugnações da lista provisória de credores apresentadas em sede de PER, cf. DINIS, David Sequeira/CASANOVA, Nuno Salazar/NUNES, Raquel Cardoso, *O processo (...)*, ob. cit., p. 97. Com efeito, no âmbito do PER, discute-se na doutrina e na jurisprudência a aplicabilidade do disposto no nº 5 do art. 139º do Código de Processo Civil, que confere um prazo de condescendência ou tolerância para a prática dos atos processuais nos três dias seguintes ao termo do prazo estabelecido, desde que paga a multa correspondente. Tomando posição nesta querela, muito recentemente, um Ac. do Supremo Tribunal de Justiça de 22/06/2021, Relator LUÍS ESPÍRITO SANTO, Processo nº 3985/20.7T8VNF.G1.S1, disponível para consulta em www.dgsi.pt, último acesso em 10/07/2022, após cotejo dos entendimentos divergentes decidiu que tal artigo é aplicável nos processos especiais de revitalização previstos nos artigos 17º-A e 17º-J do CIRE. Não obstante, diferentemente, no âmbito do PEVE o legislador foi claro ao determinar que não é aplicável ao prazo em apreço o disposto no nº 5 do artigo 139º do Código de Processo Civil, cf. nº 2 do art. 9º da Lei nº 75/2020; sendo que, em idêntico sentido, a Proposta de Lei nº 115/XIV/3ª, que originou a Lei nº 9/2022, de 11 de janeiro, propugnava a exclusão da aplicação do citado normativo às fases de impugnação e reclamação de créditos, tanto em PER como em PEAP. Todavia, essa solução foi abandonada pelo Parlamento na discussão na especialidade do diploma.

[182] ALEXANDRE DE SOVERAL MARTINS é crítico do momento processual para se requerer a não homologação do acordo de viabilização, referindo que "parece inadequado obrigar a solicitar a não homologação quando ainda não se sabe se é possível a homologação. Se há prazo para impugnação, essa impugnação levará o juiz a ter de decidir e, eventualmente, a ordenar a alteração da relação de credores. Será essa relação de credores definitiva que deverá relevar para o juiz saber se o acordo apresentado atinge as maiorias exigidas. Logo, o credor que solicita a não homologação terá de o fazer quando ainda não sabe sequer se o acordo reúne assinaturas suficientes para aquela homologação. O seu esforço pode ser perfeitamente desnecessário" – *Mais vale tarde (...)*, ob. cit., p. 44.

[183] Para uma análise mais detalhada das questões emergentes em torno da fase de impugnações da lista provisória de créditos em PER, cf. CRUZ, Nuno Gundar da, *Processo (...)*, ob. cit., pp. 47-57.

Como deixámos sobredito, o credor[184] pode, no prazo perentório de 15 dias[185], contados da publicação da relação de credores certificada, impugná-la[186] com fundamento na indevida inclusão ou exclusão de créditos ou na incorreção do montante ou da qualificação dos créditos reconhecidos.[187]

Não havendo impugnações, a relação de credores converte-se, de imediato, em definitiva, cf. nº 6 do art. 9º da Lei nº 75/2020, de 27 de novembro.

Não poderá, então, o juiz oficiosamente, na falta de impugnações, apreciar a relação de credores reparando, porventura, casos de erro manifesto à semelhança do previsto no processo de insolvência[188]?

[184] "Antes de mais, consideramos que a expressão «qualquer credor» abrange todos os titulares de créditos sobre a empresa. Ou seja, devem considerar-se abrangidos tanto créditos vencidos como vincendos. Créditos "efetivos" ou condicionais, independentemente da sua natureza ou qualificação. Créditos pecuniários e não pecuniários, aplicando-se neste caso, por analogia, o previsto no artigo 96º, nº 1, alínea *a)*, do CIRE. Todos, desde que constituídos até à data em que foi proferida a decisão prevista no nº 3 do artigo 7º." – DINIS, David Sequeira/CASANOVA, Nuno Salazar/NUNES, Raquel Cardoso, *O processo (...)*, ob. cit., pp. 89-90. Outrossim, GONÇALVES, Francisca Margarida Pereira, *O processo (...)*, ob. cit., p. 30.

[185] O prazo previsto no PER é de apenas 5 dias úteis, cf. nº 3 do art. 17º-D do CIRE.

[186] À semelhança do processo de insolvência e dos congéneres PER ou PEAP, a impugnação da relação de credores em PEVE não está sujeita ao pagamento da taxa de justiça inicial, tratando-se de um ato processual previsto na normal tramitação do processo, não constituindo, assim, nenhum incidente dos previstos na Tabela II anexa ao Regulamento das Custas Processuais, aprovado pelo DL nº 34/2008, de 26 de fevereiro. Nesse sentido depõe, igualmente, *a fortiori* a isenção de custas processuais do PEVE, a que alude o art. 15º.

[187] Cf. primeira parte do nº 1 do art. 9º da Lei nº 75/2020.

[188] Dispõe o nº 3 do art. 130º do CIRE que se não houver impugnações, é de imediato proferida sentença de verificação e graduação dos créditos, em que, salvo o caso de erro manifesto, se homologa a lista de credores reconhecidos elaborada pelo administrador da insolvência e se graduam os créditos em atenção ao que conste dessa lista. A respeito desta norma CARVALHO FERNANDES e JOÃO LABAREDA manifestam-se favoráveis a uma interpretação ampla do conceito legal de erro manifesto "não podendo o juiz abster-se de verificar a conformidade substancial e formal dos títulos dos créditos constantes da lista que vai homologar para o que pode solicitar ao administrador os elementos de que necessite. (...) este erro pode respeitar à indevida inclusão do crédito nessa lista, ao seu montante ou às suas qualidades (...) Não estabelece a lei as consequências da verificação de «erro manifesto» quanto à homologação da lista. A interpretação que tempos por correcta, quanto ao âmbito da não homologação, é a de ela se limitar ao crédito ou créditos a que o erro respeita. Quanto às suas consequências, deve entender-se que elas variam em função do tipo de erro que no caso ocorra. Em termos esquemáticos, pode acontecer que o erro consista em o crédito estar indevidamente incluído na lista dos reconhecidos. Se este for o caso, tal implica que o crédito deve ser considerado como não reconhecido. Quando o erro respeitar ao montante do crédito ou às suas qualidades, ele deve ser considerado como reconhecido e graduado, mas pelo montante e qualidades

Em sede de PER, a jurisprudência tem de forma predominante[189] negado a possibilidade de a lista provisória de créditos sofrer alterações fora do esquema formal da impugnação por um interessado. Ou seja, tem respondido negativamente a uma eventual intervenção judicial *ex officio* de intuito corretivo da lista provisória de créditos.

Para o efeito são invocados princípios subjacentes ao PER como a sua natureza urgente e eminentemente desjudicializada[190], bem como, por outro lado, a autorresponsabilização dos intervenientes processuais. A este respeito refere-se no Ac. do Tribunal da Relação de Coimbra de 4/04/2017[191] que "*No PER, tal alteração está, de todo em todo, vedada. Inexistindo impugnações a lista converte-se, «de imediato» i.e. sem qualquer condicionamento, ou seja, inelutável e inexoravelmente, em definitiva. Já na insolvência, tal conversão verifica-se, por via regra, salvo, porém, a verificação ulterior de uma facto excecional obstativo: a existência de «erro manifesto». Tal distinção é compreensível e intuível: como se viu, o PER assume um jaez de maior desjudicialização e é imbuído de acrescida urgência; logo, o legislador exige maior auto responsabilização para uma atuação prudente, responsável, competente e célere.*

Até para a própria defesa do devedor e, quiçá, dos credores. Pois que incidentes e atuações para lá dos prazos fixados, com maior probabilidade descambam na ultrapassagem do perentório prazo de três meses, com a inexorável consequência de o processo ser encerrado, assim obstando a um PER que poderia ser profícuo.

correctas." – *Código da Insolvência (...)*, ob. cit., pp. 456-457. Outrossim, cf. Silva, Fátima Reis, *Algumas Questões Processuais no Código da Insolvência e da Recuperação de Empresas – uma primeira abordagem*, "Miscelâneas", nº 2, pp. 76-77, Instituto de Direito das Empresas e do Trabalho, Coimbra, Almedina, 2004 e o Ac. do Tribunal da Relação do Porto de 25 de junho de 2019, Relator José Igreja Matos, Processo nº 2180/11.0T2AVR-C.P1, disponível para consulta em www.dgsi.pt, último acesso em 10/07/2022.

[189] Acs. do Tribunal da Relação do Porto de 4/02/2014, Relatora Anabela Dias da Silva, Processo nº 622/13.0TBCHV-A.P1; do Tribunal da Relação de Lisboa de 28/10/2014, Relatora Maria do Rosário Morgado, Processo nº 498.14.0TYLSB-D.L1-7; do Tribunal da Relação de Guimarães de 16/01/2014, Relator Edgar Gouveia Valente, Processo nº 1609/13.8TBBRG.G1; do Tribunal da Relação de Lisboa de 20/10/2015, Relatora Maria da Conceição Saavedra, Processo nº 749/14.0TBFUN-A.L1-7, todos disponíveis para consulta em www.dgsi.pt, último acesso em 10/07/2022.

[190] Criticando uma *evidente* secundarização da intervenção do Juiz no PER, cf. Matos, José Igreja, *Poderes do juiz no processo especial de revitalização – Divergindo de edipianas inevitabilidades*, em "IV Congresso de Direito da Insolvência" (coord. Catarina Serra), Reimpressão, Coimbra, Almedina, 2020, pp. 293-316.

[191] Relator Carlos Moreira, Processo nº 738/16.0T8ACB.C1, disponível para consulta em www.dgsi.pt, último acesso em 10/07/2022.

Noutra perspetiva, e atenta uma postura exegética pautada pela adequada consideração dos elementos literal, sistemático e teleológico da hermenêutica jurídica, há que concluir que o legislador do artº 17º-D nº 4 nada diz quanto à possibilidade de alteração da lista no pós impugnações da mesma porque não quis dizer.

Na verdade, cônscio da existência do segmento normativo do artº 130º nº3, o legislador do PER podia tomar uma de três opções: i) remetia para o disposto no artº 130º nº3; ii) legislava, adrede, em sede de PER -artº 17º-D nº4 – em termos idênticos aos de tal segmento normativo, ie., admitindo a alteração da lista de créditos, em prazo ulterior ao das impugnações, por erro manifesto; iii)) Legislava em termos diferentes atenta a especialíssima natureza e teleologia do PER.

Foi esta última a opção tomada, pelo que, repete-se, não pode defender-se a existência de lacuna que implique a aplicação analógica do artº 130º nº3.

O que se compreende, não apenas pelo que ficou dito quanto ao cariz diferenciado da insolvência e do PER, como, outrossim, atentas as previsões, as situações fáctico-jurídicas sobre as quais as normas em causa estatuem. O artº 130º nº3 prevê a necessária e obrigatória intervenção do juiz sobre a verificação e graduação dos créditos, através de sentença final e tendencialmente preclusiva.

Faz, pois, sentido, a bem da verdade material e da justiça, que a ele seja exigível, razoavelmente, atividade para detetar possível erro manifesto, retificando-o em conformidade. Já a estatuição do nº4 do artº 17º-B reporta-se a abarca apenas a automática conversão em definitiva da lista provisória não impugnada, não prevendo e exigindo a intervenção do juiz.

Por outro lado, tal jaez definitivo da lista de créditos é mais aparente do que real, pois que à sua elaboração se segue a fase das negociações no âmbito das quais os credores, por acordo, poderão, quasi soberanamente, estipular o que entenderem, designadamente corrigir erros manifestos que nela detetem. Naturalmente que, se o juiz, não obstante ele não intervir na passagem da lista de provisória a definitiva, se aperceber, através da sua intervenção genérica nos autos, de tal erro, não lhe está quedo dele conhecer ou do mesmo dar conhecimento aos interessados.

Não podem é os credores, quiçá temerariamente, criarem incidentes que retardem o processo e possam levar à sua inelutável extinção por decurso do prazo de três meses, como constitui jurisprudência pacífica. E o argumento da recorrente, de que «as características e natureza dos créditos se repercutem no apuramento das maiorias necessárias para aprovação do plano de recuperação, determinando a composição e influência do quórum deliberativo, não se pode estagnar no tempo e momento previsto no art. 17º-D do CIRE a oportunidade de reagir contra tais erros...» não colhe.

A recorrente teve o prazo das impugnações à lista provisória – que precisamente por tal prazo ainda decorrer é que assume o cariz de provisória – para atacar a (in) existência, a natureza dos créditos e o mais que possa influir na mesma.

Se assim não atuou, ademais sem justificar tal inação ou desatenção, sibi imputet.

Certo é que, processualmente, lhe foi conferido tal direito. E o "processo", por definição, é exatamente isto: uma sequência ordenada de atos praticados em certos prazos, com vista à prolação de uma decisão, no mais curto lapso de tempo e com a maior economia de meios, possíveis.

O que chama à colação e exige, autorresponsabilidade, racionalidade e preclusão; mais a mais, reitera-se, numa tramitação processual de cariz urgentíssimo como é do PER."

Apesar de reverenciarmos a bondade do argumentário expendido que responsabiliza as partes e se coaduna com a natureza e o intuito dos instrumentos judiciais de recuperação de empresas, certo é que nos parece mais adequado do ponto de vista processual admitir a intervenção oficiosa do juiz, ainda que limitada estritamente aos casos manifestos de erro, traduzidos em situações evidentes e notórias de natureza factual ou jurídica[192] e resultantes da mera consulta do enunciado de credores respetivo ou de prova documental existente nos autos.

Este entendimento, que vai além da mera retificação de lapsos de escrita ou de cálculo a que alude o art. 249º do CC[193], encontra-se em linha com um

[192] A propósito do PEAP, o Ac. do Tribunal da Relação de Guimarães de 9/07/2020, Relatora ROSÁLIA CUNHA, Processo nº 1490/19.3T8VRL.G1, disponível para consulta em www.dgsi.pt, último acesso em 10/07/2022, sugere-nos exemplos de erros manifestos: "Imagine-se, por exemplo, que na lista de créditos constava que o valor era de 40 000 € e, no documento de confissão de dívida, constava que o valor era de € 45 000. Ou que o nome da credora continha um lapso. Este tipo de erros, por serem tão flagrantes e manifestos, sendo claramente detetáveis e resultantes da mera leitura dos documentos, têm de constituir exceção à enunciada regra geral de impossibilidade de alteração da lista definitiva pois parece-nos excessivamente formalista a solução contrária de não admitir a possibilidade desta correção oficiosa."

A estes exemplos acrescentaríamos ainda um outro que avulta da prática judiciária: a errónea classificação *jurídica* de um crédito. Por exemplo, a classificação do crédito de um trabalhador como comum, quando o mesmo à luz da lei laboral assume sempre, necessariamente, uma natureza privilegiada ou garantida (cf. art. 333º do Código do Trabalho).

[193] A norma em apreço traduz um princípio geral de Direito que se mostra aplicável a todos os erros de cálculo ou de escrita juridicamente relevantes, desde que ostensivos. Ou seja, aqueles que facilmente se detetem e se identifiquem como tais pelo e no seu contexto e que respeitem à expressão material da vontade e já não os que possam ter influenciado a formação

exercício ativo da função judicial[194], por força dos princípios subjacentes ao Código de Processo Civil (doravante designado abreviadamente por CPC), na redação que lhe foi dada na revisão de 2013[195]; bem como evidencia

dessa vontade, sendo manifestos os erros quando estes são de evidente deteção, isto é, quando as circunstâncias permitam a sua imediata identificação. Neste sentido, cf. Lima, Pires de/ Varela, Antunes, *Código Civil (...)*, p. 234; Cordeiro, António Menezes, *Tratado de Direito Civil Português*, I, Parte Geral, Tomo I, Coimbra, Almedina, 1999, p. 537 e, a mero título de exemplo jurisprudencial, o recente Ac. do Supremo Tribunal Administrativo de 21/05/2020, Relatora Ana Paula Portela, Processo nº 015/19.5BALSB, disponível para consulta em www.dgsi.pt, último acesso em 10/07/2022.

194 Não obstante a natureza urgente e simplificada do PER, João Aveiro Pereira defende que a aplicação subsidiária do Código de Processo Civil implica o cumprimento do princípio do juiz ativo, cf. *A revitalização (...)*, ob. cit., p. 41.

195 "O novo Código de Processo Civil apresenta uma plêiade de soluções que têm de comum a ideia de que o juiz deverá assumir a sua função judicante tendo em vista alcançar a verdade material, não se bastando com a mera verdade formal, o que, desde logo, impõe uma diferente forma de relacionamento com as partes e os seus mandatários. Deve dizer-se que a outorga e mesmo o reforço dos poderes conferidos ao juiz no sentido da direção activa do processo são inerentes, antes de mais, às próprias partes, pois o processo nasce por elas e por causa delas. (...) Todo o poder do juiz no processo é, em suma, instrumental deste axioma, o mesmo é dizer que todas as suas prerrogativas soberanas assumem uma natureza objetiva, devendo ser pautadas por critérios que estão acima da sua individual perspectiva, pois o fim do processo é e só pode ser o da justa composição do litígio. (...) Por outro lado, os diversos poderes conferidos ao juiz devem ser exercidos com efetividade, não sendo mais aceitável a ideia de que tais poderes, mais a mais quando susceptíveis de contenderem com o desfecho da lide, têm um carácter facultativo, ou não se tratasse sempre de poderes-deveres ou poderes funcionais cujo exercício nunca pode ficar na disponibilidade de cada juiz. (...) o nº 1 do art. 6º começa por assinalar que cumpre ao juiz «dirigir ativamente o processo», acrescentando ainda a alusão a «mecanismos de simplificação e agilização processual» e concluindo que tudo isso é norteado (logo, justificado) pelo seguinte critério: garantir «a justa composição do litígio em prazo razoável» (...) Além disso, ainda no nº 2 do art. 6º, podendo parecer um pormenor, mas querendo significar que a intervenção do juiz no domínio da gestão processual é algo inerente às suas funções e que não carece de nenhum impulso nesse sentido, é de notar que passou a constar que o juiz «providencia oficiosamente pelo suprimento», em vez de «providencia, mesmo oficiosamente, pelo suprimento», que caracterizava o nº 2 do art. 265º revogado. A formulação do art. 6º apresenta, pois, uma maior amplitude e também um maior densificação do que cada um dos preceitos que lhe estão subjacentes, sendo ainda de realçar a evolução (no código) de um poder de direcção para um dever de gestão. Por outro lado, ao falar-se em dever de gestão processual, e não em princípio de gestão processual, asseguram-se dois objectivos. Primeiro, fica clara a ideia de que o juiz está (mesmo) vinculado a bem dirigir o processo, sendo esta uma das vertentes que preenchem a sua actuação. Segundo, a ideia de que a gestão processual tem natureza instrumental face aos princípios estruturantes do processo." – Correia, João/Pimenta, Paulo/Castanheira, Sérgio, *Introdução ao Estudo*

a prevalência da justiça material sobre a justiça formal, que não pode, nem deve excluir os instrumentos de recuperação.

Assim, em síntese admitimos que no PEVE (à semelhança do PER ou do PEAP) o juiz possa *ex officio* determinar a correção da relação de credores, com fundamento em erro manifesto factual (de cálculo ou de escrita) ou jurídico, desde que cumpra previamente o respetivo exercício do contraditório junto da empresa e credores, a fim de evitar a prolação de uma decisão-surpresa[196].

Por sua vez, no caso do PEVE, e contrariamente ao admitido no PER, a empresa não pode impugnar a relação de credores.

Tal decorre do facto de não estarmos perante uma lista provisória de créditos, mas de um documento validado *a priori* pela própria empresa e por um contabilista certificado ou revisor oficial de contas, sempre que a revisão de contas seja legalmente exigida. Admitir que a empresa pudesse, nos mesmos termos dos credores, impugnar a relação de credores desrespeitaria o elemento literal da norma, que apenas confere o direito de impugnação àqueles, e simultaneamente constituiria um manifesto abuso de direito, na modalidade de *venire contra factum proprium*[197].

e Aplicação do Código de Processo Civil de 2013, Coimbra, Almedina, 2013, pp. 11, 23-24. Sobre o dever de gestão processual, cf. outrossim NEGRÃO, Fernando/OLIVEIRA, Paulo Rios de/CID, Nélia Monte, *O novo Código de Processo Civil comentado*, Lisboa, Quid Juris, 2013, pp. 24-25 e FERNANDEZ, Elizabeth, *Um novo Código de Processo Civil? Em busca das diferenças*, Porto, Vida Económica, 2014, pp. 45-45.

[196] Decisão-surpresa é a solução dada a uma questão que, embora previsível, não tenha sido configurada pela parte, sem que a mesma tivesse obrigação de a prever. No sentido de que uma decisão-surpresa constitui um vício próprio e autónomo que determina a nulidade dessa decisão por excesso de pronúncia (arts. 615º, nº 1, alínea. *d)*, 666º, nº 1, e 685º do Código de Processo Civil), cf. Sousa, Miguel Teixeira de, *Por que se teima em qualificar a decisão-surpresa como uma nulidade processual?*, disponível para consulta no Blog do Instituto Português de Processo Civil, https://blogippc.blogspot.com/2021/10/por-que-se-teima-em-qualificar-decisao.html, último acesso em 10/07/2022, e "CPC *online* – CPC: art. 1º a 58º", versão de 2021.10, pp. 4-5, disponível para consulta em https://drive.google.com/file/d/1Qrkj7KpwR-oC3n4DzvYQlkEbJoQcst0B/view, último acesso em 10/07/2022.

[197] Assim, cf., a propósito do PER, o Ac. do Tribunal da Relação de Coimbra de 21/04/2015, Relator HENRIQUE ANTUNES, Processo nº 84/14.4TBACB-B.C1, disponível para consulta em www.dgsi.pt, último acesso em 10/07/2022, quando refere que: "Age com abuso do direito, na modalidade de *venire contra factum proprium*, o devedor que impugna, com fundamento na sua inexistência, um crédito detido por quem, na petição inicial do procedimento de recuperação, indicou como seu credor e com o qual se propôs encetar negociações com vista à sua revitalização."

Os fundamentos de impugnação reproduzem tal qual os enunciados no nº 1 do art. 130º do CIRE[198], que disciplina a impugnação de créditos em sede de processo de insolvência[199].

Ou seja, o credor pode impugnar[200] a relação de credores peticionando:

a. a sua exclusão ou de terceiro, por não ser ou ter deixado de ser, entretanto, credor da empresa, ou contrariamente
b. a sua inclusão[201] ou de terceiro[201], por ter sido indevidamente excluso[202], ou

[198] "Os fundamentos da impugnação podem ser diversos, como se vê da parte final do nº 1 do artº 130º. Desde logo, em relação direta com a existência de duas listas de créditos, a impugnação pode fundar-se na indevida inclusão do crédito numa dessas listas. Tal significa que a impugnação pode ter como fundamento o facto de certo crédito constar da lista de créditos reconhecidos, quando devia constar na lista dos não reconhecidos. Correspondentemente, pode o fundamento da impugnação ser o de estar excluído da lista dos créditos reconhecidos quando dela devia constar. Para além disso, a impugnação pode ter como fundamento incorreções relativas ao crédito reconhecido, respeitantes ao seu valor ou às suas qualidades." – Fernandes, Luís Carvalho/ Labareda, João, *Código da Insolvência (...)*, ob. cit., p. 455.

[199] Até à entrada em vigor da Lei nº 9/2022, de 11 de janeiro, o regime do PER omitia a regulação expressa dos fundamentos de impugnação da lista provisória de créditos. Após tal alteração, o Direito da Insolvência português atual mostra uma conformidade absoluta, porquanto os fundamentos de impugnação da lista provisória em PER, em PEAP, da lista de credores reconhecidos no processo de insolvência e da relação de credores no PEVE são, exatamente, os mesmos. Não obstante, na lei pretérita já se defendia, em sede de PER, que não prevendo a lei uma forma própria para as impugnações estas deveriam ser realizadas nos termos estabelecidos no nº 1 do art. 130º do CIRE. Nesse sentido, cf. Martins, Luís M., *Recuperação de pessoas singulares*, vol. I, 2ª Edição, Coimbra, Almedina, 2012, p. 41; Assunção, Elisabete, *Impugnação (...)*, ob. cit., p. 53 e Ac. do Tribunal da Relação de Lisboa de 9/05/2013, Relatora Ondina Carmo Alves, Processo nº 2134/12.0TBCLD-B.L1-2, disponível para consulta em www.dgsi.pt, último acesso em 10/07/2022.

[200] "(...) fica na disponibilidade do credor impugnar a relação, para intervir, assumindo o ónus da sua vinculação em caso de procedência da impugnação." – Dinis, David Sequeira/ Casanova, Nuno Salazar/Nunes, Raquel Cardoso, *O processo (...)*, ob. cit., p. 97.

[201] Defendendo que a impugnação de créditos pode servir como uma fase de reclamação de créditos, referem David Sequeira Dinis, Nuno Salazar Casanova e Raquel Cardoso Nunes que "Apesar de a lei não prever uma fase de reclamação de créditos para o PEVE, a impugnação a que alude o artigo 9º, nº 1 pode servir para esse propósito. A nosso ver, mesmo que um credor não tenha subscrito o acordo e não esteja arrolado na relação de credores, pode impugnar esta relação com fundamento na sua indevida exclusão. Esta conclusão tem suporte no elemento literal da lei, mas também no espírito da mesma. Aliás, é a única solução coerente com a vocação quasi universal do PEVE. Não faria sentido que um credor não subscritor e não arrolado não pudesse tomar as diligências necessárias para

c. requerer a correção do montante ou classificação do seu crédito, nos termos do disposto no art. 47º do CIRE.

A exclusão de um credor no âmbito do PEVE releva em duas dimensões distintas: por um lado, há imediata repercussão na composição das maiorias legais de aprovação do acordo extrajudicial; por outro, significa que o credor não fica abrangido pelo efeito vinculativo do acordo de viabilização, em caso de homologação judicial.

Com efeito, à luz do disposto no nº 9 do art. 9º da Lei nº 75/2020, a decisão de homologação vincula a empresa, os credores subscritores do acordo e os credores constantes da relação de credores, mesmo que não hajam participado na negociação extrajudicial, relativamente aos créditos constituídos à data em que foi proferido o despacho de abertura do PEVE, correspondente ao despacho de nomeação do AJP.

Isto é, contrariamente ao PER que tem um efeito vinculativo de âmbito ou vocação universal[204] – a decisão de homologação vincula a empresa e os credores, mesmo que não hajam reclamado os seus créditos ou participado nas negociações, relativamente aos créditos constituídos à data em que foi proferida o despacho de abertura – o PEVE tem um efeito vinculativo muito mais restrito abrangendo, apenas, quem subscreva o acordo, quem conste da relação de credores definitiva ou quem, após prolação da

"entrar" no PEVE – que implicará a reestruturação do seu devedor –, pois é evidente que o mesmo poderá – e algumas vezes terá – interesse em participar no PEVE para defender os seus interesses." – *O processo (...)*, p. 94.

202 Nesse sentido, David Sequeira Dinis, Nuno Salazar Casanova e Raquel Cardoso Nunes alegam a este respeito que "Se existem dois credores comuns e apenas um é incluído na relação de credores, então apenas esse será afetado pelos termos do acordo, i.e., apenas esse ficará vinculado pelas medidas previstas no acordo de viabilização (que podem incluir, entre outros, perdões ou moratórias), gerando uma situação de potencial desigualdade face àquele que não foi relacionado (e que, portanto, fica à margem do acordo e imune aos seus efeitos). Impõe-se, pois, que o credor incluído na relação de créditos possa impugnar a relação de credores, requerendo que o outro credor comum seja incluído na relação de credores." – *O processo (...)*, p. 92.

203 "(...) ao permitir que os credores excluídos possam, em sede de impugnação, pugnar pela sua intervenção, o legislador admite uma espécie de "reclamação encapotada", ou seja, que a impugnação da lista permita alcançar os mesmos fins visados em geral pela reclamação de créditos em sede de PER." – Dinis, David Sequeira/ Casanova, Nuno Salazar/ Nunes, Raquel Cardoso, *O processo (...)*, p. 92.

204 Cf. nº 11 do art. 17º-F do CIRE.

decisão de homologação, utilize o mecanismo de adesão a que se refere o art. 10º da Lei nº 75/2020, que adiante melhor analisaremos.

Por sua vez, a inclusão de um credor, a alteração do montante reconhecido ou até da sua qualificação jurídica tem outrossim impacto na formação das maiorias de aprovação, atento o disposto no nº 5 do art. 17º-F do CIRE *ex vi* da subalínea *i)* da alínea *b)* do nº 4 do art. 9º da Lei nº 75/2020. Sendo que como bem salientam David Sequeira Dinis, Nuno Salazar Casanova e Raquel Cardoso Nunes[205], que secundamos, "*os credores não incluídos pretendem muitas vezes algum tipo de reconhecimento judicial do seu crédito. A impugnação da relação de créditos do PEVE poderá servir esse desiderato, porquanto – ainda que não faça caso julgado relativamente à existência do crédito – tem um efeito persuasório relevante. Por outro lado, o credor não relacionado cujo crédito, a ser reconhecido, possa inviabilizar a homologação do acordo, poderá pretender servir-se da reclamação como forma de negociar o reconhecimento do seu crédito pelo devedor a troco da não oposição à homologação do acordo. Por último, os problemas levantados pelas recuperações e reestruturações empresariais não se limitam aos efeitos jurídicos que as mesmas impõem diretamente aos credores, mas também – e quiçá primacialmente – às concretas medidas de recuperação empresarial a implementar, ao futuro plano de negócios e ao rumo a dar ao negócio. Basta ver que determinado credor, ainda que não juridicamente afetado pelo acordo (por exemplo, por não ficar vinculado a qualquer perdão, plano de pagamentos ou moratória), será sempre economicamente afetado com as medidas económicas e decisões de gestão plasmadas no acordo de reestruturação, desde logo porque as mesmas poderão impactar na perspetiva de recuperação dos seus créditos. Por exemplo, de que vale a um determinado credor comum ficar à margem do PEVE, se este estipular medidas que podem colocar em causa, a prazo, a capacidade da empresa de pagar os seus créditos? É evidente que todos os credores devem poder intervir neste tipo de casos.*"

Aqui chegados, importa, então, questionar da admissibilidade das respostas às impugnações.

O regime jurídico do PEVE omite, em absoluto, a possibilidade de resposta às impugnações, pelo que se entende que tal deverá ser a regra[206].

[205] Cf. *O processo (...)*, ob. cit., p. 95.

[206] Neste sentido, cf. Dinis, David Sequeira/ Casanova, Nuno Salazar/ Nunes, Raquel Cardoso, *O processo (...)*, ob. cit., p. 96. Por sua vez, em sede do PER, a maioria da doutrina avalizada tem entendido que não há lugar a resposta às impugnações. Nesse sentido, cf. Pereira, João Aveiro, *A revitalização (...)*, ob. cit., p. 41; Casanova, Nuno Salazar/Dinis, David Sequeira, *PER (...)*, ob. cit., p. 78; Fernandes, Carvalho/Labareda, João, *Código*

Não obstante, em homenagem ao princípio do contraditório[207] e à semelhança do PER, em linha com o propugnado por FÁTIMA REIS SILVA[208] e NUNO GUNDAR DA CRUZ[209] a respeito desse processo, admite-se como possível um contraditório muito limitado.

Com efeito, defendemos que o juiz pode em situações específicas *sub judicio*, ao abrigo do dever de gestão processual ordenar a notificação da empresa e do credor impugnado para responder às impugnações. Tais situações excecionais estarão necessariamente relacionadas com os fundamentos (mais) complexos da impugnação, o valor do crédito impugnado, designadamente a sua expressão ou impacto no universo de credores da empresa e, consequente, relevância para a formação de maiorias de aprovação.

Tratando-se, por exemplo, de um crédito sem expressão numérica no universo de credores ou cujos fundamentos de impugnação se revelem de manifesta simplicidade, parece-nos evidente que prevalecerá o regime-regra e, portanto, não deverá haver lugar a resposta às impugnações.

da Insolvência (...), ob. cit., p. 157; SERRA, Catarina, *Lições (...)*,ob. cit., p. 406; LEITÃO, Luís Manuel Teles de Menezes, *A recuperação (...)*, ob. cit., p. 49; EPIFÂNIO, Maria do Rosário, *Manual (...)*, ob. cit., p. 481. De forma isolada, e a partir de uma certa *praxis* judiciária, ELISABETE ASSUNÇÃO defende que "independentemente das tomadas de posição sobre a existência dessas notificações para o efeito referido, existem, desde logo, quando o processo é submetido ao despacho do juiz, articulados de resposta, juntos pelos interessados, porque, entretanto, os mandatários se notificaram entre si. Ora, quando esses articulados de resposta surgem já nos autos, e não obstante a tomada de uma ou outra das referidas posições, entendo que deverão ser considerados e apreciados." – *Impugnação (...)*, ob. cit., p. 55.

[207] "O direito de defesa e o princípio do contraditório constituem uma decorrência do direito de acesso aos tribunais e a um processo equitativo julgado por um órgão imparcial e independente. (...) Segundo o Tribunal Constitucional, do conteúdo do direito de defesa e do princípio do contraditório resulta, prima facie, que cada uma das partes deve poder exercer uma influência efectiva no desenvolvimento do processo, devendo ter a possibilidade, não só de apresentar as razões de facto e de direito que sustentam a sua posição antes de o tribunal decidir questões que lhes digam respeito, mas também de deduzir as suas razões, oferecer as suas provas, controlar as provas do adversário e tomar posição sobre o resultado de umas e outras (Acs. nº 1185/96 e 1193/96). A jurisprudência adopta, assim, um entendimento amplo de contraditório, entendido "como garantia da participação efectiva das partes no desenvolvimento de todo o litígio, mediante a possibilidade de, em plena igualdade, influírem em todos os elementos (factos, provas, questões de direito) que se se encontrem em ligação com o objecto da causa e que em qualquer fase processo apareçam como potencialmente relevantes para a decisão" (Lebre de Freitas, Introdução ao Processo Civil, págs. 108 e 109).", MIRANDA, Jorge/MEDEIROS, Rui, em *Constituição (...)*, ob. cit., pp. 442-443.

[208] *Processo Especial (...)*, ob. cit., p. 41.

[209] *Processo Especial (...)*, ob. cit., pp.56-57.

No que concerne aos meios de prova admissíveis na fase de impugnação de créditos, constatamos que, de certa forma, o legislador assumiu posição na discussão doutrinária[210] e jurisprudencial[211] existente em torno do PER (e também do PEAP) ao consagrar que, no âmbito do PEVE, o único meio de prova admissível é a prova documental[212], que os impugnantes devem carrear para os autos (alínea *a)* do nº 4 do art. 9º da Lei nº 75/2020)

[210] No sentido de que no âmbito da impugnação de créditos no PER devem ser admitidos meios de prova além da documental, cf. CASANOVA, Nuno Salazar/ DINIS, David Sequeira, *PER (...)*, ob. cit., p. 78 e SERRA, Catarina, *Lições (...)*, ob. cit., pp. 406-409. Em sentido contrário – defendendo como única prova possível, a documental – cf. SILVA, Fátima Reis, *Processo (...)*, ob. cit., p. 46; FERNANDES, Luís Carvalho/LABAREDA, João, *Código da Insolvência (...)*, ob. cit., p. 154, nota 11 e EPIFÂNIO, Maria do Rosário, *Manual (...)*, ob. cit., pp. 482.

[211] No sentido de que no PER, as impugnações da lista provisória de créditos admitem outra prova que não a documental, *maxime* a prova testemunhal, cf. os Acs. do Tribunal da Relação de Évora de 5/11/2015, Relator FRANCISCO MATOS, Processo nº 696/15.9T8STR-A.P1; do Tribunal da Relação de Guimarães de 26/06/2014, Relatora MANUELA FIALHO, Processo nº 180/14.8TBBRG-A.G1; do Tribunal da Relação de Guimarães de 2/05/2016, Relator FERNANDO FERNANDES FREITAS, Processo nº 5180/15.8T8VNF.G1. Contrariamente, o Ac. do Tribunal da Relação de Guimarães de 9/02/2017, Relator JOSÉ CRAVO, Processo nº 3820/15.8T8VNF-B.G1, decidiu que a "produção de prova – testemunhal e realização de diligências – é incompatível com a natureza e orgânica do PER, de onde resulta de forma evidente a intenção do legislador de obter uma decisão rápida que não se compadece com a produção de qualquer outra prova que não seja a documental junta aos autos com as impugnações e eventuais respostas bem como do parecer do Administrador Judicial Provisório." Outrossim, cf. Acs. do Tribunal da Relação do Porto de 24/03/2015, Relatora MARIA GRAÇA MIRA, Processo nº 353/14.3TBAMT.P1; do Tribunal da Relação de Guimarães de 1/06/2015, Relator JORGE TEIXEIRA, Processo nº 3066/14.2T8GMR-A.G1, de 15/03/2016, Relator HEITOR GONÇALVES, Processo nº 1947/15.5T8CHV-A.G1, de 29/06/2017, Relatora RITA ROMEIRA, Processo nº 6977/16.7T8VNF-A, de 10/07/2019, Relator ANTÓNIO FIGUEIREDO DE ALMEIDA, Processo nº 2253/18.9T8VNF.G1; do Tribunal da Relação de Lisboa de 29/05/2014, Relator TOMÉ RAMIÃO, Processo nº 723/13.4TYLSB.L1-6 e de 12/07/2018, Relatora ROSÁRIO GONÇALVES, Processo nº 70/18.5T8RGR-A.L1-1; do Tribunal da Relação de Coimbra de 17/06/2014, Relator FERNANDO MONTEIRO, Processo nº 728/13.5TBSCD-A.C1, de 20/06/2014, Relator ARLINDO OLIVEIRA, Processo nº 3106/13.2TBVIS-A.C1 e de 16/02/2016, Relatora MARIA DOMINGAS SIMÕES, Processo nº 4751/15.7T8VIS-B.C1. Todos os acórdãos estão disponíveis para consulta em www.dgsi.pt, último acesso em 10/07/2022.

[212] "Tal como as outras opções, esta limitação encontra a sua razão de ser, mais uma vez, na celeridade especial do PEVE – no objetivo de não alongar excessivamente o processo" – SERRA, Catarina, *O processo extraordinário (...)*, ob. cit., p. 2055. Por sua vez, DAVID SEQUEIRA DINIS, NUNO SALAZAR CASANOVA e RAQUEL CARDOSO NUNES consideram que a consagração da prova documental como único meio de prova admissível é "justificado e consentâneo com a estrutura e objetivos do PEVE." – *O processo (...)*, ob. cit., p. 92.

excluindo-se assim *a contrario* todos os demais meios de prova indicados no Título V do CPC, aplicável *ex vi* nº 7 do art. 7º da Lei nº 75/2020.

Não obstante a clareza do regime probatório em apreço, o mesmo pode suscitar algumas questões de índole prática que importa ponderar.

Caso um credor coloque em crise a sua inclusão na relação de credores, por o crédito se mostrar, entretanto, extinto, bastar-lhe-á juntar, para o efeito, prova documental bastante que ateste a quitação da dívida.

Da mesma forma, um credor indevidamente excluído da relação de credores que pretenda integrá-la bastará carrear para o processo documentos que demonstrem a existência do seu crédito, *v.g.* cópia do contrato ou faturas.

E quando um credor pretender contestar a inclusão na lista *certificada* de um credor terceiro – *maxime* um credor que tenha subscrito o acordo de viabilização a homologar – designadamente por questionar a existência do seu crédito? Que prova documental está o mesmo em condições de carrear para o processo?

A resposta parece situar-se no âmbito da chamada *probatio diabolica.* Decorre da natureza das coisas que um qualquer credor-impugnante que conteste a qualidade de credor de um terceiro não possuirá, à partida, elementos documentais que suportem a sua pretensão[213].

Com efeito, em condições de normalidade a relação obrigacional entre credor e devedor não assume pública aparência. Ou seja, não transparece, nem se manifesta para os demais, pelo que, em princípio, nenhum credor terá na sua posse documentos que demonstrem a existência ou inexistência de um crédito de terceiro, tornando tal pretensão aparentemente impossível de provar.

A que mecanismo processual poderá, então, nestes casos recorrer o credor impugnante?

Nos termos do disposto no nº 10 do art. 17º-D do CIRE, relativo ao PER e aplicável ao PEVE *ex vi* do nº 7 do art. 6º da Lei nº 75/2020, durante as negociações os intervenientes devem atuar de acordo com os princípios

[213] "Parece, na verdade, que a estrutura processual do PEVE não permite aos credores exercerem um controlo efetivo sobre a exatidão da relação de credores, o que provavelmente resulta de uma confiança porventura ingénua no rigor e boa fé dos gerentes e administradores do devedor e no contabilista ou revisor oficial de contas que subscreve a relação de créditos nos termos da alínea *c)* do nº 1 do artigo 7º." – Dinis, David Sequeira/ Casanova, Nuno Salazar/ Nunes, Raquel Cardoso, *O processo (...)*, ob. cit., p. 91.

orientadores[214] aprovados pela Resolução do Conselho de Ministros (RCM) nº 43/2011, de 25 de outubro[215].

Os onze princípios resultam de um trabalho conjunto dos Ministérios das Finanças, da Justiça, da Economia e do Emprego e da Solidariedade e Segurança Social e foram desenvolvidos tendo em conta as boas práticas e recomendações internacionais existentes nesta matéria, nomeadamente o *Statement of Principles for a Global Approach to Multi-Creditor Workouts*[216], publicado em outubro de 2000 pela INSOL International[217], e as soluções internacionais, nomeadamente europeias, adotadas nos anos mais recentes.

Ora, nos termos do sétimo princípio orientador, o devedor deve adotar uma postura de absoluta transparência durante o período de suspensão, partilhando toda a informação relevante sobre a sua situação, nomeadamente a respeitante aos seus ativos, passivos, transações comerciais e previsões da evolução do negócio.

214 Filipa Gonçalves considera louvável e positiva a iniciativa de criação de princípios orientadores, mas considera essa solução limitada, por um lado pela força jurídica do documento que os prevê e, por outro, pela sua própria designação, que os configura (apenas) como princípios orientadores, não vinculativos, cf. *O processo (...)*, ob. cit., p. 53. Sem ignorarmos a natureza jurídica do ato que corporiza os princípios orientadores, certo é que os mesmos ganham natureza vinculativa no âmbito do PER por força do disposto no art. 17º-D, nº 10 do CIRE, que estatui expressamente que durante as negociações os intervenientes devem atuar de acordo com aqueles princípios. No sentido de que esses princípios são um contributo para a concretização do princípio (geral) da boa fé, cf. Oliveira, Nuno Manuel Pinto, *Entre Código da Insolvência e «Princípios Orientadores»: um dever de (re)negociação?*, em "Revista da Ordem dos Advogados", Ano 72, Vol. II/III, abril-setembro, 2012, p. 685, disponível para consulta em https://portal.oa.pt/upl/%7B2f498f08-da7b-4429-aa27-16b7eea28abc%7D.pdf, último acesso em 10/07/2022.

215 A RCM nº 43/2011, que aprovou os princípios orientadores da recuperação extrajudicial de devedores, constitui a satisfação de uma obrigação resultante do memorando de entendimento celebrado entre a República Portuguesa e o Banco Central Europeu, a União Europeia e o Fundo Monetário Internacional no quadro do programa de auxílio financeiro a Portugal, no sentido de definir «*princípios gerais de reestruturação voluntária extra judicial em conformidade com boas práticas internacionais*», cuja versão em língua portuguesa pode ser consultada em https://www.imf.org/external/np/loi/2011/prt/por/051711p.pdf, último acesso em 10/07/2022.

216 Cuja versão em língua inglesa pode ser consultada em https://original.insol.org/_files/Publications/StatementOfPrinciples/Statement%20of%20Principles%20II%2018%20April%202017%20BML.pdf, último acesso em 10/07/2022.

217 Assim, cf. Serra, Catarina, *Emendas (...)*, ob. cit., p. 131; Serra, Catarina, *O regime português da insolvência*, Coimbra, Almedina, 2012, ob. cit., p. 190; Gonçalves, Filipa, *O processo (...)*, ob. cit., pp. 52-53.

Trata-se, na verdade, da concretização de um dever de transparência da empresa.

A propósito da transparência como característica do PER [*a fortiori* também do PEVE] refere Catarina Serra[218] que "*a transparência implica a disponibilização e a circulação da informação por todos os sujeitos intervenientes no processo. A regra fundamental é a de que todos os documentos relevantes devem ser patenteados e/ou publicados e que todas as informações relevantes devem ser prestadas aos intervenientes de forma a que todos os sujeitos possam ter uma participação esclarecida. Os deveres de informação fundamentais impendem principalmente sobre a empresa. Ela deve, logo de início, apresentar vários documentos ao tribunal, entre os quais uma relação de todos os seus credores [cfr. art. 24º, ex vi do art. 17º-C, nº 3, al. b)], e comunicar, por carta registada, a todos os seus credores que deu início às negociações e convidá-los a participar nas negociações (cfr. art. 17º-D, nº 1). Sobre ela impende ainda um dever de informação geral para com todos os seus credores, sob pena de incursão em responsabilidade civil (cfr. art. 17º-D, nº 6 e 11).*"

Resulta, assim, do exposto que um devedor, *maxime* uma empresa, deverá nas negociações extrajudiciais que encete com os seus credores e nos, eventuais, subsequentes processos formais de recuperação de empresas proceder de forma transparente, partilhando *toda* a informação relevante, designadamente a referente ao seu ativo, passivo e negócios subjacentes[219].

Por sua vez, em linha com o sobredito, a referência legal à prova documental como único fundamento possível para demonstração do alegado em sede de impugnação da relação de credores, permite que o impugnante possa, querendo, lançar mão do recurso previsto no nº 1 do art. 429º do CPC, *ex vi* do nº 7 do art. 6º da Lei nº 75/2020, a saber: requisição de documentos em poder da parte contrária[220].

[218] *Lições (...)*, ob. cit., p. 335.

[219] Propugnando que os credores podem solicitar ao devedor que, antes de terminado o prazo de 15 dias para a impugnação de créditos, este lhes faculte informação e documentação sobre determinados créditos relacionados, cf. Dinis, David Sequeira/ Casanova, Nuno Salazar/ Nunes, Raquel Cardoso, *O processo (...)*, ob. cit., p. 92.

[220] "Manifestação do princípio geral da cooperação material no campo da instrução do processo (...) o preceito tem em vista a prova de factos desfavoráveis ao detentor do documento, que por isso é notificado, a requerimento da parte contrária, para o apresentar; pressupondo que o requerente não pode, por ele, obter o documento (...)" – Freitas, José Lebre de/ Machado, Montalvão, A./ Pinto, Rui, *Código de Processo Civil Anotado*, Volume 2º, 2001, Coimbra Editora, p. 431. Em sentido idêntico, cf. Reis, Alberto dos, *Código de Processo Civil Anotado*, Volume IV, 3ª Ed. 1951, Reimpressão, 2007, Coimbra, Coimbra Editora, p. 38.

De facto, o credor impugnante poderá requerer[221] que a empresa – única parte contrária para este efeito[222] – seja notificada para apresentar, dentro do prazo que for designado, o(s) documento(s) que provem o crédito impugnado, identificando quanto possível os documentos (contratos escritos, faturas, balancetes, etc) e especificando os factos que com ele(s) quer provar, sendo que se estes tiverem interesse para a decisão da causa, é ordenada a notificação[223] (nº 2 do art. 429º do CPC).

Nos termos do disposto no art. 430º do CPC se a empresa não apresentar o documento, é-lhe aplicável o disposto no nº 2 do art. 417º daquele Código: há lugar à condenação em multa da recusante, sendo que o tribunal aprecia livremente o valor da recusa para efeitos probatórios[224], sem

[221] Aparentemente discordando deste entendimento, cf. DINIS, David Sequeira/ CASANOVA, Nuno Salazar/ NUNES, Raquel Cardoso, *O processo (...)*, ob. cit., p. 92.

[222] Na falta de uma fase formal de reclamação de créditos no PEVE, os credores constantes da relação não podem, *rectius* não devem, ser considerados partes contrárias num cenário de demonstração probatória da existência dos créditos relacionados, uma vez que os mesmos não tiveram qualquer impulso processual no sentido de constarem da relação de credores da empresa, sendo terceiros para esse efeito. Com efeito, no PEVE apenas a empresa (e o contabilista certificado ou revisor oficial de contas, que a subscrevem) é responsável pelo teor da relação de credores. Havendo necessidade de demonstração documental dos créditos listados tal ónus incumbirá, apenas, à empresa e não aos credores elencados na relação. Contrariamente, no PER, a lista provisória de créditos é produto de três fontes: da relação de credores junta pela empresa com o requerimento inicial, das reclamações de créditos dos credores, no prazo legal de 20 dias que têm para o efeito, e do conhecimento que o administrador judicial provisório tenha do universo de credores da empresa.

[223] "Ao juiz cabe controlar a pretensa idoneidade do documento para a prova de factos de que o requerente tem o ónus da prova, ou que possam infirmar a prova de factos de que o detentor do documento tem o ónus, razão por que o requerente deve identificar, na medida do possível, o documento e especificar os factos que com ele quer provar." – FREITAS, José Lebre de/ MACHADO, Montalvão, A./ PINTO, Rui, *Código (...)*, ob. cit., p. 431. Por sua vez, referia ALBERTO DOS REIS que "O juiz ou defere o requerimento ou o indefere. O art. 552º manda ordenar a notificação, e portanto deferir, quando os factos estiverem compreendidos no questionário ou satisfizerem aos requisitos necessários para o ser; donde se infere que deve indeferir o requerimento na hipótese inversa. Temos, pois, um fundamento nítido de indeferimento. (...) Além da circunstância apontada (não estarem os factos compreendidos no questionário nem em condições de o ser) pode o juiz indeferir o requerimento se entender que a pretensão do requerente não tem razão de ser; é o caso de a parte pretender a junção de documento que ela própria possa obter." – *Código (...)*, ob. cit., pp. 39-40.

[224] "A norma que, criticavelmente, os tribunais pouco têm aplicado, está em consonância com a do art. 357-2 CC, que sujeita à livre apreciação judicial a conduta omissiva da parte que for notificada para depor ou prestar informações ou esclarecimentos. Em paralelismo

prejuízo da inversão do ónus da prova decorrente do preceituado no nº 2 do art. 344º do CC.

Com efeito, *"o comportamento do recusante pode, mais drasticamente, determinar, quando verificado o condicionalismo do art. 344-2 CC, a inversão do ónus da prova. Tal acontece quando a recusa impossibilita a prova do facto a provar, a cargo da contraparte, por não ser possível consegui-la com outros meios de prova, já por a lei o impedir (...)"*[225], como sucede no PEVE.

Em síntese, a mera não apresentação de prova documental bastante que ateste a existência do crédito relacionado poderá, no limite, determinar a exclusão do crédito impugnado da relação de credores certificada.

Caso a empresa declare que não possui o documento, o credor impugnante é admitido a provar, por qualquer meio, que a declaração não corresponde à verdade, incumbindo, então, à empresa que haja possuído o documento e que pretenda eximir-se ao efeito previsto no nº 2 do art. 344º do CC demonstrar que, sem culpa sua, ele desapareceu ou foi destruído (cf. art. 431º do CPC[226]).

Este procedimento introduzirá, necessariamente, perturbação processual no contexto de particular celeridade[227] que o PEVE preconiza, uma vez que impedirá o juiz de conhecer, de imediato, das impugnações, conforme impõe o nº 4 do art. 9º da Lei nº 785/2020, havendo que proceder à tramitação acima descrita.

Não obstante, a abertura deste incidente processual de índole probatória, que não se encontra expressamente previsto na Lei nº 75/2020, é,

com a substituição da anterior ficta confessio por esta livre valoração da conduta do (não) depoente de parte (ver o nº 2 da anotação ao art. 554), a nossa lei processual substituiu assim a rígida cominação da 1ª parte do corpo do art. 553 do CPC de 1939 e do art. 549-1 da versão originária do Código, consistente na prova automática dos factos que, através do documento, se pretendia provar, sempre que a parte não juntasse o documento e não fizesse qualquer declaração, confessasse que o possuía e se recusasse a juntá-lo ou declarasse que o documento se encontrava em determinado lugar ou em poder de terceiro e se verificasse que a declaração era falsa." – FREITAS, José Lebre de/ MACHADO, Montalvão, A./ PINTO, Rui, *Código (...)*, ob. cit., p. 432.

225 FREITAS, José Lebre de/ MACHADO, Montalvão, A./ PINTO, Rui, *Código (...)*, ob. cit., p. 440.

226 Este regime deverá, naturalmente, ser objeto das devidas adaptações – reduzido ao mínimo – considerando a natureza urgentíssima do PEVE, que não se compadece com procedimentos demasiado morosos que coloquem em crise essa característica essencial do processo em apreço.

227 Sobre o valor jurídico relativo e adequação processual do princípio da celeridade no PER, cf. SERRA, Catarina, *O processo especial de revitalização na jurisprudência*, ob. cit., pp. 18-22.

no nosso entender, a única forma de assegurar o direito à prova[228] do credor que pretenda adversar a relação certificada apresentada pela empresa, visando a supressão de um credor terceiro.

[228] O direito à prova constitui uma trave estruturante do processo, num Estado de Direito democrático, conformando a relação jurídico-processual, que realiza o princípio da tutela jurisdicional efetiva e as condições de acesso ao Direito, tutelados no artigo 20º da Constituição, mostrando-se igualmente incluso no conceito de processo equitativo, previsto no nº 4 do artigo 20º da Constituição e no artigo 6º da Convenção Europeia dos Direitos do Homem. A respeito referem Jorge Miranda e Rui Medeiros que "no que à produção de prova se refere, o Tribunal Constitucional tem entendido que um tal direito não implica necessariamente a admissibilidade de todos os meios de prova permitidos em direito em qualquer tipo de processo e independentemente do objecto do litígio e não exclui em absoluto a introdução de limitações quantitativas na produção de certos meios de prova. Todavia, as limitações à produção de prova não podem ser arbitrárias ou desproporcionadas (Acs. nº 209/95, 604/95 e 681/06). (...) Conclusão análoga pode aplicar-se perante normas que apenas admitem prova documental, quando, em concreto, se verifica que o interessado só dispõe da possibilidade de lançar mão de outros meios de prova" – *Constituição da República Portuguesa Anotada*, Tomo I, 2ª Edição revista, actualizada e ampliada, Wolters Kluwer Portugal/Coimbra Editora, 2010, pp. 443-444. Por sua vez, Gomes Canotilho e Vital Moreira mencionam que "o direito de acção ou direito de agir em juízo terá de efectivar-se através de um processo equitativo. O processo, para ser equitativo, deve, desde logo, compreender todos os direitos – direito de acção, direito ao processo, direito à decisão, direito à execução da decisão jurisdicional – atrás referidos (cfr. anot. X). Todo o processo – desde o momento de impulso da acção até o momento da execução – deve estar informado pelo princípio da equitatividade, através da exigência do processo equitativo (que já resultava de várias disposições constitucionais, mas que a LC nº 1/97 deu autonomia e carácter principal). O due process positivado na Constituição portuguesa deve entender-se num sentido amplo, não só como um processo justo na sua conformação legislativa (exigência de um procedimento legislativo devido na conformação do processo), mas também como um processo materialmente informado pelos princípios materiais da justiça nos vários momentos processuais. A densificação do princípio de processo equitativo pressupõe a análise dos dados jurisprudenciais, desempenhando aqui um papel de relevo a jurisprudência do Tribunal Europeu dos Direitos do Homem em torno do art. 6º da Convenção Europeia dos Direitos do Homem (CEDH), onde se consagrou expressamente o direito ao processo equitativo. O significado básico da exigência de um processo equitativo é o da conformação do processo de forma materialmente adequada a uma tutela judicial efectiva. (...) A doutrina e a jurisprudência têm procurado densificar o princípio do processo equitativo através de outros princípios: (1) direito à igualdade de armas ou direito à igualdade de posições no processo, com proibição de todas as discriminações ou diferenças de tratamento arbitrárias; (2) o direito de defesa e o direito ao contraditório traduzido fundamentalmente na possibilidade de cada uma das partes invocar as razões de facto e de direito, oferecer provas, controlar as provas da outra parte, pronunciar-se sobre o valor e resultado destas provas; (3) direito a prazos razoáveis de acção ou de recurso, proibindo-se prazos de caducidade exíguos do direito de acção ou de recurso (cfr. AcTC nº 148/87); (4) direito à fundamentação das decisões; (5) direito à decisão em tempo razoável; (6) direito

Nesse sentido, salienta MARCO CARVALHO GONÇALVES[229] que "*o direito à prova implica, desde logo, que a parte tenha a possibilidade de requerer que sejam juntos ao processo documentos que se encontrem na posse da parte contrária ou de terceiros, designadamente quando esses documentos sejam imprescindíveis para a demonstração da realidade dos factos. Semelhante direito tem o seu correlativo no dever de cooperação para a descoberta da verdade material, segundo o qual todas as pessoas, independentemente de serem ou não partes na causa, têm a obrigação de colaborar entre si, tendo em vista a descoberta da verdade material. Por conseguinte, se a parte carecer de documentos que se encontrem em poder da parte contrária ou de um terceiro, o tribunal, se reconhecer a dificuldade da parte na obtenção desses documentos e se entender que essa prova poderá ser importante para a descoberta da verdade material, deve notificar a parte contrária ou o terceiro para que estes juntem ao processo os documentos em causa. O direito à obtenção de documentos que se encontrem na posse da parte contrária ou de um terceiro pressupõe, igualmente, quer a faculdade de o requerente demonstrar a existência desses documentos nos casos em que a parte contrária ou o terceiro invoquem a sua existência – já que, caso contrário, esse direito resultaria esvaziado de qualquer efetividade – quer a possibilidade de o tribunal impor sanções e cominações à parte contrária ou ao terceiro que, de forma injustificada, recuse a entrega dos documentos.*"

6. Dos pedidos de não homologação

Quanto ao direito do credor[230] de requerer a não homologação do acordo de viabilização o mesmo opera no âmbito de aplicação dos arts. 215º e 216º do CIRE, com as devidas adaptações (nº 1 do art. 9º da Lei nº 75/2020).

ao conhecimento dos dados processuais; (7) direito à prova, isto é, à apresentação de provas destinadas a demonstrar e provar os factos alegados em juízo; (8) direito a um processo orientado para a justiça material sem demasiadas peias formalísticas." – *Constituição da República Portuguesa Anotada*, Volume I, 4ª Edição Revista, Coimbra Editora, 2007, pp. 415-416.

229 *Direito a um processo equitativo e público*, em "Comentário da Convenção Europeia dos Direitos Humanos e dos Protocolos Adicionais", Volume II (org. Paulo Pinto de Albuquerque), Universidade Católica Editora, p. 949. Neste sentido, cf. caso do TEDH *K. H. e Outros c. Eslováquia*, nº 32881/04, de 28 de abril de 2009, disponivel para consulta em https://www.refworld.org/cases,ECHR,4a1bc8942.html, último acesso em 10/07/2022.

230 No sentido de que o credor subscritor do acordo não poderá solicitar a não homologação por já se ter vinculado ao mesmo, celebrando negócio jurídico válido com a empresa, ainda que ineficaz até ser homologado, configurando essa eventual situação como sendo de falta de interesse em agir, cf. DINIS, David Sequeira/ CASANOVA, Nuno Salazar/ NUNES, Raquel Cardoso, *O processo (...)*, ob. cit., p. 93. Outrossim, CAMPOS, Luís, *A recuperação (...)*, ob. cit., p. 16, nota nº 17. De igual forma, acrescentaríamos ainda que um eventual pedido de não

No âmbito da violação não negligenciável[231] de regras procedimentais ou das normas aplicáveis ao conteúdo do acordo de viabilização, qualquer que seja a sua natureza e ainda quando, no prazo razoável que estabeleça, não se verifiquem as condições suspensivas do acordo ou não sejam praticados os atos ou executadas as medidas que devam preceder a homologação – violação grave da lei[232] – ou então no domínio da prejudicialidade ou favorecimento injustificado de uns credores em detrimento de outros

homologação por parte de um credor subscritor do acordo constituiria necessariamente uma situação de abuso de direito, na modalidade de *venire contra factum proprium*. Pois, "são pressupostos de aplicação do instituto de proibição de venire contra factum proprium os seguintes: 1 – situação objectiva de confiança; conduta de alguém que possa ser entendida como uma tomada de posição vinculante em relação a dada situação futura; 2 – investimento na confiança (a contraparte, com base na situação de confiança criada, toma disposições ou organiza planos de vida de que lhe surgirão danos, se a sua confiança legítima vier a ser frustrada) e irreversibilidade desse investimento (o dano que provocaria a conduta violadora da fides não é removível através de outro meio jurídico capaz de conduzir a uma solução satisfatória – se esta solução satisfatória pode ser alcançada mediante um direito de indemnização, ou mediante o recurso aos preceitos sobre a gestão de negócios ou sobre o enriquecimento sem causa, não tem que intervir a proibição da conduta contrária à fides – o recurso a esta proibição é sempre um último recurso); 3 – boa-fé da contraparte que confiou e que esta tenha agido com o cuidado e as precauções usuais no tráfico jurídico." – Ac. do Tribunal da Relação do Porto de 10/05/2010, Relator Soares de Oliveira, Processo nº 674/08.4TBSJM-A.P1, disponível para consulta em www.dgsi.pt, último acesso em 10/07/2022. Em sentido contrário, cf. Gomes, Mickael Borges Pereira, *Processo (...)*, ob. cit., p. 33.

231 Segundo Catarina Serra "violação não negligenciável é aquela e apenas aquela que importe uma lesão grave de valores ou interesses juridicamente tutelados, isto é, uma lesão de tal modo grave que nem em atenção ao princípio da recuperação e aos interesses associados a este, o juiz pode deixar de recusar-se a homologar o plano, inviabilizando com isso a recuperação. Está implícito na norma o dever de o juiz proceder a uma ponderação – uma ponderação entre o interesse da recuperação e os interesses que sejam, em concreto, visados pela norma violada com vista a decidir se, em homenagem ao primeiro, a violação pode ser negligenciada", em "Lições (...)", ob. cit., p. 474. Por sua vez, Carvalho Fernandes e João Labareda defendem que, "em sentido processual, a violação da lei, activa ou passivamente, comporta sempre a prática de uma nulidade processual. Então, verdadeiramente do que se trata, para decidir se ela justifica ou não a recusa da homologação de um plano aprovado pelos credores, é de avaliar a relevância, ou não, da violação constatada", sendo que releva "sindicar se a nulidade observada é susceptível de interferir com a boa decisão da causa, o que significa valorar se interfere ou não com a justa salvaguarda dos interesses protegidos ou a proteger – nomeadamente, no que respeita à tutela devida à posição dos credores e do devedor nos diversos domínios em que se manifesta (...)" – *Código (...)*, ob. cit., p. 827.

232 Nesse sentido, Serra, Catarina, *O processo (...)*, ob. cit., p. 2055.

– sacrifício ou benefício injustificado de algum sujeito em resultado do acordo[233].

Mickael Gomes[234] dá um exemplo de um caso de violação não negligenciável de uma regra procedimental: a não apresentação pelo devedor da relação completa dos credores e seus créditos. Para o efeito refere que "*Conforme art. 7º/1/c, a relação de credores e seus créditos é um elemento essencial para abertura do PEVE. A ausência ou desconformidade deste requisito pode gerar o indeferimento liminar do pedido de abertura do processo.*

A violação não negligenciável reside na relevância do crédito impactar ou não o acordo aprovado. Caso se trate de um crédito litigioso com pouca probabilidade de vir a ser exigível no curto ou médio prazo, um crédito de pequena monta ou apenas uma questão de equívoco contábil que em sua totalidade não torne o acordo aprovado inviável, sua relevância não deve ser considerada para fins de não homologação.

Se após a abertura do processo, o julgador perceber, seja através de impugnação de credores não relacionados ou mediante escrutínio do AJP, que a relação de credores apresentada pelo devedor não é fidedigna o suficiente e que o montante do crédito não anteriormente relacionado é relevante, o acordo não deve ser homologado."

Para além destes fundamentos que resultam da própria letra da Lei nº 75/2020, o regime contém implícito ou subjacente um outro fundamento de não homologação do acordo de viabilização: a insusceptibilidade de o acordo garantir a viabilidade da empresa.

Não se trata, no nosso entender, de um vício de conteúdo do acordo *proprio sensu*, mas da sua inaptidão *funcional* para alcançar o desiderato último de que o PEVE é mero instrumento. Com efeito, o PEVE visa a homologação de um acordo extrajudicial alcançado entre a empresa (suscetível de viabilização) e os seus credores subscritores (que constituam alguma das maiorias legais de aprovação do PER), cujo efeito vinculativo se estende, por força da sentença de homologação, aos demais credores da empresa que integrem a relação definitiva de credores.

Como de resto iremos ter a oportunidade de avaliar adiante, de forma mais detalhada, quando nos debruçarmos sobre a decisão de homologação judicial *per se*, suscitar a não homologação do acordo com fundamento na sua *inaptidão* para garantir a viabilidade da empresa tratar-se-á de um exercício difícil e exigente para os credores, que implicará à partida dois

[233] Nesse sentido, *idem*, p. 2055.

[234] *Processo (...)*, ob. cit., pp. 31-32.

passos: compreensão da situação económico-financeira da empresa, decorrente de análise ou pré-conhecimento desta, e avaliação prospetiva da suscetibilidade do acordo para a superar.

Este fundamento de pedido de não homologação vai de encontro ao juízo de aferição sobre se o acordo de viabilização apresenta perspetivas razoáveis de garantir a viabilidade da empresa, que o juiz deverá levar a cabo aquando da prolação da sentença de homologação, cf. art. 9º, nº 4, alínea *b)*, subalínea *ii)* da Lei nº 75/2020, após emissão de parecer do AJP para os mesmos efeitos.

7. Do parecer do administrador judicial provisório

De facto, um dos aspetos processuais mais distintivos e inovadores do PEVE – a par com a supressão da fase formal de reclamação de créditos – consiste na atribuição ao AJP da competência de, no mesmo prazo[235] de que os credores dispõem para impugnar a relação de credores e solicitar a não homologação do acordo de viabilização, emitir parecer sobre se o acordo a homologar oferece perspetivas razoáveis de garantir a viabilidade da empresa (cf. nº 3 do art. 9º da Lei nº 75/2020).

A atribuição desta competência *preparatória* da decisão de homologação a um profissional com conhecimentos teóricos e práticos de recuperação de empresas, como deve ser um administrador judicial, está em linha com o preconizado pela Diretiva (UE) 2019/1023, que impõe aos Estados-

[235] O Conselho Superior da Magistratura no parecer que proferiu no âmbito do procedimento legislativo referente à criação do PEVE criticou o momento processual para emissão do parecer, porquanto "o administrador judicial provisório emite parecer numa fase em que ainda não se sabe ao certo quem são os credores e o valor dos créditos reconhecidos, encontrando-se, ainda, está a decorrer o prazo de impugnação da relação dos credores e sendo a decisão do juiz proferida 10 dias após o termos daquele prazo. Sem descurar a necessidade de celeridade do processo afigura-se-nos que o parecer do administrador judicial provisório poderá fundamentar-se em pressupostos errados, uma vez que desconhecendo este os credores reconhecidos e o valor dos créditos apurados será difícil valorar o acordo e formular um juízo sério sobre a viabilidade da empresa.", pp. 15-16, disponível para consulta em https://app.parlamento.pt/webutils/docs/doc.pdf?path=6148523063484d364c793968636d356c6443397a6158526c63793959533565a4d5a5763765130394e4c7a464451554e45544563765247396a6457316c626e527663306c7561574e7059585270646d46446232317063334e6862793877596a49354e544e6a4e53316d4f57466b4c54517a4f4445744f544e6d5a4330784e6a55334d6d466c59324a6a4f4749756347526d&fich=0b2953c5-f9ad-4381-93fd-16572aecbc8b.pdf&Inline=true, último acesso em 10/07/2022. Criticando, igualmente, o prazo legal concedido para esse efeito, cf. SERRA, Catarina, *The extraordinary (...)*, pp. 9-10.

-Membros que assegurem que as autoridades judiciais ou administrativas possam recusar-se a confirmar um plano de reestruturação caso este não apresente perspetivas razoáveis de evitar a insolvência do devedor ou de garantir a viabilidade da empresa (cf. nº 3 do art. 10º da Diretiva[236]).

Sem prejuízo da sua eventual intervenção na fase pré-judicial de negociação com os credores[237] e a par da competência (residual) para autorização da prática de atos de especial relevo pela empresa, já analisada *supra*, esta é, de facto, a única competência legal expressamente atribuída ao AJP no âmbito do PEVE.

Da sua inserção na marcha do processo ressalta, logo à partida, a natureza única, obrigatória e coadjutora do parecer para a decisão judicial de homologação, na medida em que se trata de um ato que não pode ser repetido[238], nem a sua prática dispensada e cujo objeto imediato é uma das *conditio sine quibus non* do juízo de homologação do acordo extrajudicial.

O parecer do AJP consiste, assim, num ato instrumental e importante de apoio[239] do processo de formação da decisão jurisdicional de homologação do acordo alcançado entre a empresa e os seus credores relativo à potencialidade razoável de o acordo assegurar a viabilidade da empresa. Sendo que, na falta de norma legal que lhe atribua esse efeito, parece-nos claro e evidente que o parecer, apesar de obrigatório, não assume natureza vinculativa, pelo que o mesmo está sujeito à livre apreciação do julgador[240].

No que concerne ao conteúdo do parecer, o legislador não procedeu à sua densificação, deixando o mesmo ao arbítrio do profissional encarregue

[236] Neste sentido, cf. SERRA, Catarina, *The extraordinary (...)*, ob. cit., pp. 4-5 e SERRA, Catarina, *For great (...)*, ob. cit., pp. 29-30.

[237] Outrossim, cf. DINIS, David Sequeira/CASANOVA, Nuno Salazar/NUNES, Raquel Cardoso, *O processo (...)*, ob. cit., p. 97.

[238] Em sentido contrário, MARIA DE FÁTIMA RIBEIRO advoga que "sempre que exista alteração da relação de credores inicialmente apresentada deve o administrador judicial provisório, no prazo estabelecido no nº 7 ao artigo 9º, emitir novo parecer com o conteúdo estabelecido no nº 3 do mesmo artigo – a menos que, naturalmente, essa alteração seja evidentemente insusceptível de pôr em causa o conteúdo do parecer previamente emitido." – *Deveres (...)*, ob. cit., p. 1252. Em sentido idêntico, cf. GOMES, Mickael Borges Pereira, *Processo (...)*, ob. cit., p. 25. Salvo o devido respeito por opinião diversa, não vislumbramos na lei qualquer fundamento que sustente essa interpretação.

[239] Assim, cf. SERRA, Catarina, *O processo extraordinário (...)*, ob. cit., p. 2055.

[240] Numa outra latitude da ordem jurídica interna, reforçando este entendimento, dispõe o nº 2 do art. 91º do Código do Procedimento Administrativo que, salvo disposição expressa em contrário, os pareceres legalmente previstos consideram-se obrigatórios e não vinculativos.

da sua feitura. Todavia, somos do entendimento que, sob pena de padecer do vício de ineptidão, o parecer não poderá nunca consistir, apenas, numa mera formulação apodítica de um juízo (de sim ou não) sobre se o acordo oferece ou não perspetivas razoáveis de garantir a viabilidade da empresa, sem que sejam demonstradas as razões que sustentam tal entendimento.

Ora, considerando o desiderato último do PEVE e a natureza instrumental do referido parecer cremos ser possível enunciar, ainda que em abstrato e de forma genérica, algumas das suas características tendencialmente necessárias.

Com efeito, entendemos que um parecer com esta finalidade deverá ser constituído por três *capítulos* ou partes distintas:

i) uma enunciação analítica da situação económico-financeira da empresa, com especial enfoque nas causas e na extensão das suas dificuldades, que fundamentaram o recurso a este instrumento extraordinário de recuperação;

ii) uma avaliação do conteúdo do acordo, designadamente da sua exequibilidade[241], incluindo, em especial, as medidas de reestruturação propostas e sua duração; e

iii) um juízo conclusivo dos fundamentos pelos quais há uma perspetiva razoável de o acordo de viabilização alcançado ser apto a garantir a viabilidade da empresa e, consequentemente, evitar a sua insolvência, designadamente através da comparação entre o cenário definido pelo acordo e um eventual cenário de liquidação.

Em síntese, o parecer deverá evidenciar uma análise da situação da empresa, dos termos do acordo alcançado e da sua aptidão para, num cenário de razoabilidade económica, assegurar a viabilidade da empresa.

8. Da fase de decisão sobre as impugnações

Nos termos do disposto no nº 4 do art. 9º da Lei nº 75/2020, o juiz dispõe do prazo de 10 dias para:

[241] "O parecer deve considerar o acordo subscrito pelos credores, o que significa que o que se atesta é que a execução do mesmo seja viável para prosseguir a atividade num cenário de vitalidade económica e, portanto, com resultados positivos, não que a empresa, sem o acordo, apresentasse já perspectivas de viabilização." – Gonçalves, Francisca Margarida Pereira, *O processo (...)*, ob. cit., p. 20.

a) Decidir sobre as impugnações formuladas, com base na prova documental carreada para os autos, devendo em caso de procedência das mesmas ordenar a alteração da relação de credores em conformidade;

b) Analisar o acordo, considerando as pronúncias dos credores e o parecer do AJP, devendo homologá-lo, por sentença, se este, cumulativamente:

i) Respeitar as maiorias previstas no nº 5 do art. 17º-F do CIRE;

ii) Apresentar perspetivas razoáveis de garantir a viabilidade da empresa;

iii) Não evidenciar alguma das circunstâncias previstas nos arts. 215º e 216º do CIRE.

Por sua vez, estabelecem os nºs 6 e 7 do mencionado preceito que se não for impugnada, a relação de credores converte-se de imediato em definitiva, devendo, em consequência, o juiz proceder, no prazo de 10 dias, à análise do acordo e homologá-lo, por sentença, se o acordo satisfizer o previsto na alínea *b)* do nº 4.

Dos preceitos acima citados decorre, então, que findo o prazo de 15 dias para a dedução de impugnações à relação de credores e para o AJP emitir o seu parecer, o juiz dispõe do prazo de 10 dias para, no caso de não terem sido deduzidas impugnações, analisar o acordo, considerando as pronúncias dos credores e o parecer do AJP, devendo homologá-lo, por sentença, se este preencher os requisitos cumulativos.

Por sua vez, caso tenham sido apresentadas impugnações o juiz tem o prazo de 10 dias para as decidir, com base na prova documental carreada para os autos, devendo em caso de procedência das mesmas ordenar a alteração da relação de credores em conformidade e analisar o acordo, considerando as pronúncias dos credores (pedidos de não homologação) e o parecer do AJP, devendo homologá-lo, por sentença, se este, cumulativamente, reunir os requisitos acima enunciados.

Ora, Pestana de Vasconcelos e Alexandre de Soveral Martins[242] divergem deste entendimento, porquanto, no caso de haver impug-

[242] Menezes Leitão parece ter também este entendimento quando refere que "Uma vez que a decisão sobre as impugnações não é autonomamente recorrível (art. 9º, nº 5, da Lei 75/2020), deve considerar-se que o juiz deve proceder à análise do acordo de viabilização no

nações a apreciar, computam o prazo do juiz em 20 dias: um prazo de 10 dias para decidir as impugnações, o que pode levar à alteração da relação de credores, e só depois desse prazo se iniciaria um novo prazo de 10 dias para a análise do acordo e sua eventual homologação.

Com efeito, Pestana de Vasconcelos[243] refere que *"não pode ser doutra forma, pese embora a falta de clareza do art. 9º, nº 4 da Lei nº 75/2020, de 27/11. Sem essa decisão, o juiz não pode verificar se o acordo respeita as maiorias do art. 17º-F, nº 5 CIRE."*

Por sua vez, Alexandre de Soveral Martins[244] defende que *"se houve impugnação, o juiz primeiro aprecia, em dez dias, as impugnações, e só depois de decidir é que começa a correr o prazo do nº 7 para analisar e homologar o acordo"*.

Salvo o devido respeito pelos Insignes Autores, não nos parece, de todo, ter sido essa a intenção do legislador. Com efeito, importa não perder de vista que se quis imprimir celeridade ao PEVE, atribuindo-lhe, desde logo, a natureza de "o mais urgente" de todos os processos urgentes de insolvência e recuperação previstos na ordem jurídica interna, suprimindo fases processuais (como a da reclamação de créditos) e também através da concentração de fases num único momento processual, como é o caso em apreço de o juiz dispor de um *único* prazo de 10 dias para decidir eventuais impugnações e analisar o acordo.

Por outro lado, analisado o elemento literal da norma não há qualquer indício, sequer sistemático, que aponte no sentido da existência de dois prazos (consecutivos) de dez dias para a prática de cada um dos atos enunciados na norma.

Assim, no caso de a relação de credores ter sido impugnada o juiz deverá, no mesmo prazo[245] e num único ato judicial, primeiramente, por

prazo de 10 dias após a sua decisão sobre as impugnações, uma vez que a mesma converte igualmente a relação de credores em definitiva (art. 9º, nº 7, *in principio*, da Lei 75/2020)" – *Direito (...)*, ob. cit., p. 415.

243 *O novo (...)*, ob. cit., pp. 2130-2131.

244 *Mais vale tarde (...)*, ob. cit., p. 44.

245 Neste mesmo sentido refere Catarina Serra que "Esgotado aquele prazo de quinze dias, prefiguram-se dois cenários, consoante a relação de credores tenha sido impugnada ou não tenha sido impugnada. Na primeira hipótese, o juiz dispõe de um prazo de dez dias para decidir sobre as impugnações [cfr. art. 9º, nº 4, al. a)] bem como para analisar o acordo e decidir sobre a sua homologação [cfr. art. 9º, nº 4, al. b)]. Na segunda hipótese, a relação de credores converte-se de imediato em definitiva (cfr. art. 9º, nº 6) e, no mesmo prazo de dez dias, o juiz deve analisar o acordo e decidir sobre a sua homologação (cfr. art. 9º, nº 7)." – *O processo*

razões de precedência lógica, decidir as respetivas impugnações[246], tornando, assim, a relação de créditos definitiva por força desse segmento decisório e, em ato contínuo, no decurso do mesmo prazo analisar o acordo e homologá-lo caso se mostrem reunidos os requisitos legais cumulativos. Trata-se, de facto, de um prazo apertado que, contudo, está alinhado com a filosofia de urgência inerente ao processo.

Como já tivemos a oportunidade de analisar[247], no que concerne à decisão sobre as impugnações o juiz mostra-se vinculado exclusivamente à apreciação de prova documental carreada para os autos, pelo que *a contrario* se mostra legalmente vedada a produção de quaisquer outros meios de prova neste contexto. No caso de procedência das impugnações, a decisão consiste na alteração da relação de credores em conformidade, que terá necessário impacto na composição da maioria de aprovação do acordo.

Nos termos do nº 5 do art. 9º da Lei nº 75/2020 a decisão sobre as impugnações não é autonomamente recorrível, pelo que a mesma apenas é impugnável com o recurso da decisão final[248].

9. Da homologação do acordo de viabilização

Decididas as impugnações e estabilizada a relação de credores ou convertida esta em definitiva, por falta de impugnações, incumbe, então, ao juiz analisar o acordo de viabilização, sendo que *só* haverá lugar à homologação do acordo, por sentença[249], se o mesmo preencher os três requi-

extraordinário (...), ob. cit., p. 2056. De igual forma, cf. DINIS, David Sequeira/CASANOVA, Nuno Salazar/ NUNES, Raquel Cardoso, *O processo (...)*, ob. cit., p. 98.

[246] Sobre a importância desta decisão, no contexto do PER, cf. DUARTE, Filipe Pereira, *Como viciar um PER – A importância da decisão judicial sobre as impugnações de créditos*, em "AB Instantia – Revista do Conhecimento AB", Ano II, nº 4, Coimbra, Almedina, 2014, pp. 271-275.

[247] Cf. *supra* Ponto 5. "*Da supressão da fase da reclamação de créditos e suas vicissitudes*".

[248] A norma em apreço assume uma natureza clarificadora, na medida em que visa estabelecer, além de qualquer dúvida interpretativa, a irrecorribilidade desta decisão interlocutória. Trata-se da assunção legal do entendimento constante da jurisprudência proferida em sede de PER. Neste sentido, cf. Acs. do Tribunal da Relação de Coimbra de 29/10/2013, Relatora ALBERTINA PEDROSO, Processo nº 2329/12.6TBPBL-A.C1; do Tribunal da Relação de Évora de 8/09/2016, Relator PAULO AMARAL, Processo nº 39/16.4T8EVR-B.E1; do Tribunal da Relação de Coimbra de 6/06/2017, Relator FALCÃO DE MAGALHÃES, Processo nº 608/17.5T8CBR-A.C1 e do Tribunal da Relação do Porto, de 15/12/2021, Processo nº 4689/17.3T8VNG-B.P1, todos disponíveis para consulta em www.dgsi.pt, último acesso em 10/07/2022.

[249] No PER e no PEAP não se qualifica o ato decisório de homologação ou não homologação do juiz, sendo que nos termos do disposto no nº 2 do art. 152º do Código de Processo Civil,

sitos legais[250]: tiver sido subscrito pelas maiorias previstas no nº 5 do art. 17º-F do CIRE, apresentar perspetivas razoáveis de garantir a viabilidade da empresa e não subsistir alguma das circunstâncias previstas nos arts. 215º e 216º do CIRE.

A análise do acordo far-se-á, assim, por cotejo com a relação de credores definitiva tendo em vista a aferição do preenchimento das maiorias legais, bem como, quanto ao seu conteúdo, tendo em consideração as pronúncias dos credores (pedidos de não homologação, nos termos do disposto nos arts. 215º e 216º do CIRE), se existirem, e o parecer do AJP quanto às perspetivas razoáveis do acordo garantir a viabilidade da empresa.

No que concerne às maiorias de aprovação, a Lei nº 75/2020 remete-nos para as maiorias do PER enunciadas no nº 5 do art. 17º-F do CIRE[251]. Tratou-se, no nosso entender, de uma decisão de política legislativa que visou, em síntese, harmonizar ambos os processos de recuperação de empresas, estabelecendo, para o efeito, as mesmas maiorias de aprovação. Note-se que nunca é de mais lembrar que o PEVE é claramente uma adaptação do PER abreviado, a que alude o art. 17º-I do CIRE, pelo que no plano normativo faria todo o sentido manter também um paralelo de regras de aprovação.

Ora, sucede que tal preceito sofreu profundas modificações com a entrada em vigor da Lei nº 9/2022, de 11 de janeiro, que, *inter alia*, transpôs para a ordem jurídica interna a Diretiva (UE) 2019/1023, do Parlamento Europeu e do Conselho, de 20 de junho de 2019, e introduziu no CIRE, de forma inovatória, "*um conjunto de regras que obrigam*[252] *à classificação dos credores afetados pelo plano de recuperação em categorias distintas, de acordo com*

aplicável a estes processos *ex vi* art. 17º do CIRE, "sentença" é o ato pelo qual o juiz decide a causa principal ou algum incidente que apresente a estrutura de uma causa.

[250] "Todos os requisitos positivos e negativos elencados são cumulativos. A mera ausência (ou presença no caso do último) de um deles deve gerar a não homologação do acordo e consequente encerramento do processo." – Gomes, Mickael Borges Pereira, *Processo (...)*, ob. cit., p. 30.

[251] Criticando a clareza da norma, na sequência da revisão de 2017 do CIRE, cf. Soares, Rita Mota, *Renovado Processo Especial de Revitalização*, em "Seminário de Direito da Insolvência" (coord. Catarina Serra), Coimbra, Almedina, 2019, pp. 36-40.

[252] Não obstante, nos termos do nº 4 do artigo 17º-C do CIRE, as micro, pequenas e médias empresas, na aceção do anexo ao DL nº 372/2007, de 6 de novembro, estão dispensadas da obrigação de apresentar o documento indicado na alínea *d)* do número anterior, podendo, porém, fazê-lo, se assim entenderem. Ou seja, as micro, pequenas e médias empresas não estão obrigadas a classificar o seu universo de credores em categorias.

a natureza dos respetivos créditos e em função da existência de suficientes interesses comuns, que deverá refletir o universo de credores da empresa.[253]"

Por força dessa alteração, para além do regime pré-existente de aprovação por maioria de credores, definiram-se na alínea a) do nº 5 do art. 17º-F do CIRE novas regras de formação de maiorias de aprovação do plano de recuperação, em caso de classificação dos credores por categorias, as quais determinam que se considera aprovado o plano de recuperação que seja votado favoravelmente em cada uma das categorias por mais de dois terços da totalidade dos votos emitidos, não se considerando como tal as abstenções, obtendo dessa forma:

i) O voto favorável de todas as categorias formadas;
ii) O voto favorável da maioria das categorias formadas, desde que pelo menos uma dessas categorias seja uma categoria de credores garantidos;
iii) Caso não existam categorias de credores garantidos, o voto favorável de uma maioria das categorias formadas, desde que pelo menos uma das categorias seja de credores não subordinados;
iv) Em caso de empate, o voto favorável de pelo menos uma categoria de credores não subordinados.

Ante o exposto, e considerando que a Lei nº 75/2020 refere que o juiz deverá, *inter alia*, homologar o acordo de viabilização se este "*respeitar as maiorias previstas no nº 5 do artigo 17º-F do CIRE*", importa ponderar se, por força da remissão legal, as regras recentemente introduzidas, respeitantes à aprovação por categorias de credores, são ou não aplicáveis ao PEVE?

No nosso entender a resposta não pode deixar de ser negativa. Se não, vejamos.

Nos termos do disposto no art. 9º, nº 1 e 2 do CC, a interpretação jurídica não deve cingir-se à letra da lei, mas reconstituir a partir dos textos o pensamento legislativo, tendo sobretudo em conta a unidade do sistema jurídico, as circunstâncias em que a lei foi elaborada e as condições específicas do tempo em que é aplicada[254], sendo que não pode, porém, ser

[253] Exposição de motivos da Proposta de Lei nº 115/XIV/3ª.

[254] "Ao elemento literal se contrapõem os elementos lógicos (...) É tradicional a tripartição doutrinária dos elementos lógicos nos subelementos: – sistemático/ – histórico/ – teleológico. O art. 9/1 do Código Civil português aponta neste sentido ao contrapor o elemento gramatical

considerado pelo intérprete o pensamento legislativo que não tenha na letra da lei um mínimo de correspondência verbal, ainda que imperfeitamente expresso.

No caso concreto, a norma remissiva[255] refere expressamente que o acordo deve ser homologado se "*respeitar as maiorias previstas no nº 5 do artigo 17º-F do CIRE*".

Ora, à data da entrada em vigor da Lei nº 75/2020 o CIRE não contemplava a possibilidade de aprovação de planos de recuperação por categorias de credores, pelo que o elemento histórico aponta claramente para a sua não aplicabilidade ao PEVE.

Por outro lado, o próprio termo legal "maiorias" indica estarmos a tratar das já conhecidas maiorias numéricas de créditos, distinguindo-se da inovadora previsão da alínea *a)* do nº 5 do art. 17º-F do CIRE que densifica regras de aprovação do plano no caso da classificação dos credores em categorias distintas, que como acima referido não se atêm à mera formação de maiorias (numéricas) de créditos.

A este argumento interpretativo há ainda que acrescentar um outro: para considerar aplicáveis ao PEVE as regras de aprovação por categorias de credores seria necessário também considerar-lhe aplicável as normas procedimentais referentes a essa classificação, como são, *v.g.*, a obrigatoriedade de apresentação pela empresa de uma proposta de classificação dos credores afetados pelo plano de recuperação em categorias distintas, de acordo com a natureza dos respetivos créditos, em credores garantidos, privilegiados, comuns e subordinados e querendo, de entre estes, refletir o universo de credores da empresa em função da existência de suficientes interesses comuns, prevista no art. 17º-C nº 3, alínea *d)* do CIRE, ou a possibilidade de contestação dessa proposta, na fase de impugnação da relação de créditos.

Tal parece desajustado à natureza excecional, extraordinária e temporária do PEVE, cuja tramitação urgente e com concentração de fases processuais não parece poder comportar o aditamento de enxertos processuais como os acima referidos, que não foram cogitados para si.

três aspectos que devem ser tomados em conta para desvendar o pensamento legislativo. Estes aspectos podem ser relacionados (embora a correspondência não seja perfeita) com esta tripartição doutrinária." – Ascensão, José de Oliveira, "O Direito. Introdução e Teoria Geral, Uma perspetiva luso-brasileira", 10ª Edição, Coimbra, Almedina, 1997, p. 402.

255 Art. 9º, nº 4, alínea *b)*, subalínea *i)* da Lei nº 75/2020.

Esclarecida a não aplicação ao PEVE do regime de aprovação por categorias de credores, constata-se, contudo, que a interpretação em torno do cômputo das maiorias *tradicionais* de aprovação[256], agora contidas nas alíneas *b)* e *c)* do nº 5 do art. 17º-F do CIRE, tem suscitado alguma discussão doutrinária entre nós.

Maria de Fátima Ribeiro[257] entendia que a remissão para a, então, alínea *b)*[258] não suscita dúvidas, pelo que *"exige-se que o acordo seja subscrito por credores que representem mais de 50% dos créditos relacionados com direito de voto, sendo que mais de metade desses créditos devem ser não subordinados"*, sendo que é *"na remissão para a alínea a) que surgem os problemas. Exige-se ali que o plano seja votado por credores que representem pelo menos um terço dos créditos relacionados com direito de voto, embora não seja necessário que pelo menos esse terço vote no sentido da aprovação do plano – a lei basta-se literalmente, para esse efeito, com o voto favorável de credores que representem pelo menos dois terços dos votos emitidos, ou seja, no mínimo, dois terços daquele um terço de créditos relacionados com direito de voto. Acresce ao exposto que mais de metade destes votos deve corresponder a créditos não subordinados. Por outras palavras, no mínimo mais de metade destes mais de dois nonos deve corresponder a créditos não subordinados. Então, por força da estrita remissão para o regime do PER, os credores que no âmbito do PEVE deveriam assinar o acordo de viabilização seriam aqueles que representassem mais do que os dois nonos (mais do que 22,22%) dos créditos relacionados com direito*

[256] Maria de Fátima Ribeiro contesta, desde logo, a remissão para o nº 5 do art. 17º-F do CIRE uma vez que, no seu entender, "as normas em causa pressupõem a existência de uma votação, na qual podem participar todos os credores (...) Sendo que no PEVE não existe votação, mas antes a assinatura do acordo de viabilização por credores que representem pelo menos as maiorias de votos previstas para a aprovação do plano de recuperação no âmbito de um PER, cabe sempre proceder, desde logo a esta adaptação." – *Os deveres (...)*, ob. cit., pp. 285-286 e *O novo PEVE: primeiras dificuldades na aplicação do regime da Lei nº 75/2020*, disponível para consulta em https://eco.sapo.pt/opiniao/o-novo-peve-primeiras-dificuldades-na-aplicacao-do-regime-da-lei-n-o-75-2020/, último acesso em 10/07/2022. Apesar de podermos compreender a crítica à técnica legislativa de recurso à remissão para as maiorias de aprovação de um outro processo de recuperação ao invés da regulação expressa da forma de cálculo em PEVE, não compreendemos a estranheza suscitada na medida em que o PER, desde a sua entrada em vigor, não pressupõe sempre a existência de uma votação na pendência do processo. Com efeito, o legislador *ab initio* previu o chamado PER de homologação a que alude o 17º-I do CIRE, que é, como já referido, a inspiração do PEVE. Ou seja, por outas palavras a técnica usada pelo legislador no PEVE reproduz a do art. 17º-I, que vigora entre nós desde 2012.

[257] *Os deveres (...)*, ob. cit., pp. 286-287 e *O novo PEVE (...)*, ob. cit.

[258] Correspondente agora à atual alínea *c)* do nº 5 do artigo 17º-F do CIRE.

de voto – sendo que mais de metade destes (por exemplo, se os credores subscritores representam 25% dos créditos relacionados, mais de 12,5%) deveriam corresponder a créditos não subordinados."

Por sua vez, Alexandre de Soveral Martins refere que "*olhando primeiro para a al. a) do art. 17º-F, 5*[259]*, será necessário que o acordo seja assinado por credores cujos créditos representem, pelo menos, um terço total dos créditos com direito de voto. Para sabermos se este requisito está preenchido teremos de recorrer à relação de créditos definitiva. Por isso, e como já se disse, o juiz só pode decidir se homologa ou não o acordo após decidir eventuais impugnações da relação. Ainda segundo o art. 17º-F, 5, a), mais de metade dos votos que poderiam ser contados aos credores que assinam o acordo terá de pertencer a credores não subordinados. Não há que exigir aqui a assinatura de dois terços da totalidade dos votos emitidos porque não há votos emitidos contra o acordo e este não será assinado por quem não o aprova. Com efeito, a al. a) do art. 17º-F, 5, exige agora grandes adaptações*"[260], sendo que "*a segunda parte da al. a) deve ler-se desta forma: é necessário que a proposta recolha o voto favorável de mais de dois terços da totalidade dos votos emitidos e que recolha mais de metade dos votos emitidos correspondentes a créditos não subordinados. Se estes últimos (mais de metade dos votos emitidos correspondentes a créditos não subordinados) são recolhidos pela proposta, terão de ser votos favoráveis à proposta. Caso contrário, a norma não faria sentido. Com efeito, se não interessasse o sentido de voto, tanto os votos correspondentes a créditos não subordinados contrários à proposta como os votos correspondentes a créditos não subordinados favoráveis à mesma são por ela recolhidos...Se não interessasse o sentido de voto, a proposta recolheria sempre mais de metade dos votos correspondentes a créditos não subordinados...*".[261]

David Sequeira Dinis, Nuno Salazar Casanova e Raquel Cardoso Nunes[262], por outro lado, rejeitam que as maiorias de aprovação impliquem a existência de quóruns de votação, porquanto "*em boa verdade, a alínea d) do artigo 7º do PEVE refere-se às maiorias de votos previstas no nº 5 do artigo 17º-F do CIRE, e não aos quóruns ali previstos. E apenas há quatro maiorias: duas maiorias na alínea a) do nº 5 do artigo 17º-F*[263] *(maioria de 2/3 de votos favoráveis sobre o total de votos emitidos e maioria simples de votos favoráveis correspondentes a créditos não subordinados sobre o total de votos emitidos), e duas*

[259] Correspondente agora à atual alínea *b)* do nº 5 do artigo 17º-F do CIRE.

[260] *Mais vale tarde (...)*, p. 45.

[261] *Mais vale tarde (...)*, ob. cit., p. 45, nota nº 11.

[262] *O processo (...)*, ob. cit., pp. 84-85.

[263] Correspondente agora à atual alínea *b)* do nº 5 do artigo 17º-F do CIRE.

maiorias na alínea b) do nº 5 do artigo 17º-F[264] *(maioria simples de votos favoráveis sobre a totalidade dos créditos com direito de voto e maioria simples de votos favoráveis correspondentes a créditos subordinados sobre a totalidade dos créditos subordinados). E as maiorias previstas na alínea b) do nº 5 do artigo 17º-F do CIRE, aplicadas ao PEVE, serão sempre menos exigentes. Em suma, para que o acordo de viabilização no PEVE possa ser aprovado, é necessário que os credores que o subscrevam representem mais de metade da totalidade de créditos com direito de voto e mais de metade dos votos correspondentes a créditos não subordinados."*

Pestana de Vasconcelos[265], por seu lado, interpreta a alínea *a)* do nº 5 do art. 17º-F no sentido de que *"no PEVE, os credores que assinam o plano aprovam-no e, por esse motivo, os votos têm de ser contados como votos a favor. Eles devem representar no mínimo um terço dos créditos contidos integrados na relação com direito de voto, o que significa, como se observou, que devem ser excluídos para este efeito os direitos não modificados pelo acordo. É cumulativamente necessário que mais de metade dos credores que celebram o acordo sejam titulares de créditos não subordinados. Repare-se que tudo se passa como a totalidade desses credores emitisse os votos, e eles fossem a favor. Ora, o art. 17º-F, nº 5, al. a) CIRE exige que mais de metade dos votos emitidos corresponda a créditos não subordinados. Por isso, também mais de metade dos credores que assina terá que corresponder a votos de créditos não subordinados."*

Quanto à, então, alínea *b)*[266] do referido preceito, Pestana de Vasconcelos preconiza que *"o plano tem que ter o voto favorável de credores cujos créditos representem mais de metade da totalidade dos créditos relacionados com direito de voto, calculados nos termos da alínea a), e, adicionalmente, mais de metade desses votos tem que corresponder a créditos não subordinados, não se considerando como tal as abstenções. Aqui é efetivamente, ao contrário do que sucede na alínea a), exigida uma dupla maioria. Assim, no PEVE, o plano tem de ser assinado de credores cujos créditos representem mais de metade da totalidade dos créditos relacionados com direito de voto, calculados nos termos da alínea a), e, adicionalmente, mais de metade desses votos têm de corresponder a créditos não subordinados."*

Expostas as diversas posições da doutrina, no nosso entender há aspetos em torno desta questão que são pacíficos. Desde logo, parece consensual o entendimento de que, em sede de PEVE, não há lugar a uma votação

[264] Correspondente agora à atual alínea *c)* do nº 5 do artigo 17º-F do CIRE.

[265] *O novo processo (...)*, ob. cit., pp. 2121-2123.

[266] Correspondente agora à alínea *c)* do nº 5 do artigo 17º-F do CIRE.

proprio sensu, na medida em que estamos perante um acordo extrajudicial alcançado com alguns credores, cujos efeitos se pretende estender aos demais credores constantes da relação de credores definitiva através deste processo extraordinário.

Assim, e contrariamente ao PER de negociação a que alude o art. 17º-A e seguintes do CIRE e à semelhança do PER abreviado, a que alude o art. 17º-I, no PEVE nunca há credores abstencionistas: há credores que são favoráveis à aprovação do acordo de viabilização, que são, naturalmente, os credores que subscreveram o acordo com a empresa[267], e ficciona-se, ou *rectius* presume-se, que *a contrario* os demais credores (não subscritores) são desfavoráveis à sua aprovação.

Por outro lado, para que os créditos dos credores subscritores do acordo possam ser computados *em sentido favorável à aprovação do acordo* é necessário que estes tenham, de facto, direito de voto nos termos do nº 2 do art. 212º do CIRE[268], que nega direito de voto aos créditos que não sejam modificados pela parte dispositiva do plano (alínea *a)*)[269] e aos créditos subordinados de determinado grau, se o plano decretar o perdão integral de todos os créditos de graus hierarquicamente inferiores e não atribuir qualquer valor económico ao devedor ou aos respetivos sócios, associados ou membros, consoante o caso (alínea *b)*).

[267] Assim, cf. PESTANA DE VASCONCELOS, *O novo processo (...)*, ob. cit., p. 2122.

[268] Neste sentido, cf. PESTANA DE VASCONCELOS, *O novo processo (...)*, ob. cit., pp. 2121-2122. No contexto do PER, em idêntico sentido, cf., a título de exemplo, SERRA, Catarina, *O processo especial de revitalização na jurisprudência*, ob. cit., pp. 91-93.

[269] "No contexto do CPEREF discutia-se a razoabilidade do reconhecimento do direito de voto aos credores cujos créditos não sofressem qualquer afectação ou compressão pelas medidas de recuperação sujeitas a deliberação. Vincava-se, a esse propósito, que a atribuição do direito de voto redundava na atribuição de um especial privilégio ao credor que justamente menos carecia da tutela que o direito de voto disponibiliza, permitindo-lhe obstar à recuperação do devedor mesmo quando o seu crédito em nada era afectado por ela. Sensível ao argumento, o CIRE é agora terminante na exclusão do direito de voto aos credores cujos créditos não sejam modificados pelo plano (artº 212 nº 2, a)). E dada a sua ratio, a exclusão do direito de voto deve ocorrer não apenas nos casos de total indemnidade do crédito, mas igualmente nas hipóteses em que a sua afectação pela parte dispositiva do plano é irrelevante ou desprezável. Doutro modo, reconhecer-se-ia ao credor o direito de voto, mesmo nos casos de afectação mínima, irrelevante, do seu crédito, ordenada justamente para lhe garantir o direito de votar o plano." – Ac. do Tribunal da Relação de Coimbra de 1/04/2014, Relator HENRIQUE ANTUNES, Processo nº 3330/13.8TBLRA-A.C1, disponível para consulta em www.dgsi.pt, último acesso em 10/07/2022.

Com efeito, no âmbito do PER discutiu-se o sentido a dar à remissão que o então art. 17º-F, nº 3 do CIRE, na redação anterior ao DL nº 26/2015, de 6 de fevereiro, fazia para o 212º do CIRE. Debatia-se se a remissão expressa, apenas, para o nº 1 do art. 212º não abrangia também o nº 2 do mesmo art., pelo que os credores que não vissem os seus créditos modificados pela parte dispositiva do plano, ainda assim, poderiam votar.

Não obstante, a nova redação do artigo em apreço – atual nº 5 do art. 17º-F – pôs termo a qualquer dúvida que ainda pudesse subsistir, porquanto faz referência expressa aos *créditos relacionados com direito de voto*[270], sendo, assim, pacífica a aplicabilidade do disposto no art. 212º, nº 2 do CIRE.

O racional subjacente é que a viabilização da empresa deve resultar de um acordo estabelecido com os credores que envolva um efetivo compromisso, ou se quisermos cedências recíprocas. Ora, se não há lugar a uma alteração (substancial)[271] dos direitos de crédito dos credores que aprovam o acordo estes não poderão aprová-lo *"caso contrário, votaria*[m] *um plano não à custa de concessões próprias, mas à custa de concessões alheias, ou seja, à custa de concessões de credores cujos créditos são modificados pelo plano. Os créditos não afetados pelas medidas projetadas no plano são excluídos da votação, pois não se justifica a sua proteção."*[272]

[270] "Atendendo àquilo que a norma [o art. 212º, nº 2, alínea a) do CIRE] visa, justamente, evitar, ou seja, que o plano de insolvência seja imposto aos credores afectados por aqueles que o não são, é aconselhável, por igualdade de razões, que ela se aplique ao PER. Tem sido esta, aliás, a posição da maioria esmagadora da jurisprudência portuguesa" – SERRA, Catarina, *Lições (...)*, ob. cit., p. 426. Neste sentido, cf., igualmente na jurisprudência, o Ac. do Tribunal da Relação de Coimbra de 22/01/2019, Relator ARLINDO OLIVEIRA, Processo nº 968/18.0T8LRA.C1, disponível para consulta em www.dgsi.pt, último acesso em 10/07/2022.

[271] "Pretendendo evitar-se com tal art. 212º/2/a) do CIRE que os credores que não são afetados imponham o Plano/Acordo aos credores afetados, não podem bastar pequenas alterações (nos juros e nos prazos de pagamento) para se dizer que o crédito foi modificado (sob pena de bastarem pequenas alterações para defraudar a lei)." – Ac. do Tribunal da Relação de Coimbra de 18/05/2020, Relator BARATEIRO MARTINS, Processo nº 760/19.5T8ACB.C1, disponível para consulta em www.dgsi.pt, último acesso em 10/07/2022. Assim, cf. igualmente o sumário do Ac. do Supremo Tribunal de Justiça de 19/03/2019, Relator PINTO DE ALMEIDA, Processo nº 4231/17.6T8BRR.L1.S1, no qual se refere que o acordo de pagamento que prevê um mês de carência de capital e mantém as demais condições e termos contratuais de dado crédito, não envolve modificação relevante a ponto de atribuir ao respectivo credor direito de voto, caindo antes na previsão do art. 212º, nº 2, alínea a), do CIRE, disponível para consulta em https://www.stj.pt/wp-content/uploads/2021/07/sumarios_civel_2019.pdf, último acesso em 10/07/2022.

[272] Ac. do Tribunal da Relação de Évora de 22/10/2015, Relator FRANCISCO MATOS, Processo nº 383/15.8T8STR.P1, disponível para consulta em www.dgsi.pt, último acesso em 10/07/2022.

No que concerne à maioria de aprovação prevista na alínea *c)* do nº 5 do art. 17º-F do CIRE, na sua redação atual, não há, no nosso entender, dúvidas de maior na sua interpretação, sendo a letra do preceito clara e aplicável sem esforço de maior ao PEVE: o acordo tem de ser subscrito por credores cujos créditos representem mais de 50 /prct. da totalidade dos créditos relacionados com direito de voto, constantes na relação de credores definitiva, e, cumulativamente, mais de 50 /prct. dos créditos não subordinados.

Por sua vez, a alínea *b)* do referido preceito, na sua redação atual, contempla três maiorias distintas, correspondentes, respetivamente, a um quórum de votação e um (duplo) quórum de aprovação[273]: exige-se a votação de um terço da totalidade dos créditos relacionados com direito de voto e, por sua vez, dentro deste a votação favorável de mais de dois terços dos votos emitidos, sendo que mais de metade deve corresponder a créditos não subordinados.

Transportando este quadro normativo para o cenário do PEVE parece-nos claro que a aplicação da alínea *b)* carece de adaptação na medida em que não é manifestamente possível computar um quórum de votação num processo em que tal fase inexiste.

O facto de o acordo de viabilização resultar do consenso obtido com os credores subscritores, em momento prévio à instauração do PEVE, importa, necessariamente, a desconsideração da aplicabilidade a este processo do quórum de votação (de um terço da totalidade dos créditos relacionados com direito de voto), que se encontra previsto especificamente para um cenário de votação aberta a todos os credores, como sucede com o denominado PER de negociação (cf. arts. 17º-A e s. do CIRE).

Donde, em suma, um acordo de viabilização respeitará a maioria de aprovação a que alude a alínea *b)* do nº 5 do art. 17º-F do CIRE se for subscrito por credores cujos créditos representem mais de dois terços da tota-

[273] Esta terminologia é da autoria de Catarina Serra, cf. *Lições (...)*, ob. cit., p. 424, que refere que "a exigência de que votem credores que representem, pelo menos, um terço da totalidade dos créditos incluídos na lista de créditos corresponde ao quórum de votação (impropriamente chamado «quórum constitutivo»). A exigência de que votem favoravelmente credores que representem dois terços dos votos emitidos e mais de metade destes votos corresponda a créditos não subordinados corresponde ao quórum de aprovação (impropriamente chamado «quórum deliberativo»). Na realidade, este último desdobra-se em dois: a exigência de votação favorável de credores que representem dois terços dos votos emitidos (primeiro quórum de aprovação) e a exigência de que mais de metade destes votos corresponda a créditos não subordinados (segundo quórum de aprovação)."

lidade dos créditos relacionados com direito de voto, constantes na relação de credores definitiva, e, cumulativamente, mais de 50 /prct. dos créditos não subordinados relacionados com direito de voto.

Por sua vez, de forma inovadora[274], mostra-se fixado *ex lege* (art. 9º, nº 8 da Lei nº 75/2020) o valor a atribuir aos créditos condicionais no cômputo das maiorias previstas no nº 5 do art. 17º-F do CIRE: "*a percentagem de 50 % de direitos de voto correspondentes aos créditos relacionados*".

Alexandre de Soveral Martins[275] mostra-se particularmente crítico da redação da norma em causa, porquanto "*vamos supor que os créditos relacionados conferiam um milhão de votos. Não faz qualquer sentido conferir automaticamente aos créditos sob condição 50% desses votos. O crédito sob condição pode ser de 50.000 euros: seria absurdo reconhecer-lhe automaticamente o equivalente a 500.000 euros. O que a expressão pode querer dizer é que os créditos sob condição relacionados terão metade dos votos que lhe caberiam se não fossem sob condição.*"

Salvo o devido respeito que o Insigne Autor nos merece, não vislumbramos qualquer dúvida interpretativa[276] quanto ao preceito em causa: se o crédito sob condição relacionado ascender a € 100 000,00, o mesmo será computado em 50% desse valor, ou seja, € 50 000,00.

Verificada a aprovação do acordo de viabilização pelos credores o juiz deverá, num segundo passo lógico, aferir se aquele apresenta perspetivas razoáveis de garantir a viabilidade da empresa[277] (alínea *b)* do nº 4 do art. 9º da Lei nº 75/2020).

[274] Notando o contraste da norma com a regra geral estabelecida no art. 73º, nº 2 do CIRE, cf. Serra, Catarina, *O processo extraordinário (...)*, ob. cit., pp. 2057-2058.

[275] *Mais vale tarde (...)*, ob. cit., p. 46.

[276] "Esta solução corresponde àquela que já é habitualmente adotada pelos tribunais em processos de insolvência ou PER. A sua consagração expressa no regime do PEVE permite salvaguardar a agilidade e a eficiência do processo e evitar a morosidade decorrente da litigância trazida por esta discussão" – Dinis, David Sequeira/ Casanova, Nuno Salazar/ Nunes, Raquel Cardoso, *O processo (...)*, ob. cit., p. 100.

[277] Este "dever de avaliação do conteúdo do plano" surgiu logo referenciado na Proposta de Diretiva do Parlamento Europeu e do Conselho de 22 de novembro de 2016, que originou a Diretiva (UE) 2019/1023 do Parlamento Europeu e do Conselho de 20 de junho de 2019. A este respeito, cf. Serra, Catarina, *Direito da Insolvência em movimento – A reestruturação de empresas entre as coordenadas da legislação nacional e as perspetivas do Direito europeu*, em "Revista de Direito Comercial", 2017, pp. 109-112, disponível para consulta em https://static1.squarespace.com/static/58596f8a29687fe710cf45cd/t/5a97cd639140b739cc290ce4/1519897957641/2017-05.pdf, último acesso em 10/07/2022.

Ou seja, pela primeira vez[278], o juiz deverá avaliar o conteúdo do acordo de viabilização, como requisito de homologação, a partir de uma perspetiva que extravasa a da mera legalidade e que se atém dentro da potencialidade ou aptidão de um acordo alcançado com credores para ultrapassar a situação económica difícil ou de insolvência da empresa, viabilizando-a.

Nessa medida, à luz da lei o juiz deixa de ter um papel de (mero) garante da legalidade[279] na apreciação dos termos do acordo ou plano de recuperação, para passar, de certo modo, a ajuizar do seu mérito *técnico*, no sentido da sua aptidão económica para superar os problemas sentidos pela empresa.

Segundo Nuno Gundar da Cruz[280] "*(...) quando no PER é apresentado ao juiz, para efeitos de homologação, um plano de recuperação aprovado pelos credores, cabe-lhe exercer o seu papel de garante da legalidade. No exercício deste poder de garante da legalidade, resta ao juiz, por um lado, assegurar-se de que não se verifica uma das situações fundamentadoras da rejeição do plano estabelecidas no art. 215º, e, por outro, analisar os pedidos de não homologação do plano, se esse for o caso. O alcance deste poder de controlo da legalidade é limitado, porque pode suceder que, na prática, o juiz não tenha acesso a toda a informação relevante – nomeadamente a relativa à fase das negociações –, e, ainda, na medida em que ele apenas dispõe de 10 dias, a contar da receção da documentação, para decidir sobre a homologação do plano de recuperação*"

Em sede de PEVE, se é certo que a atuação do juiz continua a assumir uma natureza funcional e vinculada[281], não é menos verdade que o

278 "No direito português este juízo sempre foi cometido aos credores, desde que há instrumentos legais de recuperação. No nosso direito atual a lei comete ao juiz uma larga franja de recusa oficiosa de homologação (cfr. art. 215º do CIRE) mas que não passa de um juizo técnico deste tipo, exceto quando atinja a inexequibilidade pura e notória." – Silva, Fátima Reis, *Aprovação e homologação de planos de recuperação*, em "V Congresso de Direito da Insolvência" (coord. Catarina Serra), Coimbra, Almedina, 2019, p. 267.

279 A propósito do PER referem Nuno Salazar Casanova e David Sequeira Dinis que "a título de nota preliminar, diga-se que o legislador, ao remeter expressamente para o artigo 215º, optou por não prescindir de submeter à análise judicial o plano de revitalização aprovado pelos credores. O tribunal encontra-se, pois, investido na posição de garante da legalidade, como aliás não poderia deixar de ser dado o impacto que o PER pode ter, especialmente sobre os credores minoritários e discordantes." – *PER (...)*, ob. cit., p. 142.

280 *Processo (...)*, ob. cit., p. 62.

281 "Parece, nesta medida, poder concluir-se que no PER os poderes exercidos pelo juiz, aquando da decisão sobre a homologação do plano de recuperação, além de limitados, são, também, de natureza funcional e vinculada. Funcional, visto que o seu exercício é apenas legítimo quando orientado para servir os fins que justificaram a sua outorga – a garantia da

acréscimo desta competência de avaliação das perspetivas razoáveis do acordo para garantir a viabilidade da empresa constitui uma alteração do paradigma de atuação judicial em processos de recuperação: um *novo*[282] *poder-dever do juiz. De facto, o juiz deixa de se encontrar circunscrito à mera* gestão processual[283], à aferição do respeito pelos legais formalismos ou sequer à intervenção (apenas) nos casos de violações mais graves[284] das situações jurídicas dos credores minoritários discordantes e do interesse público[285].

Trata-se, no nosso entender, de uma antecipação ou ensaio da solução propugnada pela Diretiva (UE) 2019/1023[286], que foi transposta para a

legalidade, no contexto de um processo que visa a revitalização dos devedores, sem prejuízo da tutela dos direitos dos credores minoritários e discordantes e do interesse público. E vinculada, quer porque o juiz se pronuncia no único momento determinado por lei, quer, principalmente, pois, consoante estejam ou não verificados os requisitos necessários para a homologação do plano de recuperação, a atuação do juiz só pode ser no único sentido admitido por lei (homologar ou não homologar) e com as exatas formalidades por ela prescritas" – CRUZ, Nuno Gundar da, *Processo (...)*, ob. cit., pp. 63-64.

282 DAVID SEQUEIRA DINIS, NUNO SALAZAR CASANOVA e RAQUEL CARDOSO NUNES apesar de reconhecerem a novidade do regime, chamam a atenção para o facto que, embora não seja elencada como causa de recusa de homologação, o art. 207º, nº 1, alínea *c)* do CIRE já prevê que o juiz não deve admitir a proposta de plano de insolvência quando o mesmo for manifestamente inexequível, sendo que há jurisprudência que tem defendido que a manifesta inexequibilidade do plano pode ser fundamento de não homologação de um plano de recuperação, cf. *O processo (...)*, ob. cit., p. 98.

283 No sentido de que o controlo jurisdicional se restringe à gestão processual, cf. Ac. do Tribunal da Relação de Coimbra de 24/09/2013, Relator JOSÉ AVELINO GONÇALVES, Processo nº 995/12.1TBVNO-C.C1, disponível para consulta em www.dgsi.pt, último acesso em 10/07/2022.

284 Neste sentido, cf. CASANOVA, Nuno Salazar/DINIS, David Sequeira, *PER (...)*, ob. cit., p. 143; CRUZ, Nuno Gundar da, *Processo (...)*, ob. cit., p. 61; GONÇALVES, Filipa, *O processo (...)*, ob. cit., p. 81.

285 No Ac. do Tribunal da Relação de Guimarães de 20/02/2014, Relator JORGE TEIXEIRA, Processo nº 3617/13.0TBBRG.G1, disponível para consulta em www.dgsi.pt, último acesso em 10/07/2022, refere-se que: "a prossecução deste desiderato – da revitalização de devedores -, terá de ser mediada com a salvaguarda dos direitos dos credores contra situações de imposição de abusivos ou desproporcionais prejuízos, comprometedoras de uma razoável, equitativa e equilibrada satisfação desses seus interesses ou direitos, que, indubitavelmente, são também de fulcral relevância para o bom funcionamento da economia, este sim, o verdadeiro interesse público."

286 Em idêntico sentido, cf. SERRA, Catarina, *O processo extraordinário (...)*", ob. cit., p. 2058; SERRA, Catarina, *The extraordinary (...)*, ob. cit., pp. 4-5; RIBEIRO, Maria de Fátima, *Deveres (...)*, ob. cit., p. 1249, nota nº 28.

ordem jurídica interna, no âmbito do PER, através da Lei nº 9/2022, de 11 de janeiro, cf. art. 17º-F, nº 7, alínea *g)* do CIRE.

De facto, um dos aspetos profundamente inovadores da citada Diretiva é o juízo de mérito enunciado no nº 3 do art. 10º da mesma[287], nos seguintes termos: *"Os Estados-Membros asseguram que as autoridades judiciais ou administrativas possam recusar-se a confirmar um plano de reestruturação caso este não apresente perspetivas razoáveis de evitar a insolvência do devedor ou de garantir a viabilidade da empresa."*

Ora, a propósito dos contornos jurídicos desse juízo de mérito refere Francisco Garcimartin[288] que *"Article 10 par. 3 contains a reference to the insolvency and viability tests. Member states shall ensure that judicial or administrative authorities are able to refuse to confirm a restructuring plan where that plan would not have a reasonable prospect of preventing the insolvency of the debtor or ensuring the viability of the business. The Directive leaves to national law the option to introduce the viability test as a condition for access to the preventive restructuring procedure. But it does establish its verification ex post: it expressly requires the refusal of the confirmation of the restructuring plan where that plan would not have a reasonable prospect of preventing the insolvency of the debtor or ensuring the viability of the business (Article 10 par. 3). If the plan does not have a reasonable prospect of preventing the insolvency of the debtor and ensuring the viability of the business, there is no sense at all in confirming the plan.*

The Directive does not determine whether the control of the viability of the plan must be carried out ex officio or by request of any affected party. In this regard,

[287] Fátima Reis Silva tem o mesmo entendimento, ressaltando que o juízo de mérito é "um juízo direto sobre a potencialidade do plano enquanto instrumento de recuperação – se o plano tem a capacidade de evitar a insolvência ou se garante a viabilidade da empresa (controlo técnico e económico)", sendo que "no direito português (e não só) este juízo sempre foi cometido aos credores, desde que há instrumentos legais de recuperação. No nosso direito atual a lei comete ao juiz uma larga franja de recusa oficiosa de homologação (cfr. art. 215º do CIRE) mas que não passa por um juízo técnico deste tipo, exceto quando atinja a inexequibilidade pura e notória." – *Proposta de Lei 115/XIV/3ª – na versão da proposta conjunta do GPPSD e GPPS – Lei nº 9/2022, de 11 de janeiro – A visão de um juiz nacional*, em "Conferência «O Plano de Recuperação e Resiliência para a Justiça Económica e a transposição da Diretiva 2019/1023, do Parlamento Europeu e do Conselho»" – E-book", Ministério da Justiça, março de 2022, p. 39, disponível para consulta em https://justica.gov.pt/Portals/0/Ficheiros/Organismos/JUSTICA/E-bookCONF-PRR-VF2.pdf, último acesso em 10/07/2022.

[288] *European preventive (...)*, ob cit., p. 175.

Member States must take into account that judges are not well equipped to foresee the future and assess the viability of a business. Actually, in some jurisdictions the viability must be assessed by an expert. The standard, in any event, is not very strict. This provision does not require absolute certainty but simply a "reasonable prospect" about the viability of the business and the prevention of the insolvency. As in the case of BIC test, the fact that a qualified majority of affected parties have been favourable to the plan is a good indication of the viability of the debtor's business."

Por sua vez, DAVID SEQUEIRA DINIS e RAQUEL CARDOSO NUNES aplaudem[289] a previsão do legislador europeu, na medida em que *"a apreciação do mérito do plano é a melhor forma de garantir o sucesso do próprio mecanismo de reestruturação preventiva das empresas"*, notando, contudo, que *"a sua implementação pode, no entanto, levantar problemas sérios ao nível da preparação técnica dos decisores (tendencialmente, de formação apenas jurídica) e da celeridade e fluidez do processo. Os planos de reestruturação são, por definição, planos multidisciplinares que abrangem matérias de ordem financeira e contabilística, de ordem jurídica (nomeadamente, societária, obrigacional, fiscal e laboral), de ordem económica (consoante o setor de mercado em questão) e de ordem técnica (consoante a atividade que seja desenvolvida). Encontrar uma autoridade administrativa ou judicial que domine todos estes vetores é humanamente impossível. De resto, a homologação dos planos de revitalização ou de insolvência que os tribunais nacionais hoje realizam não é mais do que um controlo formal relativo às condições do plano (v. artigo 195º do CIRE). Nem mesmo os tribunais realizam atualmente uma apreciação do mérito e viabilidade do plano."*

Com efeito, é por todos reconhecido – juízes inclusive[290] – que a tarefa de aferição das perspetivas razoáveis de um acordo assegurar a viabilidade da empresa é estranha à formação judicial. De facto, em Portugal a formação dos magistrados (Juízes e Magistrados do Ministério Público) assume natureza eminentemente jurídica, pelo que a grande maioria dos juízes não possuirá, à partida, os conhecimentos de economia, de gestão e de contabilidade necessários para avaliar tecnicamente, *per se*, o acordo *sub judice*, designadamente da sua aptidão recuperatória.

[289] DINIS, David Sequeira/NUNES, Raquel Cardoso, *A Diretiva (UE) 2019/1023 e a Reestruturação Preventiva das Empresas*, em "Revista de Direito da Insolvência", nº 5, Coimbra, Almedina, 2021, pp. 167-168.

[290] Assim, cf. a opinião avalizada de FÁTIMA REIS SILVA, em *Proposta de lei (...)*, ob. cit., p. 39.

Acresce que tal se torna ainda mais difícil se tivermos em consideração o prazo legal concedido para o efeito (10 dias) e a impossibilidade legal de recorrer a outros meios de comprovação[291], para além do parecer do AJP[292].

Assim, neste contexto e circunstâncias processuais, parece difícil garantir que o juízo de viabilidade legalmente previsto possa ser efetuado com apropriado rigor[293], pelo que a avaliação judicial deverá ser circunscrita às situações de manifesta inviabilidade[294].

Se não, vejamos.

No plano lógico – seguindo a ordem legal da alínea *b)* do nº 4 do art. 9º da Lei nº 75/2020 – primeiramente, o juiz irá verificar se o acordo homologando respeita as maiorias de aprovação e, num segundo momento, se apresenta perspetivas razoáveis de garantir a viabilidade da empresa.

Ou seja, quando o juiz for aferir das perspetivas razoáveis de o acordo assegurar a viabilidade da empresa já se encontra na posse de um forte indício de viabilidade desta: a maioria (legal) dos credores – que são também proprietários económicos da empresa[295] – aprovou o acordo, pelo que se depreende que este garante a recuperação da empresa.

Como bem refere, Fátima Reis Silva[296] a propósito da introdução no PER de um juízo idêntico "*Se a maioria dos credores aprovar, é porque, à partida,*

[291] Somos concordes com o entendimento de David Sequeira Dinis, Nuno Salazar Casanova e Raquel Cardoso Nunes, em *O processo (...)*, ob. cit., p. 99, de que a estrutura, celeridade e finalidade do PEVE não se compadece com a produção de meios de prova, designadamente pericial, para aferição das perspetivas razoáveis do acordo para garantir a viabilidade da empresa.

[292] Outrossim, refere Catarina Serra que: "Strangely enough, the law requires the court to assess the economic feasibility of the plan together with the other prerequisites for the confirmation of the plan, within ten days only and on the sole basis of the opinion of the insolvency practitioner", *The extraordinary (...)*, ob. cit., pp. 9-10.

[293] Neste sentido, cf. Serra, Catarina, *The extraordinary (...)*, ob cit., p. 10.

[294] "In order not to deprive the legal provision of its effects, it should be smartly interpreted, in such a way that the court only refuses the confirmation of the plan where the unsuitability of the plan to achieve the economic viability of the business is manifest, obvious, or patent." – Serra, Catarina, *The extraordinary (...)*, ob. cit., p. 10.

[295] "Ao direito da insolvência compete a tarefa de regular juridicamente a eliminação ou a reorganização financeira de uma empresa segundo uma lógica de mercado, devolvendo o papel central aos credores, convertidos, por força da insolvência, em proprietários económicos da empresa." – Preâmbulo do DL nº 53/2004, de 18 de março, que aprovou o CIRE.

[296] *Proposta de lei (...)*, ob. cit, p. 41.

o plano tem viabilidade. A viabilidade é um conceito relativo: depende da conjugação de vários fatores, muitos dos quais imprevisíveis – é um risco, uma aposta num determinado cenário futuro (se quiserem é um filme e não uma fotografia). Para mim os credores, que estão no mercado com o devedor, que sabem as suas próprias condicionantes e que, para tomar posição, assumem os respetivos riscos, continuam a ser os mais bem colocados para fazer esta avaliação."

Neste mesmo sentido, mencionam David Sequeira Dinis, Nuno Salazar Casanova e Raquel Cardoso Nunes[297] que "*(...) numa situação em que a empresa e a maioria dos credores legalmente exigida tenham firmado um acordo de reestruturação, deverá existir uma espécie de in dubio pro reestruturação, salvo se não for razoável – rectius, se for manifesto ou evidente – crer que a viabilização esteja assegurada.*"

À vontade dos credores – como indício de aptidão do acordo para garantir a viabilidade da empresa – haverá que adicionar, ainda, o sentido do parecer do AJP, que não sendo vinculativo[298], é a opinião técnica de um profissional de recuperação de empresas, dotado de formação específica e experiência profissional nesta área.

Havendo concordância entre o parecer favorável do AJP e a maioria legal exigida de credores não vemos, em teoria, razões para concluir que o acordo alcançado não apresente perspetivas *razoáveis* de garantir a viabilidade da empresa, assegurando-se, assim, à empresa o acesso a uma "reestruturação bem sucedida"[299].

Mais difícil será, no plano teórico, prognosticar como proceder nos casos em que haja dissenso entre a vontade favorável dos credores e um parecer desfavorável do AJP, na medida em que tal passará, necessariamente, pela avaliação casuística de cada empresa, de cada acordo, de cada maioria de credores.

Caso o acordo passe o teste de garantir que a sua execução assegura, razoavelmente, a viabilidade da empresa, incumbirá, ainda, ao juiz nos moldes já conhecidos do plano de insolvência, PER e PEAP aferir que, no

[297] *O processo extraordinário (...)*, ob. cit., p. 99.

[298] A propósito de idênticas alterações introduzidas em sede de PER, Fátima Reis Silva refere que "a decisão vai continuar a ser da autoridade, no caso português, do juiz. Mas continua a ser um juízo a exigir educação e formação, já que os tribunais não têm por função, nem por tradição, chancelar opiniões de terceiros" – *Proposta de lei (...)*, ob. cit., p. 40.

[299] Dinis, David Sequeira/Casanova, Nuno Salazar/Nunes, Raquel Cardoso, *O processo (...)*, ob. cit., p. 99.

caso, não subsiste alguma das circunstâncias previstas nos arts. 215º[300] e 216º[301] do CIRE. Ou seja, o juiz fica obrigado à rejeição do acordo de viabilização ante a violação grave da lei e sacrifício ou benefício injustificado de algum credor[302].

Não se vislumbrando motivo para recusar a homologação do acordo, deve ser proferida a competente decisão homologatória, que é registada, notificada e publicitada por via eletrónica, vinculando a empresa, os credores subscritores do acordo e os credores constantes da relação (definitiva) de credores, mesmo que não hajam participado na negociação extrajudi-

[300] "A recusa oficiosa de homologação do PER regulada no art. 215º pode fundar-se na violação não negligenciável de regras procedimentais ou na violação não negligenciável das normas aplicáveis ao seu conteúdo (por exemplo, o princípio da igualdade dos credores da insolvência, consagrado no art. 194º). À semelhança do processo de insolvência, deve tratar-se de uma "violação não negligenciável", isto é, as "violações consideradas menores, que não ponham em causa o interesse do devedor e dos credores afetados, não constituirão causa suficiente para que o juiz possa recusar a homologação do plano." (...) O art. 215º também prevê a possibilidade de recusa oficiosa de homologação do plano quando, no prazo razoável que estabeleça, ainda não se tenham preenchido as condições suspensivas do plano ou não sejam praticados os atos ou executadas as medidas que devam anteceder a homologação, fundamento aplicável por força da remissão expressa para o art. 202º" – Epifânio, Maria do Rosário, *Manual (...)*, ob.cit., pp. 504-505.

[301] Nos termos do nº 1 do artigo: o juiz recusa ainda a homologação se tal lhe for solicitado pelo devedor, caso este não seja o proponente e tiver manifestado nos autos a sua oposição, anteriormente à aprovação do plano de insolvência, ou por algum credor ou sócio, associado ou membro do devedor cuja oposição haja sido comunicada nos mesmos termos, contanto que o requerente demonstre em termos plausíveis, em alternativa, que: a) A sua situação ao abrigo do plano é previsivelmente menos favorável do que a que interviria na ausência de qualquer plano, designadamente face à situação resultante de acordo já celebrado em procedimento extrajudicial de regularização de dívidas; b) O plano proporciona a algum credor um valor económico superior ao montante nominal dos seus créditos sobre a insolvência, acrescido do valor das eventuais contribuições que ele deva prestar. Sobre a inspiração germano-americana da norma, cf. Campos, Luís, *A recuperação (...)*, pp. 17-18.

[302] Catarina Serra refere a este respeito que "compreensivelmente, cabe à lei – a mesma lei que faz prevalecer sobre a regra do consentimento individual (típica dos contratos) a regra do consentimento colectivo (característica dos processos tradicionais de insolvência) – fixar os limites desta prevalência. Trata-se, por um lado, de, através do art. 215º, garantir a legalidade do acordo. Trata-se, por outro, de assegurar, através do art. 216º, uma tutela mínima das minorias (Minderheitenschutz). Apesar da presunção de que o acordo mais favorável a todos é o acordo alcançado pela maioria, deve admitir-se prova em contrário, ou seja, a demonstração de que o acordo é injustificadamente desfavorável ou favorável a algum dos sujeitos envolvidos. Neste caso – e só neste caso – os interesses colectivos devem ceder perante os interesses privados" – *Lições (...)*, ob. cit., p. 436.

cial, relativamente aos créditos constituídos à data em que foi proferida a decisão de nomeação do AJP (cf. nº 9 do art. 9º da Lei nº 75/2020).

Como deixámos sobredito, confrontando os citados efeitos vinculativos da decisão homologatória no âmbito do PER com os do seu congénere PEVE é evidente que os deste último são bem mais limitados, porquanto se mostram circunscritos aos credores que constam enunciados no próprio processo: ou por terem subscrito o acordo, ou por constarem da relação de credores ou por terem lançado mão do mecanismo de adesão a que se refere o art. 10º da Lei nº 75/2020[303], que adiante detalharemos.

Como bem sintetiza PESTANA DE VASCONCELOS[304], *"os credores não relacionados não ficam vinculados, havendo um afastamento do regime do PER quanto aos efeitos da homologação, mesmo na modalidade de acordos extrajudiciais de recuperação de empresas, de que é uma variante."*

De facto, o PER é tipicamente caracterizado como um processo de recuperação de vocação universal, na medida em que prevê uma fase concursal de chamamento de todos os credores para reclamarem os seus créditos e negociarem, bem como por ter um efeito vinculativo que abrange todos os credores (reclamantes e não reclamantes, negociadores e não negociadores), relativamente aos créditos constituídos à data de abertura do processo.

Com efeito, o nº 11 do art. 17º-F do CIRE dispõe que a decisão de homologação vincula os credores *"mesmo que não hajam reclamado os seus créditos ou participado nas negociações"*. Abrange todos os credores do devedor, mesmo os que não constem enunciados na lista ou no plano[305].

Ora, a razão para o efeito vinculativo mais reduzido do PEVE parece resultar do facto de este não conter verdadeiramente uma fase concursal de reclamação de créditos, pelo que, do ponto de vista da arquitetura normativa do instrumento de recuperação, fará algum sentido limitar os seus

[303] A estes credores CATARINA SERRA adita, ainda, um outro grupo de credores afetados: "Por fim, é preciso considerar o disposto no art. 12º, nº 1. Pressupondo-se aí que os negócios que compreendam a disponibilização à empresa de novos créditos pecuniários estejam expressamente previstos no acordo de viabilização para que se produza o efeito previsto na norma (insusceptibilidade de resolução em benefício da massa insolvente), impõe-se a conclusão de que existe um quarto e último grupo de credores afectados – os titulares de créditos que, não obstante supervenientes (posteriores à data de abertura do processo), se convencione regular no acordo." – *O processo extraordinário (...)*, ob. cit., p. 2062.

[304] *O novo processo (...)*, ob. cit., p. 2131.

[305] Assim, cf., a título de exemplo, ASSUNÇÃO, Elisabete, *Impugnação (...)*, ob. cit., p. 57 e o Ac. do Tribunal da Relação de Coimbra de 6/06/2017, Relator CARLOS MOREIRA, Processo nº 505/16.1T8FND.C1, disponível para consulta em www.dgsi.pt, último acesso em 10/07/2022.

efeitos vinculativos aos credores subscritores do acordo, aos credores relacionados (de forma definitiva)[306] e aos credores aderentes.

Aliás, a fase de adesão[307], a que se reporta o art. 10º da Lei nº 75/2020, parece ser uma resposta do legislador (ainda que imperfeita) ao efeito vinculativo (limitado) da decisão de homologação.

10. Da fase de adesão

O regime do PEVE, de forma inovadora[308], contempla a possibilidade de, em caso de homologação do acordo de viabilização, qualquer credor que não conste da relação de credores definitiva[309] possa, por mera declaração, no prazo de 30 dias[310] contados da publicitação da decisão de homologação do acordo, manifestar no processo a sua intenção de aderir ao acordo homologado[311].

306 "A decisão de homologação torna, pois, o acordo de viabilização da empresa vinculativo para os credores subscritores, bem como para os credores que, não sendo subscritores (seja porque participaram na negociação extrajudicial mas se recusaram a subscrever o acordo, seja porque não participaram de todo), constam da relação definitiva de credores, em resultado da iniciativa da empresa (através da inclusão na relação de credores) ou da sua própria iniciativa (através da impugnação da relação de credores)." – SERRA, Catarina, *O processo extraordinário (...)*, ob. cit., p. 2061.

307 CATARINA SERRA refere que se trata de "uma fase eventual (que só tem lugar se o acordo for homologado) e que é susceptível de ser configurada como um sucedâneo (em qualquer caso, longínquo) da reclamação de créditos." – *O processo extraordinário (...)*, ob. cit., p. 2059.

308 CATARINA SERRA tenta encontrar alguma similitude desta fase de adesão com a previsão do art. 7º, nºs 5 e 6 do RERE, cf. *O processo extraordinário (...)*, ob. cit., p. 2059, nota nº 52. Salvo melhor entendimento, à parte o idêntico termo – adesão – estamos perante figuras jurídicas bem distintas, na medida em que no RERE trata-se de aderir a um processo negocial em curso, enquanto no PEVE se prevê a possibilidade de um credor estranho ao processo se vincular a um acordo de viabilização já homologado, por decisão judicial.

309 Apesar de o nº 1 do art. 10º da Lei nº 75/2020 admitir tal faculdade ao credor que não conste da relação de credores definitiva parece-nos claro e evidente que a fase de adesão não se aplicará, naturalmente, aos credores subscritores do acordo, na medida em que estes já se mostram vinculados ao acordo que assinaram. Por sua vez, ALEXANDRE DE SOVERAL MARTINS equaciona uma outra hipótese: "não se pode afastar a possibilidade de existirem também credores que constam da relação definitiva de credores e que não assinaram o acordo. Desde logo, porque ninguém lhes pediu que assinassem. Não podem aderir ao acordo? Parece que, por maioria de razão, também podem." – *Mais vale tarde (...)*, ob. cit., pp. 52-53.

310 Certamente, por manifesto lapso de escrita, DAVID SEQUEIRA DINIS, NUNO SALAZAR CASANOVA e RAQUEL CARDOSO NUNES referem que o prazo, para o efeito, é de 10 dias, cf. *O processo (...)*, ob. cit., p. 100.

311 "O encerramento do PEVE ocorre após o trânsito em julgado da sentença. No caso de homologação do acordo, caso não haja recurso, o encerramento ocorre após a fase de adesão

Não obstante, a adesão do credor só se perfectibiliza mediante aceitação da empresa, que é notificada para, no prazo de cinco dias, informar se aceita a adesão daquele ao acordo[312], cf. nº 2 do art. 10º da Lei nº 75/2020; sendo que o silêncio da empresa ante a notificação equivale à recusa de adesão (cf. nº 4 do mencionado preceito). Ou seja, por outras palavras, para que a adesão do credor se torne definitiva é necessário que haja aceitação expressa da empresa. A adesão é, assim, um "*mero ato negocial entre credores e devedor*" [313].

Nos termos do disposto no nº 3 do art. 10º da Lei nº 75/2020, a adesão dos credores ao acordo, que mereça a concordância da empresa, vincula-os[314] nos termos dos demais credores (nº 9 do art. 9º da referida lei), sem que seja necessário a intervenção do juiz para o efeito.

Descrito o regime legal constata-se que do ponto de vista dogmático a fase de adesão caracteriza-se por ser uma fase processual, pós-sentencial, de natureza eventual, que se destina a estender o efeito vinculativo do acordo homologado a credores que não o subscreveram, nem constam da relação de credores definitiva, mediante a aceitação expressa da empresa e sem qualquer controlo jurisdicional dos termos dessa vinculação ulterior, designadamente sobre a qualidade de *credor* dos credores aderentes[315].

Trata-se, assim, de uma fase facultativa marcada por um forte pendor contratual (sublinha-se que é necessária a expressão de vontade, nesse sentido, de credor e empresa), que permite a extensão do efeito vinculativo

(art. 10º) que pode prolongar o processo por mais 35 dias. Sendo 30 dias para os credores manifestarem seu interesse em aderir ao processo e 5 dias para o devedor manifestar a aceitação da adesão. Caso haja recurso contra a sentença, este será decidido em paralelo à fase de adesão, encerrando-se o PEVE após o trânsito em julgado e a fase de adesão, o que ocorrer por último. Caso o recurso reforme uma sentença de não homologação, deve ser aberta possibilidade para uma fase de adesão, nos termos anteriormente ditados." – GOMES, Mickael Borges Pereira, *Processo (...)*, ob. cit., p. 37.

[312] Concordamos com a conclusão de MENEZES LEITÃO quando refere que "a lei não esclarece se a aceitação da empresa pode ocorrer apenas em relação a alguns credores, nos pareça que a resposta deva ser positiva, dado que não parece ser de impor à empresa uma recusa de adesão de todos os credores, se esta pretender aceitar alguns." – *Direito (...)*, ob. cit., p. 417.

[313] GOMES, Mickael Borges Pereira, *Processo (...)*, ob. cit., p. 34.

[314] "Daqui resulta uma terceira categoria de credores vinculados: os que, não sendo subscritores do acordo e nem constantes da relação definitiva de créditos, manifestaram a intenção de aderir ao acordo depois da sua homologação e cuja adesão foi aceite pela empresa, nos termos do art. 10º, nº s 1, 2 e 3", SERRA, Catarina, *O processo extraordinário (...)*, ob. cit., p. 2062.

[315] Neste sentido, cf. SERRA, Catarina, *O processo extraordinário (...)*, ob. cit, p. 2060, nota nº 53.

da homologação judicial do acordo de recuperação a um credor *terceiro*[316], sem a participação do juiz.

Esta fase do PEVE, talvez pelo seu carácter novo e algo atípico dentro do catálogo dos processos de recuperação judiciais ou extrajudiciais, suscitou por parte da doutrina alguma contestação quanto à sua concreta relevância.

Catarina Serra[317] – procurando alguma utilidade para o instituto em causa – defende que os credores aderentes possam ser *"titulares de créditos constituídos depois da abertura do PEVE. Pensa-se imediatamente nos novos créditos pecuniários, a que se refere o art. 12º. Referindo-se a estes créditos, o art. 12º, nº 1, exige que eles estejam expressamente previstos no acordo de viabilização para serem abrangidos pela garantia da insusceptibilidade de resolução em benefício da massa em eventual processo de insolvência da empresa. Se isto pressupõe também a adesão dos respectivos credores ao acordo não é claro. Seja como for, a adesão a um acordo que preveja este tipo de créditos e indique as suas garantias (reais ou outras) reforçará a segurança dos credores."*

Por sua vez, Pestana de Vasconcelos[318] reputa esta fase processual de desvantajosa[319] para os credores, porquanto *"em regra, o acordo tem efei-*

316 "Supondo que os potenciais aderentes são titulares de créditos constituídos à data da abertura do PEVE, há duas situações que podem explicar a sua exclusão da relação definitiva de credores e a utilidade do instrumento da adesão. A primeira é a empresa não os ter incluído na relação de credores apresentada *ab initio* e eles não terem impugnado esta relação. A segunda é o juiz ter decidido, por alguma razão, não os incluir na relação definitiva de credores (o que pode acontecer quando a empresa os tenha incluído na relação inicial ou não os tenha incluído mas eles tenham impugnado). Tudo isto para dizer que serão raras as vezes em que a exclusão destes credores resulta, simplesmente, de desconhecimento, de desatenção ou de erro. É bem mais provável que a exclusão se deva à simples falta de interesse da empresa e / ou dos próprios credores ou então à circunstância de a sua inclusão ser contrária à lei, o que torna o instrumento da adesão, nuns casos, inútil e, nos outros, eventualmente perigoso." – Serra, Catarina, *O processo extraordinário (...)*, ob. cit., pp. 2059-2060.

317 *O processo extraordinário (...)*, ob. cit., p. 2060.

318 *O novo processo (...)*, ob. cit., p. 2132.

319 Se é certo o que assinala Pestana de Vasconcelos – os planos de recuperação *lato sensu* implicam, por regra, a redução do valor dos créditos (capital e/ou juros), bem como a imposição de moratórias – não é menos verdade que, contrariamente ao propugnado pelo Autor, tal é, certamente, vantajoso para os credores, na medida em que são essas medidas de reestruturação, entre outras, que, tantas vezes, garantem a manutenção das empresas no giro comercial e, consequentemente, o pagamento dos créditos. Como bem refere Stephen Madaus "The common debt cancellation effect of insolvency and restructuring proceedings should make the further development of such procedures a priority for all economies with an unhealthy level of debt. Compared with the alternative instruments of immediate debt

tos desfavoráveis aos credores, que se veem obrigados aceitar moratórias ou redução do valor nominal dos seus créditos no âmbito da restruturação do passivo, e que, por essa razão, têm interesse em não ser abrangidos. Pelo contrário, os outros credores, e em especial a empresa, tem o interesse oposto."

Por último, Maria de Fátima Ribeiro[320] discute a oportunidade processual do *instrumento*, na medida em que *"estes novos créditos eram desconhecidos de todos os restantes credores, do administrador judicial provisório e do juiz; ou seja, de todos aqueles que tiveram a oportunidade de se pronunciar acerca da lista de credores e do próprio acordo, nomeadamente quanto à sua aptidão para promover a viabilização da empresa. E pode bem dar-se o caso de ser duvidosa a existência destes créditos, bem como o seu montante ou qualificação, ou de a sua mera existência vir pôr em causa as perspectivas de viabilização da empresa através da execução do acordo entretanto homologado: o acordo "aprovado", subscrito pelos credores e homologado pelo juiz, não é o mesmo que será executado. A questão é que, na fase em que está prevista a adesão, já nem os restantes credores, nem o administrador judicial provisório, nem o juiz terão a possibilidade de reagir a este estado de coisas, o que pode levar a que, afinal, os credores vinculados pelo acordo continuem adstritos ao cumprimento das suas cláusulas, apesar de, por exemplo, estarem cientes de que a empresa não apresenta, agora, perspectivas de viabilidade. E se vierem, com este fundamento, requerer a declaração de insolvência da empresa, o processo fica suspenso, nos termos do disposto no artigo 8º, nº 8, da Lei.*

Tendo tudo isto em conta, talvez a solução mais adequada fosse a de fazer transitar a fase da adesão para momento anterior ao da homologação do acordo, fazendo correr o prazo de 10 dias estabelecido no nº 4 do artigo 9º apenas a partir do momento em que a empresa informa se aceita a adesão dos credores declarantes ao acordo – e eventualmente estabelecendo-se que, dentro dos primeiros dias desse prazo, os restantes credores vinculados ao acordo e o administrador judicial provisório pode-

cancellation (clean slates, hyperinflation), such proceedings deserve a favourable treatment and image. Where paying all nonperforming loans is impossible (over-indebted debtor), continuing the status quo (e.g. by granting payment periods for decades, with little or no interest) leads to a stagnation not only of the overburdened debtor (who is hardly able to finance new investments with a new line of credit), but also of the economy as a whole. It is as much in the macroeconomic interest of policy-makers, as it is in the interest of the debtor, to find a better solution." – *The New Age of Debt...and the common function of insolvency and restructuring law*, "Eurofenix – The Journal of INSOL Europe", nº 67, 2017, p. 16, disponível para consulta em https://www.insol-europe.org/publications/eurofenix-past-issues, ultimo acesso em 10/07/2022.

[320] *Deveres dos administradores (...)*, ob. cit., pp. 1252-1254.

riam vir ao processo pronunciar-se (quer acerca da qualificação do crédito quer do facto de o acordo ainda apresentar perspectivas razoáveis de garantir a viabilidade da empresa)."

Na nossa opinião, não deixando de concordar com a abordagem de Catarina Serra sobre a utilidade deste mecanismo de adesão para créditos constituídos posteriormente à abertura do processo (tanto por parte de credores pré-existentes ou novos credores), parece-nos que haverá, ainda, outra razão válida, ou se quisermos útil, para o legislador ter criado esta possibilidade de adesão ulterior de credores ao acordo homologado: o reconhecimento de créditos litigiosos.

Com efeito, haverá interesse processual dos credores que se encontrem em litígio com a empresa quanto à existência, natureza ou valor do seu crédito, em aderir a um plano de recuperação, como é o acordo de viabilização, no sentido de poder ver aí "reconhecido" o seu crédito por parte da devedora.

Na configuração legal da fase de adesão constata-se que se exige o assentimento expresso da empresa (devedora) para que a adesão do credor se torne válida e produza efeitos. Ou seja, é necessário que a empresa reconheça explicitamente a existência da relação creditícia para que a adesão do credor-requerente ocorra.

Ora, se é verdade que a relação de créditos definitiva visa, em primeira linha e à semelhança do PER, computar as maiorias de aprovação do acordo extrajudicial alcançado, não é menos verdade que a mesma definirá os valores em dívida da empresa, que deverão ser objeto de pagamento.

Neste circunstancialismo legal, a aceitação *expressa* de adesão de um credor por parte da empresa traduz o reconhecimento da existência da dívida[321] subjacente ao pedido de adesão, que determina, necessariamente,

[321] "O reconhecimento de dívida e promessa de pagamento a que se refere o art. 485º do CC, configura um título em que alguém, unilateralmente, se confessa devedor de uma prestação, sem indicação da respectiva causa, isto é, do negócio que está na origem do crédito, ou ainda, da obrigação anteriormente constituída. Explicitando o teor de tal norma, afirma Fernando Pessoa Jorge: "Significa este preceito que o credor que disponha de um documento escrito do devedor em que este unilateralmente declara prometer uma prestação ou reconhecer uma dívida, não precisa de provar a causa da obrigação, cuja validade e existência se presume. Não se está, portanto, em face de um negócio abstracto, mas sim de um acto causal, embora com presunção de causa, presunção que, sendo ilidível, determina a inversão do ónus da prova: não será o credor quem terá de demonstrar a existência e a licitude da causa, mas será sim ao devedor que caberá provar que a prestação que prometeu ou reconheceu não tem causa

a superação de alguma eventual litigiosidade em torno dos créditos em apreço, conferindo utilidade processual ao instituto.

Note-se, aliás, nesse sentido que, na falta de distinção legal, os credores que adiram ao acordo de viabilização, por recurso ao mecanismo previsto no art. 10º da Lei nº 75/2020, encontram-se exatamente na mesma posição jurídica que os credores que originalmente subscreveram o acordo, bem como os que constam da relação definitiva de credores[322]. Não me parece sequer possível outra interpretação à luz do disposto no nº 3 do referido

ou esta é ilícita". (...) Antunes Varela adverte ainda que o art. 458º não foge à regra de que o negócio unilateral não é fonte de obrigações: nenhum dos actos a que nele se alude (promessa de uma prestação ou reconhecimento de uma dívida), constituiu, com efeito, fonte autónoma de uma obrigação. Criam apenas a presunção da existência de uma relação negocial ou extra-negocial (a relação fundamental a que aquele preceito se refere), sendo esta a verdadeira fonte da obrigação. Por isso se inverte o ónus da prova, mediante uma verdadeira relevatio ab onere probandi. Se o declarante ou os seus sucessores alegarem e provarem que semelhante relação não existe (porque o negócio que a promessa de prestação ou o reconhecimento de dívida pressupõem não chegou a constituir-se, porque é nulo ou foi anulado, porque caducou ou os seus efeitos se extinguiram entretanto, etc.), a obrigação cai, não lhe servindo de suporte bastante nem a promessa de cumprimento nem o reconhecimento da dívida. Ou seja, haverá que atentar-se em que, tratando-se de declarações negociais causais, a sua causa não reside na promessa de cumprimento ou no reconhecimento da dívida – a fonte da obrigação continua a ser a relação fundamental que subjaz à promessa de cumprimento ou de reconhecimento da dívida.

Como salienta Pedro Pais Vasconcelos, as promessas unilaterais de uma prestação ou do cumprimento e os respectivos reconhecimentos unilaterais de dívida, feitos sem indicação da respectiva causa não são originariamente constituintes das obrigações a que se referem, tendo subjacentes uma relação fundamental ou relação subjacente que lhe constituiu a respectiva causa civilis obligandi:«A um nível mais profundo, pode concluir-se do art. 485º que não são a promessa de cumprimento ou o reconhecimento da dívida, unilaterais e nus, que constituem a fonte ou o fundamento jurídico, isto é, a causa das obrigações a que se referem. As obrigações cujo cumprimento é unilateralmente prometido e as dívidas que são unilateralmente reconhecidas ad nutum foram geradas ou constituídas por uma outra causa, que constituiu o seu fundamento jurídico originário»" – Ac. do Tribunal da Relação do Porto de 14/05/2013, Relatora Maria João Areias, Processo nº 180/08.7TBAMT-A.P1, disponível para consulta em www.dgsi.pt, último acesso em 10/07/2022.

[322] A este respeito referem David Sequeira Dinis, Nuno Salazar Casanova e Raquel Cardoso Nunes que "a adesão prevista no artigo 10º implica que os aderentes assumem uma posição idêntica à dos subscritores originais, ficando todos vinculados indistintamente – isto é, independente de terem subscrito o acordo originalmente ou aderido posteriormente – aos mesmos direitos e obrigações. A lei não estabelece qualquer discriminação entre uns e outros; pelo contrário, assume que todos terão a mesma posição. Donde não existe qualquer motivo para tratamentos diferenciados ou discriminatórios, visto que, todos (subscritores

art. 10º quando estipula que a adesão ao acordo dos credores, que mereça a concordância da empresa, vincula-os nos termos previstos no nº 9 do art. 9º da Lei nº 75/2020[323]. Ou seja, em síntese, todos os credores adstritos gozam de idêntico vínculo ante o acordo de viabilização.

11. Dos efeitos da decisão de homologação

Para além do efeito principal de estender a eficácia do acordo de viabilização a credores não subscritores do mesmo, a sentença de homologação acarreta efeitos de natureza adjetiva e efeitos fiscais.

No que concerne aos efeitos adjetivos os mesmos circunscrevem-se, em essência, às ações suspensas por força da decisão de abertura do PEVE: ações para cobrança de dívidas contra a empresa e processos de insolvência.

De facto, nos termos do art. 8º, nº 1, alínea *a)* 2ª parte e nº 5, 2ª parte da Lei nº 75/2020, ambos os tipos de ações extinguir-se-ão com o trânsito em julgado da decisão homologatória do acordo de viabilização[324], sendo que as ações para cobrança de dívidas prosseguirão quando o acordo preveja expressamente a sua continuação ou quando os créditos em causa naquelas ações não estejam abrangidos pelo acordo[325].

Por outro lado, não obstante a lei não o referir expressamente, o trânsito em julgado da sentença homologatória determinará, naturalmente, o

originais ou aderentes), são e devem ser considerados partes subscritoras do acordo." – *O processo (...)*, ob. cit., p. 101.

[323] CATARINA SERRA realça o papel determinante da empresa na definição dos credores vinculados ao acordo de viabilização quando menciona que "É impossível deixar de se notar que o universo dos credores vinculados é fortemente definido pela empresa: quando ela os aceita como partes no acordo (credores subscritores), quando os inclui na relação de credores (credores relacionados) ou quando aceita a sua adesão ao acordo (credores aderentes). Os únicos credores vinculados independentemente da vontade da empresa são os que tomam a iniciativa de impugnar a relação de credores apresentada pela empresa, com base na indevida exclusão do seu crédito e, na sequência disso, são incluídos, pelo juiz, na relação definitiva. Excluídos só ficam, em definitivo, os credores cuja vinculação ao acordo não foi nem do interesse da empresa nem do seu próprio interesse." – *O processo extraordinário (...)*, ob. cit., p. 2063.

[324] Nesse sentido, cf. *supra* as razões elencadas no Ponto 4.1 "*Dos efeitos adjetivos do PEVE*".

[325] "Aproveitando o que se disse, noutra altura, no quadro do PER, o alcance dos efeitos processuais deve definir-se por referência ao alcance dos efeitos substantivos do acordo. De facto, não há razão para que não prossigam as acções relativas a créditos que não são – que ninguém teve interesse (nem a empresa nem os respectivos titulares) que fossem – regulados no acordo de viabilização." – SERRA, Catarina, *O processo extraordinário (...)*, ob. cit., p. 2066.

encerramento do processo (art. 17º-J, nº 1, alínea *a)* do CIRE aplicável *ex vi* art. 6º, nº 7 da Lei nº 75/2020). Note-se, neste conspecto, que o recurso da decisão de homologação ou não homologação sobe imediatamente, nos próprios autos, com efeito devolutivo[326], sendo que não obstante o valor fixado legalmente para a causa – € 30 000,01[327] – só será admissível o recurso para o Supremo Tribunal de Justiça se o recorrente demonstrar que o acórdão de que pretende recorrer está em oposição com outro, proferido por alguma das relações, ou pelo Supremo Tribunal[328].

No plano substantivo a homologação do acordo de viabilização tem efeitos fiscais[329]. Desde logo, no que concerne aos créditos tributários e da Segurança Social a Lei nº 75/2020 estabelece no seu art. 13º um regime especial[330] para a empresa de redução da taxa de juros de mora no pagamento dos referidos créditos.

Não obstante o preceito proclamar a indisponibilidade[331] dos créditos tributários e da Segurança Social, certo é que prevê a aplicação de redução

[326] Efeito e modo de subida idêntico ao previsto no CIRE para os recursos em sede de PER e PEAP, cf. art. 14º, nºs 5 e 6. No que concerne ao efeito devolutivo "trata-se de uma regra que substitui integralmente, em nosso ver, o regime do artigo 647º CPC, dado o enunciado expresso e sem restrições. Em consequência, não têm efeito suspensivo os recursos de despachos de indeferimento de incidentes processados por apenso (cf. artigo 647º nº 3 al. c) CPC), nem se admite atribuição judicial de efeito suspensivo mediante prestação de caução (cf. artigos 647º nº 4 e 648º CPC), únicas normas que poderiam ser cabíveis aos processos pré-insolvenciais e insolvenciais." – Pinto, Rui, *Recursos no processo de insolvência e no P.E.R.*, em "V Congresso do Direito da Insolvência" (coord. Catarina Serra), Coimbra, Almedina, 2019, p. 319.

[327] Cf. o nº 13 do art. 9º da Lei nº 75/2020.

[328] Com este entendimento, cf. Serra, Catarina, *O processo extraordinário (...)*, ob. cit., pp. 2071-2072; Dinis, David Sequeira/ Casanova, Nuno Salazar/ Nunes, Raquel Cardoso, *O processo (...)*, ob. cit., p. 100.

[329] No sentido de que a realidade de muitas empresas em situação económica difícil ou em situação de insolvência implica a existência de dívidas tributárias *lato sensu*, cf. Gonçalves, Francisca Margarida Pereira, *O processo (...)*, ob. cit., p. 36.

[330] "A redução da taxa de juros de mora é permitida apenas nos termos do nº 3 deste preceito, sem possibilidade de cumulação com outras reduções previstas noutros diplomas e dependente da existência de um acordo de viabilização conducente à consolidação financeira da empresa." – Dinis, David Sequeira/ Casanova, Nuno Salazar/ Nunes, Raquel Cardoso, *O processo (...)*, ob. cit., p. 104.

[331] Não podemos deixar de concordar com Pestana de Vasconcelos quando identifica que a anunciada intangibilidade dos créditos tributários no caso, apenas, se atém ao capital, porquanto "a diminuição da taxa, reduz os créditos, que sendo embora de mora, tem igualmente natureza tributária; por outro, dispõe mesmo dos créditos tributários no caso do

da taxa de juros moratórios no caso de pagamento prestacional[332] dessas dívidas, nos termos dos arts. 196º e 199º do Código de Procedimento e de Processo Tributário (CPPT) e dos arts. 13º e 14º do DL nº 42/2001, de 9 de fevereiro, nos seguintes montantes: *a)* 25 % em planos prestacionais de 73 até 150 prestações mensais; *b)* 50 % em planos prestacionais de 37 até 72 prestações mensais; *c)* 75 % em planos prestacionais até 36 prestações mensais e *d)* totalidade de juros de mora vencidos, desde que a dívida se mostre paga nos 30 dias seguintes à homologação do acordo. Em caso de incumprimento do acordo homologado, fica sem efeito a redução da taxa de juros de mora prevista no nº 3, sendo aplicável o regime previsto no nº 1 do art. 200º do CPPT.

Por sua vez, o art. 14º, nº 1 da Lei nº 75/2020 (que é um evidente decalque legal do art. 27º do RERE[333]) estatui que a homologação do acordo de viabilização confere às partes subscritoras os benefícios previstos nos arts. 268º a 270º do CIRE[334], desde que o acordo compreenda a reestruturação

art. 13º, nº 1, al. f) da Lei nº 75/2020, de 27/11. Nessa medida, a indisponibilidade proclamada vai só até aos créditos do capital, e não aos créditos aos juros, que, como se referiu, também tem natureza tributária." – *O novo processo (...)*, ob. cit., pp. 2134-2135. Sobre a intangibilidade dos créditos tributários no âmbito dos processos de recuperação, cf. RAMOS, António Fonseca, *Os créditos tributários e a homologação do plano de recuperação*, em "Revista de Direito da Insolvência", nº 0, Coimbra, Almedina, 2016, pp. 276-280; DIAS, Sara Luís, *O crédito tributário (...)*, ob. cit., pp. 170-183; DIAS, Sara Luís, *A afetação do crédito tributário no plano de recuperação da empresa insolvente*, em "Revista de Direito da Insolvência", nº 0, Coimbra, Almedina, 2016, pp. 261-263; SERRA, Catarina, *O processo extraordinário (...)*, pp. 2079-2086.

[332] Nos termos do nº 4 do art. 13º os pagamentos das prestações calculadas são imputados, em primeiro lugar, ao capital em dívida, seguindo-se os juros compensatórios, os juros de mora e os encargos, sucessivamente. A este respeito destaca MENEZES LEITÃO que se trata de um regime especial "mais favorável do que o constante do art. 785º CC." – *Direito (...)*, ob. cit., p. 415.

[333] Sobre o regime em apreço, cf. SERRA, Catarina, *Regime Extrajudicial de Recuperação de Empresas – Análise (e) Crítica*, Coimbra, Almedina, 2018, pp. 132-143 e *Novo (?) Regime Extrajudicial de Recuperação de Empresas*, em "Seminário de Direito da Insolvência" (coord. Catarina Serra), Coimbra, Almedina, 2019, pp. 13-16. Por sua vez, criticando a opção legislativa de importar para o PEVE o regime previsto no RERE, que faz depender a concessão de benefícios fiscais dos requisitos previstos no art. 14º, nº 3, cf. DINIS, David Sequeira/CASANOVA, Nuno Salazar/NUNES, Raquel Cardoso, *O processo (...)*, ob. cit., pp. 105-106.

[334] "São, portanto, extensíveis ao PEVE, em princípio, as normas do CIRE que isentam certos rendimentos de imposto sobre o rendimento das pessoas singulares (IRS) e de imposto sobre o rendimento das pessoas colectivas (IRC) e admitem a dedução do valor dos créditos como custos ou perdas do exercício para efeitos de IRS ou IRC (cfr. art. 268º do CIRE), isentam certos actos de imposto de selo (IS) (cfr. art. 269º do CIRE) e isentam certas transmissões onerosas de bens imóveis de Imposto municipal sobre transmissões onerosas de imóveis (IMT)

de créditos correspondentes a, pelo menos, 30 % do total do passivo não subordinado da empresa.

Primeiramente, importa esclarecer que, no nosso entender, a referência legal a partes subscritoras deverá ser interpretada de forma mais abrangente, incluindo todos os credores vinculados pelo acordo de viabilização[335], inexistindo razão substantiva para introduzir uma distinção que favoreça quem originalmente subscreveu o referido acordo em detrimento dos demais vinculados.

Tais benefícios fiscais dependem, contudo, da junção com o acordo de viabilização de uma declaração emitida por revisor oficial de contas[336], redigida em língua portuguesa, certificando que o acordo de viabilização compreende a reestruturação de créditos correspondentes a, pelo menos, 30 % do total do passivo não subordinado do devedor e que, em virtude do acordo de viabilização, a situação financeira da empresa fica mais equilibrada, nomeadamente por aumento da proporção do ativo sobre o passivo, e os capitais próprios da empresa são superiores ao capital social.

A título de exceção, prevê-se, ainda, no nº 2 do mencionado preceito que a Autoridade Tributária pode, por requerimento fundamentado apre-

(cfr. art. 270º do CIRE)." – SERRA, Catarina, *O processo extraordinário (...)*, ob. cit., pp. 2067-2068. Sobre os benefícios fiscais no processo de insolvência e nos processos de recuperação, cf. DIAS, Sara Luís, *O crédito (...)*, ob. cit., pp. 224-245.

[335] Como bem referem DAVID SEQUEIRA DINIS, NUNO SALAZAR CASANOVA e RAQUEL CARDOSO NUNES, "É certo que o artigo 14º, nº 1 refere-se expressamente às partes subscritoras do acordo, sendo possível extrair daí – embora erradamente – que só gozarão dos benefícios fiscais aqueles que assinaram o acordo originalmente. Só esses seriam partes subscritoras do acordo. Os demais seriam meros aderentes. Todavia, essa interpretação é errada, porquanto a adesão prevista no artigo 10º implica que os aderentes assumem uma posição idêntica à dos subscritores originais, ficando todos vinculados indistintamente – isto é, independente de terem subscrito o acordo originalmente ou aderido posteriormente – aos mesmos direitos e obrigações. A lei não estabelece qualquer discriminação entre uns e outros; pelo contrário, assume que todos terão a mesma posição. Donde não existe qualquer motivo para tratamentos diferenciados ou discriminatórios, visto que, todos (subscritores originais ou aderentes), são e devem ser considerados partes subscritoras do acordo." – *O processo (...)*, ob. cit., p. 101. Em sentido contrário, cf. TRACANA, Dinis/ RODRIGUES, João, *O Processo Extraordinário de Viabilização de Empresas: uma breve análise dos principais aspectos fiscais*, em "PLMJ Restructuring Review", 01, p. 33, nota nº 11, disponível para consulta em https://www.plmj.com/xms/files/Restructuring_Review/PLMJ_Restructuring_Review.pdf. último acesso em 10/07/2022.

[336] "a intenção será a de que os efeitos fiscais só se produzam quando o esforço de restruturação for sério e sólido – sério e sólido tanto nos seus objectivos como no seu alcance." – SERRA, Catarina, *O processo extraordinário (...)*, p. 2069.

sentado por alguma das partes abrangidas pelo acordo de viabilização, aceitar que o mesmo conceda benefícios fiscais, ainda que o acordo não abranja a percentagem de 30% do total do passivo não subordinado da empresa. Neste caso, trata-se de uma prerrogativa da administração fiscal, que dependerá da avaliação casuística dos fundamentos do requerimento.

Por outro lado, nos termos do art. 52º, nº 1 do Código do Imposto sobre o Rendimento das Pessoas Coletivas (Código do IRC), os prejuízos fiscais apurados num período de tributação podem ser deduzidos aos lucros tributáveis durante os 5 períodos de tributação posteriores.

Contudo, o previsto no referido preceito deixa de ser aplicável quando se verificar, à data do termo do período de tributação em que é efetuada a dedução, que, em relação àquele a que respeitam os prejuízos, se verificou a alteração da titularidade de mais de 50% do capital social ou da maioria dos direitos de voto (cf. nº 8 do art. 52º do Código do IRC). Sendo que nos termos do nº 12 do art. 52º do Código do IRC, o membro do Governo responsável pela área das finanças pode autorizar, em casos de reconhecido interesse económico e mediante requerimento a apresentar à Autoridade Tributária e Aduaneira, que não seja aplicada a limitação prevista no nº 8.

Ante o exposto, o nº 4 do referido art. 14º da Lei nº 75/2020 veio estabelecer uma presunção[337], para efeitos do disposto no nº 12 do art. 52º do Código do IRC[338], de que o acordo de viabilização que as partes submeteram a PEVE reveste reconhecido interesse económico.

A presunção legal visa obstar à análise casuística pela Autoridade Tributária, o que determina a ocorrência de um automatismo legal[339]: a manutenção dos prejuízos fiscais apurados por empresas sujeitas a PEVE não fica dependente da apresentação de qualquer requerimento àquela entidade.

[337] O RERE contempla idêntica presunção, cf. nº 5 do art. 27º da Lei nº 8/2018, de 2 de março.

[338] "Para além do mais, o nº 12 do artigo 52º do Código do IRC consagra, ainda, uma *cláusula de exceção residual*, nos termos da qual a manutenção dos prejuízos fiscais pode ser aceite pela Autoridade Tributária e Aduaneira em casos de reconhecido interesse económico. A manutenção dos prejuízos fiscais deve ser requerida pelo próprio sujeito passivo de IRC e fica dependente da análise discricionária da administração fiscal. Salienta-se, ainda, que não estão previstos quaisquer prazos máximos para a pronúncia da Autoridade Tributária e Aduaneira, o que frequentemente causa situações de grande incerteza quanto à dedutibilidade dos prejuízos apurados nos períodos de tributação anteriores." – Tracana, Dinis/ Rodrigues, João, *O Processo (...)*, ob. cit., p. 34.

[339] Assim, cf. Tracana, Dinis/ Rodrigues, João, *O processo (...)*, ob. cit., p. 34.

Haverá, por fim, que assinalar a previsão *expressa*[340] de que os créditos incobráveis[341] podem ser diretamente considerados gastos ou perdas do período de tributação, ainda que o respetivo reconhecimento contabilístico já tenha ocorrido em períodos de tributação anteriores, desde que, para tanto, não tenha sido admitida perda por imparidade ou esta se mostre insuficiente em processo extraordinário de viabilização, quando for homologado acordo de viabilização que cumpra o disposto no nº 3 do art. 14º da Lei nº 75/2020 e do qual resulte o não pagamento definitivo do crédito[342].

12. Dos efeitos da decisão de não homologação

Nos termos do disposto no nº 11 do art. 9º da Lei nº 75/2020, a não homologação do acordo de viabilização – *rectius* o trânsito em julgado da sentença de não homologação[343] – acarreta, necessária e consequentemente, o encerramento do processo de viabilização e a extinção de todos os seus efeitos, designadamente os previstos no art. 8º da Lei nº 75/2020.

Ou seja, sem necessidade de qualquer despacho judicial nesse sentido cessa, automaticamente[344], o efeito suspensivo sobre as ações para cobrança de dívidas contra a empresa e processos de insolvência que seguirão os seus normais trâmites.

O referido preceito estabelece, ainda, que é inaplicável o disposto nos arts. 17º-G e 222º-G do CIRE[345]. Tal significa que, contrariamente ao

[340] "Não obstante esta norma não ter uma correspondência exacta em nenhum dos regimes afins do PEVE, da legislação fiscal já resulta a possibilidade de certos créditos serem considerados créditos incobráveis ou de cobrança duvidosa no âmbito do processo de insolvência, do PER e do RERE e beneficiarem de um regime especial do tipo." – SERRA, Catarina, *O processo extraordinário (...)*, pp. 2069-2070.

[341] Sobre o regime da incobrabilidade dos créditos, no âmbito do IRC e do IVA, cf. DIAS, Sara Luís, *Novas medidas no plano fiscal*, em "Seminário de Direito da Insolvência" (coord. Catarina Serra), Coimbra, Almedina, 2019, pp. 140-143.

[342] No sentido de que a regularização do IVA liquidado e entregue ao Estado relativo a créditos incluídos no acordo de viabilização sujeito a PEVE fica dependente do cumprimento das regras gerais, não sendo considerado automaticamente crédito incobrável, cf. TRACANA, Dinis/ RODRIGUES, João, *O Processo (...)*, ob. cit., p. 36.

[343] Com posição idêntica cf. SERRA, Catarina, *O processo extraordinário (...)*, ob. cit., p. 2070.

[344] A propósito do PEAP e neste sentido, cf. o Ac. do Tribunal da Relação de Coimbra de 22/06/2020, Relatora MARIA CATARINA GONÇALVES, Processo nº 1022/19.3T8LRA-B.C1, disponível para consulta em www.dgsi.pt, último acesso em 10/07/2022.

[345] Sobre os problemas constitucionais colocados por estes preceitos, na redação vigente até à entrada em vigor da Lei nº 9/2022, de 11 de janeiro, cf. ASSUNÇÃO, Elisabete, *Os artigos 17º-G,*

regime do PER e também do PEAP, o malogro do PEVE não implica[346] uma potencial e sequencial declaração de insolvência da empresa[347].

13. Da irrepetibilidade do PEVE

O nº 15 do art. 9º estatui que o termo do PEVE impede a empresa de recorrer novamente ao mesmo[348]. Trata-se de uma espécie de *norma-travão*[349] à iniciativa de recuperação empresarial que visa, em síntese, obstar a que a empresa possa recorrer mais do que uma vez a este instrumento de recuperação extraordinário.

Embora não se trate de uma verdadeira inovação na nossa ordem jurídica – note-se que tanto o PER, como o PEAP, preveem períodos de quarentena de dois anos entre processos[350] – tal impedimento encontra-se alinhado com o espírito da Diretiva (UE) 2019/1023, que no nº 4 do seu art. 4º estabelece que os Estados-Membros podem limitar o número de vezes a que, dentro de um determinado período, os devedores podem ter

nº 4 e 222º-G, nº 4 do Código da Insolvência e da Recuperação de Empresas (CIRE) e as declarações de inconstitucionalidade, com força obrigatória geral, dos Acórdãos do Tribunal Constitucional nº 675/2018, de 18 de dezembro e 25/2020, de 5 de maio, em "Revista do Centro de Estudos Judiciários", II, Coimbra, Almedina, 2020, pp. 29-45.

346 Elogiando a *tranquilidade processual* introduzida por esta norma, cf. SERRA, Catarina, *O processo extraordinário (...)*, ob. cit., p. 2070 e MARTINS, Alexandre de Soveral, *Mais vale (...)*, ob. cit., p. 52.

347 Por força da ausência de uma insolvência sequencial ao PEVE, naturalmente, "fica ainda excluída a possibilidade de aproveitamento da relação de credores para efeitos de processo de insolvência subsequente." – SERRA, Catarina, *O processo extraordinário (...)*, ob. cit., pp. 2070-2071.

348 Como bem notou CATARINA SERRA: "a norma não alcança os casos em o que se trata é de «sair» do PER para o PEVE, ou seja, não impede a passagem imediata (sem quarentena) do PER para o PEVE." – *O processo extraordinário (...)*, ob. cit., p. 2071.

349 Em sentido técnico-jurídico próprio "norma-travão" é uma regra constitucional de finanças públicas, que contende com o direito de iniciativa legislativa parlamentar no sentido de que os Deputados, os grupos parlamentares, as Assembleias Legislativas das regiões autónomas e os grupos de cidadãos eleitores não podem apresentar projetos de lei, propostas de lei ou propostas de alteração que envolvam, no ano económico em curso, aumento das despesas ou diminuição das receitas do Estado previstas no Orçamento, cf. nº 2 do art. 167º da Constituição da República Portuguesa.

350 Excetuando, nos casos de homologação, a demonstração pela empresa ou devedor, no respetivo requerimento inicial, que executou integralmente o plano ou que o requerimento de novo processo especial de revitalização/processo especial para acordo de pagamento é motivado por fatores alheios ao próprio plano e a alteração superveniente é alheia à empresa ou ao devedor.

acesso a um regime de reestruturação preventiva previsto ao abrigo da presente diretiva[351].

No nosso entender são, essencialmente, duas as razões subjacentes à opção pelo impedimento absoluto[352] de a empresa recorrer mais do que uma vez a PEVE em detrimento do estabelecimento de um período de quarentena ou nojo entre processos, como sucede, por exemplo, no seu congénere PER.

Desde logo, sendo um processo extraordinário, de duração limitada ou temporária, faz sentido que o legislador discipline o recurso ao instrumento a fim de evitar eventuais abusos dos seus benefícios processuais no seu curto tempo de vigência, *maxime* do efeito de *standstill* ou da isenção de custas processuais.

[351] Como bem refere, a este respeito, FRANCISCO GARCIMARTIN "On the one hand, restructuring frameworks can be misused or abused to postpone the liquidation of non-viable firms. Thus, the failure of the first plan may be a proof of the non-viability of the business. Additionally, it may also distort the well-functioning of the market when firms use this special regime to continue re-financing on a regular basis. Restructuring plans should be aimed at ensuring the viability of the business in the medium and long term, which will enable debtors to focus on economic productivity instead of spending time and money renegotiating with creditors every few months. On the other hand, however, there may be good reasons to carry out more than one restructuring in a relatively short period of time. All restructuring plans are negotiated under an uncertain future. Initially, creditors are not willing to sacrifice their rights more than necessary and they thus negotiate a plan assuming a relatively optimist business plan. Only if the plan fails, they will be ready to assume more costs. It usually takes time to convince people of the need to assume losses, and the concurrence of successive restructuring plans may respond to this circumstance. Furthermore, once a plan has been adopted if a majority of stakeholders are willing to re-negotiate again and accept a new plan, why should this be prohibited? Finally, the negative publicity that these proceedings may entail and the corresponding harm to business of the debtor is an effective incentive to prevent abuse. Since the Directive is neutral on this issue, national legislators should strike a balance between these two lines of argumentation. In principle, any limitation to the number of times should be carefully considered and applied in a flexible way since, when the conditions for a new restructuring are met, any restriction of access may lead to the insolvency of otherwise viable firms. As noted, it should not to be forgotten that these frameworks are put in place not only in the interest of de debtors, but also in the interest of creditors, employees and the economy as a whole." – *European preventive (...)*, ob. cit., pp. 93-94.

[352] MENEZES LEITÃO sublinha a natureza definitiva da proibição quando refere que "uma vez que este processo tem vigência meramente transitória este impedimento é definitivo, não vigorando apenas pelo prazo de dois anos, ao contrário do que se prevê para o PER (arts. 17º-F, n-º 13, e 17º-G, nº 6 CIRE) ou para o PEAP (arts. 222º-F, nº 11, e 222º-G, nº 7 CIRE)." – *Direito (...)*, ob. cit., p. 417.

Por outro lado, tal proibição é adequada a credibilizar o PEVE, porquanto a empresa, que reúne os requisitos de acesso ao mesmo, fica ciente de que possui uma oportunidade única e irrepetível de se recuperar com recurso a este processo, empenhando-se, por isso, na negociação extrajudicial com os credores, na obtenção das maiorias necessárias de aprovação e na construção de um acordo de viabilização que satisfaça os seus interesses e daqueles.

Não distinguindo a lei as circunstâncias do termo do processo – se com ou sem homologação do acordo de viabilização – e em homenagem ao brocardo latino "*ubi lex non distinguit nec nos distinguere debemus*", não poderemos deixar de entender que o impedimento se aplica, de forma indiferenciada, a todas as empresas que recorram ao PEVE, independentemente da forma de encerramento do mesmo[353].

A proibição de utilização repetida do PEVE abrange, assim, tanto as empresas que viram o seu acordo de viabilização homologado, bem como as que contrariamente viram recusada a homologação.

14. Do incumprimento do acordo de viabilização

Nos termos do disposto no nº 14 do art. 10º da Lei nº 75/2020, o incumprimento do acordo de viabilização tem as consequências previstas no nº 1 do art. 218º do CIRE[354]: a repristinação dos créditos originais[355].

Ou seja, salvo disposição expressa em sentido diverso do acordo de viabilização, a moratória ou perdão de créditos aí previstos ficam sem efeito

[353] Em sentido adverso, ainda que sem indicação de fundamento legal, cf. GONÇALVES, Francisca Margarida Pereira, *O processo (...)*, ob. cit., p. 39.

[354] No âmbito do PER e antes da consagração expressa da aplicabilidade do regime previsto no nº 1 do art. 218º a esse processo especial, cf. nº 13 do art. 17º-F – introduzida com a reforma de 2017 – já se vinha entendendo que o mesmo se aplicava analogicamente, em caso de plano de recuperação. Nesse sentido, cf. LOUSA, Nuno Ferreira, *O incumprimento do plano (...)*, ob. cit., pp. 134 e s.; EPIFÂNIO, Maria do Rosário, *O processo especial de revitalização*, Coimbra, Almedina, 2016, p. 98 e SERRA, Catarina, *Lições (...)*, ob. cit., pp. 482-483. Por sua vez, no plano jurisprudencial, outrossim, cf. Ac. do Tribunal da Relação de Guimarães de 21/01/2016, Relatora HELENA MELO, Processo nº 3714/17.2T8VNF.G1, Ac. do Tribunal da Relação de Coimbra de 12/07/2017, Relator JORGE ARCANJO, Processo nº 3528/15.4T8CBR.1.C1 e Ac. do Tribunal da Relação do Porto de 19/03/2018, Relator AUGUSTO DE CARVALHO, Processo nº 121/14.2TBAMT.P1, todos disponíveis para consulta em www.dgsi.pt, último acesso em 10/07/2022. Em sentido contrário, cf. ESTEVES, Bertha Parente, *Da aplicação das normas relativas ao plano de insolvência ao plano de recuperação conducente à Revitalização*, em "II Congresso de Direito da Insolvência" (coord. Catarina Serra), Coimbra, Almedina, 2014, pp. 277-278.

[355] Cf. SERRA, Catarina, *O processo especial de revitalização na jurisprudência*, ob. cit., p. 124.

quanto ao crédito relativamente ao qual a empresa se constitua em mora, se a prestação, acrescida dos juros moratórios, não for cumprida no prazo de quinze dias após interpelação escrita pelo credor[356] ou relativamente a todos os créditos se, antes de finda a execução do acordo, a empresa for declarada em situação de insolvência (als. *a)* e *b)* do nº 1 do art. 218º do CIRE). Não remetendo a lei para os nºs 2 e 3 do mencionado art. 218º os mesmos não serão aplicáveis ao PEVE[357].

Concordamos com a apreciação de CATARINA SERRA[358] quando refere que outras modificações introduzidas pelo acordo de viabilização, que não sejam reconduzíveis a moratória e ao perdão, também devam ficar sem efeito, por recurso dos credores[359] ao regime geral civil do incumprimento[360] e do direito de resolução[361], nos termos do disposto nos arts. 433º, 434º, 801º, nº 2, 802º e 808º, todos do CC.

[356] É que "o desencadeamento das consequências que a lei liga à falta de pagamento pontual do que é devido está imperativamente condicionado à prévia interpelação do credor para o devedor cumprir, o que terá de suceder após verificada a falha relativamente ao prazo inicialmente previsto; não vale, por isso, um aviso prévio que o credor entenda dirigir ao devedor, lembrando-lhe o próximo vencimento." – FERNANDES, Luís A. Carvalho/ LABAREDA, João, *Código da Insolvência (...)*, ob. cit., p. 796.

[357] Assim, cf. LEITÃO, Luís Manuel Teles de Menezes, *Direito (...)*, ob. cit., p. 416.

[358] *O processo extraordinário (...)*, ob. cit., p. 2087. A Autora já defendia este entendimento quanto ao PER, cf. designadamente *O processo especial de revitalização na jurisprudência*, ob. cit., pp. 23-29 e *Lições (...)*, ob. cit., pp. 482-483.

[359] Todos os credores que sejam abrangidos pelo acordo de viabilização, independentemente da forma de vinculação: os credores subscritores, os aderentes e os que não o tendo subscrito, nem aderido ao seu conteúdo, são vinculados ao acordo, por efeito da lei. Como bem nota CATARINA SERRA "em regra, quem não subscreve um acordo não pode ser admitido a resolvê-lo. Mas a verdade é que estes sujeitos não podem ficar incondicionalmente vinculados. Isto significaria colocá-los no «pior dos dois mundos»: estariam sujeitos ao acordo porque outros credores o aceitaram e permaneceriam sujeitos ao acordo apesar de, a dada altura, os mesmos credores o rejeitarem." – *O processo especial de revitalização na jurisprudência*, ob. cit., pp. 125-126.

[360] Sobre a caracterização do incumprimento relevante refere CATARINA SERRA que este assenta em três ideias centrais: "Primeiro, considerando o disposto tanto no regime geral do incumprimento como nos regimes especiais referidos, deverão ser concedidas ao devedor duas oportunidades para cumprir. Nesta conformidade, haverá incumprimento relevante quando a prestação relativamente à qual o devedor se constitui em mora não for cumprida dentro de um prazo razoável a contar da interpelação escrita do credor (...) Segundo (...) configurar-se-á uma situação típica de incumprimento quando o devedor falte ao cumprimento de uma ou mais obrigações decorrentes do plano que sejam essenciais para a realização dos fins deste e ainda quando ele seja judicialmente declarado impossibilitado de cumprir/insolvente. Terceiro o direito de resolução deve poder ser exercido sempre que haja incumprimento nos termos

Por fim, como deixámos referido *supra*, em caso de incumprimento do acordo homologado, fica sem efeito a redução da taxa de juros de mora dos créditos tributários prevista no nº 3 do art. 13º da Lei nº 75/2020, sendo aplicável o regime previsto no nº 1 do art. 200º do CPPT.

15. Do financiamento

No plano do financiamento[362], ou, diríamos, da tutela dos novos créditos, o legislador manteve a congruência do PEVE com o seu congénere PER ao transpor, na essência, a disciplina (da pretérita redação) do art. 17º-H do CIRE[363] para este novo regime[364].

acima referidos e ainda quando a execução do plano se torne justificadamente insustentável (inexigível para o credor). A recusa antecipada de cumprimento pelo devedor ou a ocorrência de atrasos sistemáticos no cumprimento das obrigações decorrentes do plano são duas das situações mais paradigmáticas." – *O processo especial de revitalização na jurisprudência*, ob. cit., p. 127.

361 Sobre o direito de resolução, como forma de cessação do contrato, sua natureza, modalidades e características, cf., por todos, MARTINEZ, Pedro Romano, *Da cessação do contrato*, 2ª Edição, Coimbra, Almedina, 2006, pp. 66-85 e 125-227.

362 "Não podemos olvidar, no entanto, que a recuperação só se afigurará possível caso o devedor consiga financiamento. Todavia, dificilmente aquele irá conseguir obter liquidez sem o apoio dos seus credores, pois as instituições de crédito sabem que o candidato ao financiamento se encontra numa situação de recuperação que, por si só, já é indiciadora de dificuldades de cumprimento de obrigações. Além do mais, inexistem certezas acerca do resultado final da recuperação, o que é dissuasor para eventuais investidores e entidades financiadoras que ponderam colocar o seu capital à disposição do devedor. É, pois, neste contexto que surge a questão das garantias de financiamento do devedor: o fresh money de que ele necessita e que só os seus credores lhe poderão proporcionar." – COSTA, Letícia Marques, *O "fresh money": como tornar o financiamento do devedor atractivo*, "Revista da Faculdade de Direito e Ciência Política da Universidade Lusófona do Porto", nº 9, 2017, pp. 143, disponível para consulta em https://revistas.ulusofona.pt/index.php/rfdulp/article/view/5963, último acesso em 10/07/2022.

363 "O art. 17º-H foi profundamente alterado pela Lei nº 9/2022, de 11 de janeiro, por força da transposição da Diretiva sobre reestruturação e insolvência. Uma das finalidades da Diretiva, no que respeita aos mecanismos de reestruturação preventiva, foi o estímulo ao financiamento das empresas, sobretudo o financiamento interno. Ora, o legislador pátrio, nesta matéria, reconhece expressamente a importância do financiamento durante o PER – o chamado financiamento intercalar, período muito crítico para as empresas (confrontadas com a desconfiança de clientes e fornecedores no sucesso do PER); reforça a disciplina do novo financiamento (em execução de um plano); e protege o financiamento interno" – EPIFÂNIO, Maria do Rosário, *Manual (...)*, ob.cit., pp. 521-522. Por sua vez, sobre as suficiências e insuficiências da anterior redação do art. 17º-H, cf. SERRA, Catarina, *Lições (...)*, pp. 469-473.

364 Neste sentido, cf. SERRA, Catarina, *O processo (...)*, ob. cit., p. 2072; VASCONCELOS, Miguel Pestana de, *O novo processo (...)*, ob. cit., p. 2127 e DINIS, David Sequeira/CASANOVA, Nuno Salazar/NUNES, Raquel Cardoso, *O processo (...)*, ob. cit., p. 101.

A propósito do mencionado artigo referiam JORGE MORAIS CARVALHO e MARIA JERÓNIMO[365] que "*com vista à não interrupção da atividade da empresa, prevê-se um sistema de garantias, centrado essencialmente nos artigos 17º-H e 120º, nº 6 do CIRE, que visa constituir um importante incentivo aos credores para que estes apostem na revitalização da empresa recuperável. Procura-se que os credores tenham a segurança e a confiança necessárias para auxiliar o devedor no processo de recuperação económico-financeira em curso. Os credores sabem que, financiando a atividade do devedor em situação económica difícil, ou em situação económica meramente iminente, estão a possibilitar-lhe a manutenção e o desenvolvimento do seu negócio o que poderá facilitar a satisfação dos seus créditos, prevendo a lei algumas compensações pelo risco assumido: (i) insusceptibilidade de resolução dos negócios jurídicos celebrados no âmbito do processo especial de revitalização (PER) e (ii) concessão de privilégio creditório mobiliário geral graduado antes do privilégio dos trabalhadores.*"

Assim, no nº 1 do art. 11º da Lei nº 75/2020 prevê-se que as garantias convencionadas entre a empresa e os seus credores[366] no âmbito do PEVE, com a finalidade de proporcionar àquela os necessários meios financeiros[367] para o desenvolvimento da sua atividade, mantêm-se[368] mesmo que, findo o processo, venha a ser declarada, no prazo de dois anos, a sua insolvência.

365 *As garantias de novos financiamentos*, em "IV Congresso de Direito da Insolvência" (coord. Catarina Serra), Reimpressão, Coimbra, Almedina, 2020, p. 270.

366 Concorda-se com a observação de NUNO SALAZAR CASANOVA e DAVID SEQUEIRA DINIS de que não é necessário que o beneficiário da garantia ou quem proporciona meios financeiros ao devedor tenha previamente a qualidade de credor, podendo adquirir essa qualidade *ex vi* da disponibilização de meios no âmbito do processo, cf. *PER (...)*, ob. cit., p. 180.

367 No sentido de que a proteção legal não deve abranger os "meios já proporcionados", cf. MARTINS, Alexandre de Soveral, *Mais vale (...)*, ob. cit., p. 47.

368 "Essas garantias ficam, portanto, não apenas imunes à resolução em benefício da massa insolvente, como já resultava do art. 11º, nº 1 da Lei 75/2020, mas também deixam de ser objecto de extinção, caso se enquadrassem no art. 97º, nº 1, d) e e)." – LEITÃO, Luís Manuel Teles de Menezes, *Direito (...)*, ob. cit., p. 418. Em idêntico sentido, a propósito do PER, referem NUNO SALAZAR CASANOVA e DAVID SEQUEIRA DINIS que "(...) o nº 1 do artigo 17º-H não se limita a estatuir que as garantias não podem ser resolvidas em benefício da massa insolvente, mas antes refere, de forma ambígua, que estas se mantêm. A expressão não é feliz. Evidentemente, as garantias, mesmo quando convencionadas nos termos do artigo 17º-H, podem extinguir-se pela extinção da obrigação a que serve de garantia, pela renúncia do credor e pelos demais casos previstos no Código Civil (v.g. artigos 677º, 730º e 717º do Código Civil). O que sucede é que as garantias convencionadas nos termos do nº 1 do artigo 17º-H não se extinguem nos termos do processo de insolvência, designadamente por efeito da resolução e nos termos do disposto na alínea e) do artigo 97º." – *PER (...)*, ob. cit., p. 176.

As garantias legalmente previstas são as garantias reais contratualizadas como são a hipoteca, o penhor, a consignação de rendimentos.[369]

Trata-se, em síntese, de uma norma excecional[370] que tem por desiderato excluir do regime de resolução de atos em benefício da massa insolvente, previsto nos arts. 120º e s. do CIRE, as garantias que tenham a finalidade de proporcionar à empresa os meios financeiros necessários para o desenvolvimento da sua atividade. De facto, "*a ideia da lei é dar alguma proteção aos credores que participam nas negociações e acordaram financiar a atividade do devedor, (aliviar o seu passivo) com quem são convencionadas garantias com vista a proporcionar ao devedor meios financeiros necessários para a sua atividade, durante o PER, privilegiando e potenciando a entrada de* fresh money"[371].

Do elemento literal da norma resulta que o seu "âmbito de proteção" se atém, apenas, às garantias[372] que visem a disponibilização *efetiva* de meios financeiros (dinheiro)[373] que seja ordenada ao desenvolvimento da atividade empresarial. Por outro lado, a referência mais abrangente do nº 1 do art. 11º da Lei nº 75/2020 – "*garantias convencionadas entre a empresa e os seus credores* ***no âmbito do***[374] *processo extraordinário de viabilização*" – do que a contida no nº 1 do art. 17º-H – "*garantias convencionadas entre a empresa e os*

[369] Neste sentido, cf. SERRA, Catarina, *Garantias (...)*, ob. cit., pp. 66-67.

[370] Assim, cf. SILVA, Fátima Reis, *Processo (...)*, ob. cit., p. 75.

[371] Ac. do Tribunal da Relação de Évora de 28/02/2019, Relatora ELISABETE VALENTE, Processo nº 1482/15.1T8STR-0.E1, disponível para consulta em www.dgsi.pt, último acesso em 10/07/2022.

[372] Não se visa proteger os negócios jurídicos subjacentes – os negócios garantidos – que obterão proteção legal nos termos do art. 12º da Lei nº 75/2020, que analisaremos em seguida.

[373] "(...) tal como no âmbito do artigo 17º-H do CIRE, entendemos que o regime previsto no artigo 11º do PEVE está limitado aos casos em que existe um efetivo fluxo de capital a favor da empresa. A questão é controvertida e, por um lado, poder-se-ia pensar que a promoção da viabilização das empresas não se pode compadecer com este tipo de limitações e deve beneficiar todos os que, através da entrega de dinheiro ou não, promovam o desenvolvimento da atividade da empresa ou a sua viabilização. Entendemos, porém, que quando o legislador se referiu aos «necessários meios financeiros» ou à «disponibilização de capital» referidas no artigo 11º, nºs 1 e 2, tinha em mente apenas os casos em que existe uma efetiva disponibilização de dinheiro, associada à movimentação de fluxos de caixa." – DINIS, David Sequeira/ CASANOVA, Nuno Salazar/ NUNES, Raquel Cardoso, *O processo (...)*, ob. cit., pp. 102-103. Outrossim, no PER, cf. SILVA, Fátima Reis, *Processo Especial (...)*, ob. cit., p. 76.

[374] "A intenção é, por certo, a de afastar as dúvidas quanto a que é abrangido tanto o financiamento intercalar (financiamento disponibilizado durante o processo para assegurar a continuação da atividade da empresa, também conhecido como «financiamento ponte» como ainda o novo financiamento (financiamento disponibilizado depois de homologado o

seus credores ***durante o*** *processo especial de revitalização*" – leva-nos a crer que a proteção das garantias abrangerá as convencionadas na pendência do processo, bem como as previstas no acordo de viabilização[375].

Por sua vez, o nº 2 do art. 11º da Lei nº 75/2020 contém uma relevante novidade[376]: a extensão aos sócios, ou quaisquer outras pessoas especialmente relacionadas com a empresa do privilégio creditório mobiliário geral[377], referido na redação pretérita do nº 2 do art. 17º-H do CIRE[378],

acordo de viabilização e encerrado o processo e para a execução do acordo).", Serra, Catarina, *Garantias (...)*, ob. cit., p. 66.

375 Entendendo que também estarão abrangidas as garantias convencionadas e até constituídas durante a fase negocial ou extrajudicial, desde que expressamente confirmadas ou ratificadas no acordo, cf. Dinis, David Sequeira/ Casanova, Nuno Salazar/ Nunes, Raquel Cardoso, *O processo (...)*, ob. cit., p. 103.

376 "Nas actuais circunstâncias, a medida é especialmente útil. Assente que a iliquidez é um resultado inevitável das crises extraordinárias com as características da "crise COVID-19", nem é preciso dizer que o heterofinanciamento deve ser diminuído e o autofinanciamento privilegiado. Por um lado, as ofertas de crédito são escassas (e as que existem têm taxas de juro demasiado elevadas), pelo que a maioria das empresas não tem condições para as aceitar, por já estar sobreendividada (*overleveraged*). Por outro lado, os terceiros, quer quando concedem, quer quando investem directamente no capital social e participam numa operação de *turnaround*, esperam retirar do financiamento o máximo proveito e não perseguem a recuperação da empresa como um fim em si mesmo. Aqueles que chegam a adquirir participações sociais comportam-se como sócios financeiros e, muitas vezes, a sua intenção é a de adquirir o controlo da empresa para a vender noutra altura (são *vulture investors*). Depois de uma crise como a "crise COVID-19", o cenário é particularmente propício a este tipo de investimentos: as empresas são, na sua maioria, viáveis com a única fragilidade da iliquidez (*good business, bad balance sheet*)." – Serra, Catarina, *O processo extraordinário (...)*, pp. 2074-2076. Em idêntico sentido, cf. Martins, Alexandre de Soveral, *Mais vale (...)*, ob. cit., p. 48.

377 Carvalho Fernandes e João Labareda referiam que "a disciplina do artº 17º-H, no seu todo, convoca uma situação globalmente mais favorável aos credores que, no decurso do processo de revitalização, financiem a atividade do devedor, face aos anteriores: têm sempre o privilégio creditório mobiliário geral consagrado no nº2; e podem ter os seus créditos garantidos, se assim for convencionado com o devedor, prejudicando, nessa medida, os credores comuns e os que somente beneficiem da garantia de grau inferir" – *Código da Insolvência (...)*, ob. cit., p. 184. Não obstante, Madalena Perestrelo de Oliveira entendia que a norma contida no nº 2 do art. 17º-H do CIRE é, ainda assim, insuficiente, porquanto "esse privilégio é graduado depois das dívidas da massa insolvente e dos créditos garantidos, entre os quais se incluem aqueles que beneficiem de privilégio creditório especial, pelo que teria sido recomendável ponderar-se um incentivo mais forte ao *fresh money*.", *Financiamento para reestruturação e financiamento intercalar*, em "V Curso de Direito de Insolvência" (coord. Catarina Serra), Coimbra, Almedina, 2019, p. 272.

378 Note-se que a Associação Portuguesa de Bancos já havia defendido no âmbito do procedimento legislativo parlamentar conducente à aprovação da Lei nº 16/2012,

concedido aos credores que, no âmbito do PEVE, financiem a atividade da empresa disponibilizando-lhe capital, entenda-se dinheiro[379], para a sua viabilização. Sendo que deve entender-se que o privilégio (graduado antes do privilégio creditório mobiliário geral concedido aos trabalhadores) incide sobre todo o crédito constituído, o que inclui os juros e outros acessórios do crédito[380].

Neste conspecto, parece-nos claro que a atribuição deste privilégio depende da *efetiva* disponibilização de capital – trata-se, afinal, de um incentivo à injeção de liquidez! – sendo aqui aplicável, *mutatis mutandis*, o que acima referimos[381] quanto à qualidade do credor beneficiário do privilégio creditório, no sentido de que não é necessário que detenha previamente à propositura do processo essa qualidade, podendo adquiri-la por força da disponibilização de capital para a viabilização da empresa[382].

Por fim, o art. 12º da Lei nº 75/2020[383] completa[384] o regime de proteção do financiamento ao prever que caso a empresa venha a ser declarada

que enxertou o PER no CIRE, que o regime do art. 17º-H abrangesse, igualmente, os accionistas, cf. https://app.parlamento.pt/webutils/docs/doc.pdf?path=6148523063484d364c793968636d356c6443397a6158526c6379395953556c4d5a5763765130394e4c7a464451554e4554456376525247396a6457316c626e527663306c7561574e7059585270646d46446232317063334e68627938314e7a646a4d474a6d4e7930795a5459324c5451334d7a4d744f54497a4d5331685a5745354e57526c4e5459794e4441756347526d&fich=577c0bf7-2e66-4733-9231-aea95de56240.pdf&Inline=true.

379 Somos do mesmo entendimento que Fátima Reis Silva quando refere que "a expressão disponibilização de capital, escolhida pelo legislador, parece inculcar um fluxo de dinheiro e não outros valores. Impõem-se grandes cautelas na interpretação, até porque se trata de uma regra excecional (ao princípio da igualdade de tratamento dos credores)." – *Processo (...)*, ob. cit., p. 76. Em sentido contrário, cf. na doutrina Fernandes, Luís A. Carvalho/Labareda, João, *Código da Insolvência (...)*, ob. cit., p. 179 e Carvalho, Jorge Morais/Jerónimo, Maria, *As garantias (...)*, ob. cit., pp. 286-287 e na jurisprudência, a título de exemplo, Ac. do Tribunal da Relação de Guimarães de 24/10/2019, Processo nº 5068/18.0T8GMR-F.G1, disponível para consulta em www.dgsi.pt, último acesso em 10/07/2022.

380 Neste sentido, cf. Casanova, Nuno Salazar/ Dinis, David Sequeira, *PER (...)*, ob. cit., pp. 184-185.

381 Cf. *supra* nota nº 366.

382 Assim, cf. Carvalho, Jorge Morais/Jerónimo, Maria, *As garantias (...)*, ob. cit., p. 288.

383 O preceito em apreço é, claramente, um decalque do art. 28º do RERE. Assim, cf. Serra, Catarina, *O processo extraordinário (...)*, ob. cit., p. 2076; Vasconcelos, Miguel Pestana de, *O novo processo (...)*, ob. cit., p. 2129 e Martins, Alexandre de Soveral, *Mais vale (...)*, ob. cit., p. 48. Sobre o referido art. 28º do RERE referem Jorge Morais Carvalho e Maria Jerónimo que "contém um requisito adicional, em relação ao que está previsto para o PER (artigo 120º, nº 6, do CIRE) para a insusceptibilidade de resolução em benefício da massa insolvente,

insolvente após o PEVE, são insuscetíveis de resolução em benefício da massa insolvente[385] os negócios jurídicos que hajam compreendido a efetiva disponibilização à empresa de novos créditos pecuniários[386], incluindo sob a forma de diferimento de pagamento[387], e a constituição de garantias respeitantes a tais créditos; desde que, para tanto, os negócios tenham sido expressamente previstos no acordo de viabilização[388] e que o novo finan-

que resulta da circunstância dc o procedimento não ser tão abrangente no que respeita aos credores convidados a participar nas negociações. Com efeito, além de o negócio ter que estar expressamente previsto no acordo de reestruturação (ou no protocolo de negociação que o preceder, se estiver em causa um financiamento e/ou garantia destinado ao período de negociações), este acordo terá que compreender a reestruturação de créditos correspondentes, no mínimo, a 30% do total do passivo não subordinado do devedor. Os requisitos são cumulativos, pelo que se faltar um deles, nomeadamente o relativo à percentagem dos créditos compreendidos no acordo, o negócio poderá ser resolvido nos termos do artigo 120º do CIRE" – *As garantias (...)*, ob. cit., p. 279.

[384] "Tendo em conta a natureza excecional do artigo 120º, nº 6, do CIRE e as dificuldades que poderiam surgir aquando da sua aplicação ao regime do PEVE, cremos que andou bem o legislador ao prever expressamente a solução que haveria de ser dada a estes casos." – DINIS, David Sequeira/ CASANOVA, Nuno Salazar/NUNES, Raquel Cardoso, *O processo (...)*, ob. cit., p. 104.

[385] Sobre o instituto da resolução em benefício da massa insolvente, cf. designadamente MORAIS, Fernando de Gravato, *Resolução em benefício da massa insolvente*, Coimbra, Almedina, 2008; RIBEIRO, Maria de Fátima, *Insolvência, pessoas especialmente relacionadas, resolução em benefício da massa insolvente e subordinação de créditos*, em "V Congresso de Direito da Insolvência" (coord. Catarina Serra), Coimbra, Almedina, 2019, pp. 83-119; CORREIA, Francisco Mendes, *Impugnação Pauliana, sob a sombra da resolução em benefício da massa*, em "V Congresso de Direito da Insolvência" (coord. Catarina Serra), Coimbra, Almedina, 2019, pp. 121-133; GOMES, Júlio Vieira, *Nótula sobre a resolução em benefício da massa insolvente*, em "IV Congresso de Direito da Insolvência" (coord. Catarina Serra), Reimpressão, Coimbra, Almedina, 2020, pp. 107-129; RIBEIRO, Maria de Fátima, *Um confronto entre a resolução em benefício da massa insolvente e a impugnação pauliana*, em "IV Congresso de Direito da Insolvência" (coord. Catarina Serra), Reimpressão, Coimbra, Almedina, 2020, pp. 131-178.

[386] Como bem nota ALEXANDRE DE SOVERAL MARTINS esses créditos não têm de visar o desenvolvimento da atividade da empresa, cf. *Mais vale (...)*, ob. cit., p. 49.

[387] No sentido de que o art. 12º, nº 1 pode dizer respeito a créditos anteriores ao próprio PEVE, cf. VASCONCELOS, Miguel Pestana de, *O novo processo (...)*, ob. cit., pp. 2128-2129 e MARTINS, Alexandre de Soveral, *Mais vale (...)*, ob. cit., p. 49.

[388] Concordamos com CATARINA SERRA quando refere que "é razoável entender que não é necessária a celebração dos contratos de financiamento, sendo suficiente a indicação, no acordo de viabilização, dos elementos essenciais do contrato a celebrar (a identificação das partes, o montante global do financiamento e as eventuais garantias associadas). Em qualquer caso, será aconselhável que se justifique no acordo a razoabilidade e a necessidade de financiamento." – *Garantias (...)*, ob. cit., pp. 69-70.

ciamento não tenha sido utilizado em benefício do financiador ou de entidade consigo relacionada[389], nos termos do art. 49º do CIRE[390].

Neste conspecto, somos de acordo com Catarina Serra[391] quando refere que "*estão incluídos tanto os negócios que se dirigem à constituição de créditos como os que se dirigem à constituição de garantias e ainda que estão compreendidos, nos primeiros, os negócios que se dirigem a aliviar a situação financeira da empresa, concedendo-lhe condições mais flexíveis para o cumprimento das suas obrigações pecuniárias.*" Tal amplitude parece, desde logo, decorrer da definição literal da norma quando expressamente refere os negócios jurídicos "que envolvam a disponibilização de novos créditos pecuniários", exemplificando com o diferimento de pagamento[392].

Cotejados os arts. 11º, nº 1 e 12º, nº 1 da Lei nº 75/2020 constata-se existir uma certa justaposição normativa[393], na medida em que ambas as normas preveem a insusceptibilidade de resolução em benefício da massa insolvente: a primeira tutelando as garantias (que tenham por finalidade proporcionar à empresa os necessários meios financeiros para o desenvolvimento da sua atividade) e a segunda abarcando todos os negócios jurídicos (incluindo também as garantias)[394]. Por outro lado, e contrariamente ao

[389] "Aplaude-se a inaplicabilidade da garantia nestas circunstâncias. Na verdade, se se compreende que certas operações, por serem essenciais à reestruturação da empresa, sejam subtraídas ao regime da resolução incondicional e até das presunções de prejudicialidade à massa e de má fé de terceiro, já não se compreende tão bem que se mantenham a salvo irrestritamente, sobretudo se for patente a presença de certos elementos como a má fé, a fraude à lei ou o envolvimento de pessoas especialmente relacionadas com a empresa." – Serra., Catarina, *O processo extraordinário (...)*, ob. cit., p. 2077. Em idêntico sentido, cf. Vasconcelos, Miguel Pestana de, *O novo processo (...)*, ob. cit., p. 2128; Serra, Catarina, *Garantias (...)*, ob. cit., pp. 72-74.

[390] Sobre as alterações introduzidas neste preceito pela Lei nº 9/2022, de 11 de janeiro, cf. Taínhas, Fernando, *Os créditos sobre a insolvência na proposta de lei nº 115/XIV/3ª e o novo art. 119º do CIRE*, em "Conferência «O Plano de Recuperação e Resiliência para a Justiça Económica e a transposição da Diretiva 2019/1023, do Parlamento Europeu e do Conselho»" – E-book", Ministério da Justiça, março de 2022, pp. 90-98, disponível para consulta em *https://justica.gov.pt/Portals/0/Ficheiros/Organismos/JUSTICA/E-bookCONF-PRR-VF2.pdf*

[391] *O processo extraordinário (...)*, ob. cit., p. 2076. Outrossim, Serra Catarina, *Garantias (...)*, p. 67.

[392] No sentido de que estão compreendidas outras formas como o fracionamento da obrigação, cf. Serra, Catarina, *O processo extraordinário (...)*, ob. cit., p. 2077.

[393] A razão apontada para esta sobreposição parece resultar do facto de o art. 11º ter sido extraído do regime do PER, enquanto o art. 12º foi do RERE. Neste sentido, cf. Vasconcelos, Miguel Pestana de, *O novo processo (...)*, ob. cit., p. 2129.

[394] "Numa palavra: o art. 11º, nº 1 da Lei nº 75/2020 apresenta uma regra para as garantias e o art. 12º, nº 1 da Lei nº 75/2020 volta a regular expressamente as garantias" – Serra, Catarina, *Garantias (...)*, ob. cit., p. 71.

disposto no nº 1 do art. 12º, a proteção do nº 1 do art. 11º tem uma limitação temporal – prazo de dois anos após encerramento do processo[395] – e, ainda, a manutenção das garantias circunscreve-se apenas aos casos de insolvência, deixando de fora eventuais situações futuras de reestruturação[396].

Assim, em suma, as garantias destinadas a financiar a atividade da empresa não podem ser objeto de impugnação (por qualquer meio legal) com fundamento na sua natureza prejudicial para os credores, sendo que, no caso de processo de insolvência só quando a insolvência haja sido declarada no prazo de dois anos.

Acresce ainda que todos os negócios jurídicos que hajam compreendido a efetiva disponibilização à empresa de novos créditos pecuniários, incluindo também as garantias respeitantes a tais créditos pecuniários, não podem ser objeto de resolução em benefício da massa, no caso de processo de insolvência, desde que, para tanto, se mostrem expressamente previstas no acordo de viabilização[397].

[395] Salientando a identidade deste prazo legal com o previsto no nº 1 do art. 120º do CIRE, cf. Martins, Alexandre de Soveral, *Mais vale (...)*, ob. cit., p. 48.

[396] Criticando a insuficiência do sistema de proteção do financiamento (*maxime* a cobertura dos sócios e outras pessoas especialmente relacionadas está limitada ao privilégio creditório previsto no nº 2 do art. 11º e não são objeto expresso de proteção as prestações de natureza não financeira) e comparando soluções mais robustas de Direito Comparado, cf. Serra, Catarina, *O processo extraordinário (...)*, ob. cit., pp. 2078-2079 e Serra, Catarina, *Garantias (...)*, ob. cit., pp. 74-77. De igual forma, Gomes, Mickael Borges Pereira, *Processo (...)*, ob. cit., p. 27, onde se refere se o legislador poderia ter alçado voos mais altos e qualificado o "*fresh money*" como dívida da massa insolvente e não apenas um privilégio creditório mobiliário geral na hipótese de a empresa ser declarada insolvente.

[397] Assim, Serra, Catarina, *Garantias (...)*, ob. cit., p. 71.

IV
Conclusões

i. O processo extraordinário de viabilização de empresas (PEVE) surgiu na ordem jurídica interna num contexto de crise sanitária extraordinária como um instrumento de recuperação específico para as empresas que viram a sua atividade económica afetada pela pandemia da doença COVID-19, encontrando-se, por isso, em situação económica difícil ou de insolvência.

ii. O PEVE consiste, em síntese, numa adaptação da modalidade, dita abreviada, do processo especial de revitalização (PER), a que alude o art. 17º-I do CIRE.

iii. Trata-se de um processo de recuperação de empresas híbrido, composto por uma fase negocial, que ocorre extrajudicialmente, e outra (posterior) de cariz judicial ordenada à própria admissão do processo, definição do universo de credores da empresa e à homologação do acordo alcançado.

iv. A extraordinariedade do processo manifesta-se no facto de ser um processo temporário, de utilização única, beneficiário de isenção de custas processuais, que assume prioridade sobre a tramitação e julgamento de processos urgentes congéneres (processo de insolvência, PER e PEAP).

v. Ao PEVE poderá aceder uma empresa que, não tendo recorrido anteriormente a este processo, seja suscetível de viabilização, se encontre em situação económica difícil ou de insolvência devido à crise pandémica causada pela COVID-19, demonstre, de acordo com as normas contabilísticas aplicáveis ter, em 31 de dezembro de 2019, um ativo superior ao passivo e à data de apresentação do requerimento inicial não tenha pendente PER ou PEAP.

vi. Não obstante o regime-regra *supra* enunciado, a Lei nº 75/2020 prevê, adicionalmente, que o PEVE possa ser utilizado por empresas que, não tendo a 31 de dezembro de 2019 o ativo superior ao passivo, tenham logrado regularizar a sua situação com recurso à disposição transitória prevista no nº 1 do art. 35º do RERE e desde que tenham procedido ao depósito tempestivo do acordo de reestruturação.

vii. A título de exceção é, ainda, permitido, o acesso ao PEVE a micro ou pequenas empresas que não tivessem, em 31 de dezembro de 2019, um ativo superior ao passivo, desde que não tenham pendente processo de insolvência, PER ou PEAP, à data da apresentação do requerimento inicial, e *alternativamente*: *a)* Tenham recebido um auxílio de emergência no âmbito do quadro temporário relativo a medidas de auxílio estatal em apoio da economia no atual contexto da pandemia da doença COVID-19 e o mesmo não tenha sido reembolsado nos termos legais; ou *b)* Estejam abrangidas por um plano de reestruturação no quadro das medidas de auxílio estatal.

viii. O PEVE inicia-se pela apresentação pela empresa, no tribunal competente para declarar a sua insolvência, de requerimento inicial acompanhado dos elementos descritos no nº 1 do art. 7º da Lei nº 75/2020, dos quais se destaca: a relação por ordem alfabética de todos os credores subscrita e datada, há não mais de 30 dias, pelo órgão de administração da empresa e por contabilista certificado ou por revisor oficial de contas e acordo de viabilização, assinado pela empresa e por credores que representem pelo menos as maiorias de votos previstas no nº 5 do art. 17º-F do CIRE.

ix. A certificação da relação de credores em PEVE fará incorrer os declarantes em responsabilidade civil pela falsidade ou incompletude das informações nelas contidas, assumindo, igualmente, relevância no contexto de (eventual) qualificação de insolvência da empresa.

x. Inexistem regras específicas relativas ao conteúdo do acordo, deixando, aparentemente, na esfera de autodeterminação da empresa e dos seus credores a definição dos seus termos concretos, desde que seja apto a garantir a viabilização da empresa.

xi. É de aplicar ao teor do acordo de viabilização o conteúdo *mínimo* obrigatório do plano de insolvência, a que alude o nº 2 do art. 195º do CIRE na redação que lhe foi, entretanto, dada pela Lei nº 9/2022.

xii. O acordo de viabilização deverá, ainda, observar uma característica tríplice: preencher uma das maiorias previstas no nº 5 do art. 17º-F do CIRE, apresentar perspetivas razoáveis de garantir a viabilidade da empresa e não evidenciar alguma das circunstâncias previstas nos arts. 215º e 216º do CIRE.

xiii. Recebidos os documentos, o juiz confrontado com um requerimento inicial de PEVE poderá praticar um de três atos: *i)* indeferir liminarmente o processo caso o requerimento inicial seja manifestamente improcedente, ocorram exceções dilatórias insupríveis de conhecimento oficioso ou o requerente não corresponda ao convite ao aperfeiçoamento; *ii)* convidar a requerente a aperfeiçoar o seu requerimento inicial e/ou os documentos que o instruem e *iii)* determinar a abertura do processo, mediante a prolação do despacho de nomeação do AJP.

xiv. O juiz *apenas* pode sindicar do nexo causal entre a situação económica da empresa e a pandemia COVID-19, que justifica o recurso ao PEVE, através do escrutínio formal que deverá efetuar às contas da empresa, a fim de avaliar do cumprimento do requisito legal de um balanço positivo no final de 2019.

xv. No que concerne à aferição liminar da viabilidade da empresa, tal é processualmente inadmissível, porquanto o regime do PEVE expressamente prevê um momento para o efeito: aquando da prolação de sentença final, após os autos evidenciarem o parecer obrigatório que o AJP deve emitir quanto à suscetibilidade de o acordo alcançado assegurar a viabilização da empresa.

xvi. Inexistindo razões que determinem a prolação de despacho de recusa de abertura do PEVE, o juiz nomeia de imediato, por despacho, o AJP, aplicando-se, para o efeito, o disposto nos arts. 32º a 34º do CIRE, com as necessárias adaptações.

xvii. À semelhança do PER, o PEVE contempla no seu regime um acervo de efeitos adjetivos e substantivos decorrentes do despacho de nomeação do AJP, que visam, no essencial, proteger o devedor na pendência deste processo de recuperação e, outrossim, salvaguardar (ainda que excecionalmente e de forma mais reduzida) a situação dos credores.

xviii. Em primeira linha, o despacho de abertura do PEVE obsta à instauração de quaisquer ações para cobrança de dívidas contra a empresa e, até ao trânsito em julgado da sentença de homologação ou de não homologação suspende, quanto à empresa, as ações em curso com idêntica finalidade, extinguindo-se as mesmas com o trânsito em julgado da decisão de homologação do acordo de viabilização, salvo quando este preveja a sua continuação ou quando os créditos em causa naquelas ações não estejam abrangidos pelo acordo.

xix. Com efeito, se as ações pendentes se mostram suspensas até ao trânsito em julgado da sentença de homologação ou não homologação não fará sentido útil permitir que as mesmas se extingam por mero efeito de homologação do acordo de viabilização, em momento anterior ao trânsito em julgado desta decisão.

xx. Os processos de insolvência em que anteriormente haja sido requerida a insolvência da empresa suspendem-se na data de publicação do despacho de nomeação de AJP desde que não tenha sido proferida sentença declaratória da insolvência, extinguindo-se com o trânsito em julgado da decisão de homologação do acordo de viabilização. À semelhança do propugnado a respeito das ações para cobrança de dívidas, por razões de congruência sistemática o termo do prazo deverá ser, nessa medida e por maioria de razão, o trânsito em julgado da sentença de homologação de não homologação do acordo de viabilização.

xxi. Suspendem-se, igualmente, os processos de insolvência em que seja requerida a insolvência da empresa entrados depois da publicação do despacho de abertura do PEVE. Ou seja, os credores não ficam impedidos de requerer a declaração de insolvência da empresa na pendência do PEVE; contudo, os novos processos não prosseguem, ficando suspensos.

xxii. Considerando a natureza excecional do efeito extintivo dos processos de insolvência, o mesmo não pode ser estendido em relação aos processos intentados posteriormente, por falta de norma expressa. Não obstante, a respetiva instância pode vir a extinguir-se por vicissitudes decorrentes da inclusão do crédito invocado no acordo homologado.

xxiii. A empresa fica impedida de praticar atos de especial relevo, tal como definidos no art. 161º do CIRE, sem que previamente obtenha autorização para a realização da operação pretendida por parte do AJP.

xxiv. O despacho de abertura do PEVE suspende todos os prazos de prescrição e de caducidade oponíveis pela empresa até ao trânsito em julgado da sentença de homologação ou de não homologação.

xxv. Tal despacho, igualmente, determina a proibição de suspensão dos serviços públicos essenciais até à prolação da sentença de homologação ou de não homologação. Na falta de norma expressa que qualifique como dívida da massa insolvente o preço dos serviços essenciais prestados durante o período de suspensão, esses créditos não poderão assumir tal natureza, beneficiando, contudo, do privilégio creditório mobiliário geral previsto no art. 11º, nº 2 da Lei nº 75/2020.

xxvi. Por razões de celeridade processual, o PEVE não prevê na sua tramitação uma fase formal de reclamação de créditos.

xxvii. O credor pode, no prazo perentório de 15 dias, contados da publicação da relação de credores certificada, impugná-la com fundamento na indevida inclusão ou exclusão de créditos ou na incorreção do montante ou da qualificação dos créditos reconhecidos.

xxviii. Não havendo impugnações a relação de credores converte-se, de imediato, em definitiva.

xxix. Na falta de impugnações, o juiz pode, oficiosamente, apreciar a relação de credores reparando casos de erro manifesto à semelhança do previsto no processo de insolvência, traduzidos em situações evidentes e notórias de natureza factual ou jurídica e resultantes da mera consulta do enunciado de credores respetivo ou de prova documental existente nos autos.

xxx. A empresa não pode impugnar a relação de credores, porquanto se trata de um documento por si validado *a priori*.

xxxi. O regime jurídico do PEVE omite, em absoluto, a possibilidade de resposta às impugnações, pelo que se entende que tal deverá ser a regra.

xxxii. Não obstante, em homenagem ao princípio do contraditório, e à semelhança do PER, admite-se como possível um contraditório muito limitado. Tais situações excecionais estarão necessariamente relacionadas com os fundamentos (mais) complexos da impugnação, o valor do crédito impugnado, designadamente a sua expressão ou impacto no universo de credores da empresa e, consequente, relevância para a formação de maiorias de aprovação.

xxxiii. No que concerne aos meios de prova admissíveis na fase de impugnação de créditos, o único meio de prova admissível é a prova documental, que os impugnantes devem carrear para os autos.

xxxiv. Quando um credor pretender contestar a inclusão na lista *certificada* de um credor terceiro poderá requerer que a empresa (única parte contrária para este efeito) seja notificada para apresentar, dentro do prazo que for designado, o(s) documento(s) que provem o crédito impugnado.

xxxv. Nos termos do disposto no art. 430º do CPC, se a empresa não apresentar o documento é-lhe aplicável o disposto no nº 2 do art. 417º daquele Código.

xxxvi. Não obstante, a abertura deste incidente processual de índole probatória, que não se encontra expressamente previsto na Lei nº 75/2020, é, no nosso entender, a única forma de assegurar o direito à prova do credor que pretenda adversar a relação certificada apresentada pela empresa, visando a supressão de um credor terceiro.

xxxvii. Quanto ao direito do credor de requerer a não homologação do acordo de viabilização o mesmo opera no âmbito de aplicação dos arts. 215º e 216º do CIRE.

xxxviii. Para além destes fundamentos que resultam da própria letra da Lei nº 75/2020, o regime contém implícito ou subjacente um outro fundamento de não homologação do acordo de viabilização: a insusceptibilidade de o acordo garantir a viabilidade da empresa. Não se trata de um vício de conteúdo do acordo *proprio sensu*, mas da sua inaptidão para alcançar o desiderato último de que o PEVE é mero instrumento.

xxxix. No mesmo prazo de que os credores dispõem para impugnar a relação de credores e solicitar a não homologação do acordo de viabilização, cabe ao AJP emitir parecer sobre se o acordo a homologar oferece perspetivas razoáveis de garantir a viabilidade da empresa.

xl. O parecer do AJP consiste num ato instrumental e importante de apoio do processo de formação da decisão jurisdicional de homologação do acordo alcançado entre a empresa e os seus credores relativo à potencialidade razoável do acordo assegurar a viabilidade da empresa, que apesar de obrigatório, não assume natureza vinculativa, pelo que o mesmo está sujeito à livre apreciação do julgador.

xli. O parecer deverá conter: *1.* uma enunciação analítica da situação económico-financeira da empresa, com especial enfoque nas causas e na extensão das suas dificuldades, que fundamentaram o recurso a este instrumento extraordinário de recuperação; *2.* uma avaliação do conteúdo do acordo, designadamente da sua exequibilidade, incluindo, em especial, as medidas de reestruturação propostas e sua duração; e *3.* um juízo conclusivo dos fundamentos pelos quais há uma perspetiva razoável de o acordo de viabilização alcançado ser apto a garantir a viabilidade da empresa e, consequentemente, evitar a sua insolvência, designadamente através da comparação entre o cenário definido pelo acordo e um eventual cenário de liquidação.

xlii. O juiz dispõe do prazo de 10 dias para *a)* decidir sobre as impugnações formuladas, com base na prova documental carreada para os autos, devendo em caso de procedência das mesmas ordenar a alteração da relação de credores em conformidade; *b)* analisar o acordo, considerando as pronúncias dos credores e o parecer do AJP, devendo homologá-lo, por sentença, se este, cumulativamente: *i)* respeitar as maiorias previstas no nº 5 do art. 17º-F do CIRE; *ii)* apresentar perspetivas razoáveis de garantir a viabilidade da empresa; *iii)* não subsistir alguma das circunstâncias previstas nos arts. 215º e 216º do CIRE.

xliii. No que concerne à decisão sobre as impugnações o juiz mostra-se vinculado exclusivamente à apreciação de prova documental carreada para os autos. Em caso de procedência das impugnações a decisão consiste na alteração da relação de credores em conformidade, que terá necessário impacto na composição da maioria de aprovação do acordo.

xliv. Decididas as impugnações e estabilizada a relação de credores ou convertida esta em definitiva, por falta de impugnações, incumbe, então, ao juiz analisar o acordo de viabilização, sendo que *só* haverá lugar à homologação do acordo, por sentença, se o mesmo preencher os três requisitos legais acima referidos.

xlv. A análise do acordo far-se-á, assim, por cotejo com a relação de credores definitiva tendo em vista a aferição do preenchimento das maiorias legais, bem como, quanto ao seu conteúdo, tendo em consideração as pronúncias dos credores, se existirem, e o parecer do AJP quanto às perspetivas razoáveis do acordo garantir a viabilidade da empresa.

xlvi. No que concerne às maiorias de aprovação, a Lei nº 75/2020 remete para as maiorias do PER enunciadas no nº 5 do art. 17º-F do CIRE, não sendo, contudo, aplicável o regime de aprovação por categorias de credores, introduzido pela Lei nº 9/2022, de 11 de janeiro.

xlvii. Em sede de PEVE, não há lugar a uma votação *proprio sensu*, na medida em que se trata da homologação de um acordo extrajudicial alcançado com alguns credores, cujos efeitos se pretendem estender aos demais credores constantes da relação de credores definitiva através deste processo extraordinário.

xlviii. Assim, e contrariamente ao PER de negociação a que alude o art. 17º-A e seguintes do CIRE, no PEVE nunca há credores abstencionistas: há credores que são favoráveis à aprovação do acordo de viabilização, que são, naturalmente, os credores que subscreveram o acordo com a empresa, e presume-se que, *a contrario*, os demais credores (não subscritores) são desfavoráveis à sua aprovação.

xlix. Por outro lado, para que os créditos dos credores subscritores do acordo possam ser computados *em sentido favorável à aprovação do acordo* é necessário que estes tenham, de facto, direito de voto nos termos do nº 2 do art. 212º do CIRE.

l. Mostra-se fixado *ex lege* o valor a atribuir aos créditos condicionais no cômputo das maiorias previstas no nº 5 do art. 17º-F do CIRE: "a percentagem de 50 % de direitos de voto correspondentes aos créditos relacionados".

li. Verificada a aprovação do acordo de viabilização pelos credores o juiz deverá, num segundo passo lógico, aferir se aquele apresenta perspetivas razoáveis de garantir a viabilidade da empresa.

lii. A avaliação judicial deverá ser circunscrita às situações de manifesta inviabilidade. Havendo concordância entre o parecer favorável do AJP e a maioria legal exigida de credores não se vislumbram, em teoria, razões para concluir que o acordo alcançado não apresente perspetivas *razoáveis* de garantir a viabilidade da empresa, assegurando-se, assim, à empresa o acesso a uma reestruturação bem-sucedida.

liii. Caso o acordo passe o teste de garantir que a sua execução assegura, razoavelmente, a viabilidade da empresa, incumbirá, ainda, ao juiz aferir que, no caso, não subsistem alguma das circunstâncias previstas nos arts. 215º e 216º do CIRE.

liv. Não se vislumbrando motivo para recusar a homologação do acordo deve ser proferida a competente decisão homologatória, que é registada, notificada e publicitada por via eletrónica, vinculando a empresa, os credores subscritores do acordo e os credores constantes da relação (definitiva) de credores, mesmo que não hajam participado na negociação extrajudicial, relativamente aos créditos constituídos à data em que foi proferida a decisão de nomeação do AJP.

lv. O regime do PEVE prevê a possibilidade que, em caso de homologação do acordo de viabilização, qualquer credor que não conste da relação de credores definitiva possa, por mera declaração, no prazo de 30 dias contados da publicitação da decisão de homologação do acordo, manifestar no processo a sua intenção de aderir ao acordo homologado.

lvi. Não obstante, a adesão do credor só se perfectibiliza mediante aceitação da empresa, que é notificada para, no prazo de cinco dias, informar se aceita a adesão deste ao acordo, sendo que o silêncio da empresa ante a notificação equivale à recusa de adesão.

lvii. A adesão ao acordo dos credores, que mereça a concordância da empresa, vincula-os nos termos dos demais credores, sem que seja necessária a intervenção do juiz para o efeito.

lviii. Haverá interesse processual dos credores que se encontrem em litígio com a empresa quanto à existência, natureza ou valor do seu crédito, em aderir a um plano de recuperação, como é o acordo de viabilização, no sentido de poder ver aí "reconhecido" o seu crédito por parte do Devedor.

lix. A aceitação *expressa* de adesão de um credor por parte da empresa traduz o reconhecimento da existência da dívida subjacente ao pedido de adesão, que determina, necessariamente, a superação de alguma eventual litigiosidade em torno dos créditos em apreço, conferindo utilidade processual ao instituto.

lx. Para além do efeito principal de estender a eficácia do acordo de viabilização a credores não subscritores do mesmo, a sentença de homologação acarreta efeitos de natureza adjetiva e efeitos fiscais.

lxi. No que concerne aos efeitos adjetivos os mesmos circunscrevem-se, em essência, às ações suspensas por força da decisão de abertura do PEVE: ações para cobrança de dívidas contra a empresa e processos de insolvência, que se extinguirão com o trânsito em julgado da decisão homologatória do acordo de viabilização. As ações para cobrança de dívidas prosseguirão, contudo, quando o acordo preveja expressamente a sua continuação ou quando os créditos em causa naquelas ações não estejam abrangidos pelo acordo.

lxii. Por outro lado, não obstante a lei não o referir expressamente, o trânsito em julgado da sentença homologatória determinará, naturalmente, o encerramento do processo.

lxiii. No plano substantivo a homologação do acordo de viabilização tem efeitos fiscais.

lxiv. No que concerne aos créditos tributários e da Segurança Social a Lei nº 75/2020 estabelece no seu art. 13º um regime especial para a empresa de redução da taxa de juros de mora no pagamento dos referidos créditos.

lxv. Por sua vez, o art. 14º, nº 1 da Lei nº 75/2020 estatui que a homologação do acordo de viabilização confere às partes subscritoras os benefícios previstos nos arts. 268º a 270º do CIRE, desde que o acordo compreenda a reestruturação de créditos correspondentes a, pelo menos, 30 % do total do passivo não subordinado da empresa.

lxvi. A referência legal a partes subscritoras deverá ser interpretada de forma mais abrangente, incluindo todos os credores vinculados pelo acordo de viabilização, inexistindo razão substantiva para introduzir uma distinção que favoreça quem originalmente subscreveu o referido acordo em detrimento dos demais vinculados.

lxvii. A não homologação do acordo de viabilização acarreta, necessária e consequentemente, o encerramento do processo de viabilização e a extinção de todos os seus efeitos.

lxviii. O termo do PEVE impede a empresa de recorrer novamente ao mesmo, independentemente da forma de encerramento do mesmo.

lxix. Nos termos do disposto no nº 14 do art. 10º da Lei nº 75/2020, o incumprimento do acordo de viabilização tem as consequências previstas no nº 1 do art. 218º do CIRE: a repristinação dos créditos originais.

lxx. Em caso de incumprimento do acordo homologado, fica sem efeito a redução da taxa de juros de mora dos créditos tributários prevista no nº 3 do art. 13º da Lei nº 75/2020, sendo aplicável o regime previsto no nº 1 do art. 200º do CPPT.

lxxi. No plano do financiamento, prevê-se que as garantias convencionadas entre a empresa e os seus credores no âmbito do PEVE, com a finalidade de proporcionar àquela os necessários meios financeiros para o desenvolvimento da sua atividade, mantêm-se mesmo que, findo o processo, venha a ser declarada, no prazo de dois anos, a sua insolvência.

lxxii. Prevê-se a extensão aos sócios, ou quaisquer outras pessoas especialmente relacionadas com a empresa do privilégio creditório mobiliário geral, referido na redação pretérita do nº 2 do art. 17º-H do CIRE, concedido aos credores que, no âmbito do PEVE, financiem a atividade da empresa disponibilizando-lhe capital para a sua viabilização.

lxxiii. O art. 12º da Lei nº 75/2020 completa o regime de proteção do financiamento ao prever que caso a empresa venha a ser declarada insolvente após o PEVE, são insuscetíveis de resolução em benefício da massa insolvente os negócios jurídicos que hajam compreendido a efetiva disponibilização à empresa de novos créditos pecuniários, incluindo sob a forma de diferimento de pagamento, e a constituição de garantias respeitantes a tais créditos; desde que, para tanto, os negócios tenham sido expressamente previstos no acordo de viabilização e que o novo financiamento não tenha sido utilizado em benefício do financiador ou de entidade consigo relacionada, nos termos do art. 49º do CIRE.

BIBLIOGRAFIA

1. AA. VV., *European preventive restructuring, Directive (EU) 2019/1023, Article-by-article commentary* (coord. Christoph G. Paulus e Reinhard Dammann), Beck-Hart-Nomos, 2021
2. ALEXANDRE, Isabel, *Efeitos processuais de abertura do processo de revitalização*, em "II Congresso de Direito da Insolvência" (coord. Catarina Serra), Coimbra, Almedina, 2014, pp. 240 e s.
3. ANTUNES, João Tiago Morais/ CARREIRA, Petra, *A Diretiva (UE) 2019/1023 – Transposição à vista*, "PLMJ Restructuring Review", 01, pp. 63 e s., disponível para consulta em https://www.plmj.com/xms/files/Restructuring_Review/PLMJ_Restructuring_Review.pdf, último acesso em 10/07/2022
4. ARSÉNIO, Manuel Silva, *Recuperação de empresas por via judicial e extrajudicial – O caso SIREVE – Sistema de Recuperação de Empresas por Via Extrajudicial*, em "Revista de Direito da Insolvência", nº 0, Coimbra, Almedina, 2016, pp. 169 e s.
5. ASCENSÃO, José de Oliveira, *O Direito. Introdução e Teoria Geral, Uma perspetiva luso-brasileira*, 10ª Edição, Coimbra, Almedina, 1997
6. ASSUNÇÃO, Elisabete, *Impugnação e decisão da impugnação da lista provisória de créditos, no âmbito do Processo Especial de Revitalização*, "Julgar", nº 31, Coimbra, Almedina, 2017, pp. 49 e s.
7. ASSUNÇÃO, Elisabete, *O Despacho Liminar*, em "Insolvência e processo especial de revitalização" (org. Gabriela Cunha Rodrigues, Laurinda Gemas e Margarida Paz), Coleção Formação Contínua, Centro de Estudos Judiciários, 2017, pp. 11 e s., disponível em http://www.cej.mj.pt/cej/recursos/ebooks/civil/eb_Insolvencia_Revitalizacao.pdf, último acesso em 10/07/2022
8. ASSUNÇÃO, Elisabete, *Os artigos 17º-G, nº 4 e 222º-G, nº 4 do Código da Insolvência e da Recuperação de Empresas (CIRE) e as declarações de inconstitucionalidade, com força obrigatória geral, dos Acórdãos do Tribunal Constitucional nº 675/2018, de 18 de dezembro e 25/2020, de 5 de maio*, em "Revista do Centro de Estudos Judiciários", II, Coimbra, Almedina, 2020, pp. 29 e s.
9. BOULAROT, Ana Paula, *Apontamentos sobre os efeitos do Processo Especial de Recuperação*, "Julgar", nº 31, Coimbra, Almedina, 2017, pp. 11 e s.

10. CAETANO, Gonçalo, *Do Processo Especial de Revitalização ao Processo Especial para Acordo de Pagamento*, Dissertação, Faculdade de Direito da Universidade do Porto, Porto, 2017, disponível para consulta em https://repositorio-aberto.up.pt/bitstream/10216/109735/2/237488.pdf, último acesso em 10/07/2022
11. CAMPOS, Luís, *A recuperação do devedor vs «O melhor interesse dos credores»*, em "Revista de Direito da Insolvência", nº 6, Coimbra, Almedina, 2022, pp. 10 e s.
12. CANOTILHO, J.J. Gomes/MOREIRA, Vital, *Constituição da República Portuguesa Anotada*, Volume I, 4ª Edição Revista, Coimbra, Coimbra Editora, 2007
13. CARDOSO, Soraia Filipa Pereira, *Processo Especial de Revitalização: o efeito de standstill*, Coimbra, Almedina, 2016
14. CARVALHO, Catarina Guedes de, *Portugal's Extraordinary Business Viability Process*, em "Eurofenix – The Journal of INSOL Europe", nº 82, 2021, pp. 36 e s., disponível para consulta em https://www.insol-europe.org/publications/eurofenix-past-issues, último acesso em 10/07/2022
15. CARVALHO, Catarina Guedes de, *Principais diferenças entre os regimes da Insolvência, PER, RERE e PEVE*, em "PLMJ Restructuring Review", 01, pp. 19 e s., disponível para consulta em https://www.plmj.com/xms/files/Restructuring_Review/PLMJ_Restructuring_Review.pdf, último acesso em 10/07/2022
16. CARVALHO, Jorge Morais/JERÓNIMO, Maria, *As garantias de novos financiamentos*, em "IV Congresso de Direito da Insolvência" (coord. Catarina Serra), Reimpressão, Coimbra, Almedina, 2020, pp. 269 e s.
17. CASANOVA, Nuno Salazar, *Os efeitos processuais no PER e no PEAP nas acções declarativas de condenação*, em "Actualidad Jurídica Uría Menendez", nº 49, Madrid, 2018, pp. 47 e s.
18. CASANOVA, Nuno Salazar/DINIS, David Sequeira, *PER – O processo especial de revitalização – Comentários aos artigos 17º-A a 17º-I do Código da Insolvência e da Recuperação de Empresas*, Coimbra, Coimbra Editora, 2014
19. CORDEIRO, A. Barreto Menezes, *Alteração das circunstâncias*, em "1º Novo Coronavirus e gestão da crise contratual, Estratégias jurídicas", Centro de Investigação de Direito Privado da Faculdade de Direito de Lisboa, Lisboa, 2020, pp. 28 e s., disponível em https://www.cidp.pt/Archive/Docs/f633504439438.pdf, último acesso em 10/07/2022
20. CORDEIRO, António Menezes, *Tratado de Direito Civil Português*, I, Parte Geral, Tomo I, Coimbra, Almedina, 1999
21. CORREIA, Francisco Mendes, *Impugnação Pauliana, sob a sombra da resolução em benefício da massa*, em "V Congresso de Direito da Insolvência" (coord. Catarina Serra), Coimbra, Almedina, 2019, pp. 121 e s.
22. CORREIA, João/PIMENTA, Paulo/CASTANHEIRA, Sérgio, *Introdução ao Estudo e Aplicação do Código de Processo Civil de 2013*, Coimbra, Almedina, 2013
23. COSTA, Letícia Marques, *O "fresh money": como tornar o financiamento do devedor atractivo*, "Revista da Faculdade de Direito e Ciência Política da Universidade Lusófona do Porto", nº 9, 2017, pp. 141 e s., disponível para consulta em https://revistas.ulusofona.pt/index.php/rfdulp/arti-

cle/view/5963, último acesso em 10/07/2022

24. CRUZ, Nuno Gundar da, *Processo Especial de Revitalização – Estudos sobre os poderes do Juiz*, Lisboa, Petrony, 2016
25. CUNHA, Paulo Olavo, *A recuperação de sociedades no contexto do PER e da insolvência*, em "Revista de Direito da Insolvência", nº 0, Coimbra, Almedina, 2016, pp. 99 e s.
26. CUNHA, Paulo Olavo, *Os deveres dos gestores e dos sócios no contexto da revitalização de sociedades*, em "II Congresso de Direito da Insolvência" (coord. Catarina Serra), Coimbra, Almedina, 2014, pp. 209 e s.
27. CUNHA, Paulo Olavo, *Reestruturação de Sociedades e Direitos de Sócios*, em "IV Congresso do Direito da Insolvência" (coord. Catarina Serra), Reimpressão, Coimbra, Almedina, 2020, pp. 341-359
28. DIAS, Sara Luís, *A afetação do crédito tributário no plano de recuperação da empresa insolvente*, em "Revista de Direito da Insolvência", nº 0, Coimbra, Almedina, 2016, pp. 243 e s.
29. DIAS, Sara Luís, *Novas medidas no plano fiscal*, em "Seminário de Direito da Insolvência" (coord. Catarina Serra), Coimbra, Almedina, 2019, pp. 135 e s.
30. DIAS, Sara Luís, *O crédito tributário no processo de insolvência e nos processos judiciais de recuperação*, Coimbra, Almedina, 2021
31. DINIS, David Sequeira/NUNES, Raquel Cardoso, *A Diretiva (UE) 2019/1023 e a Reestruturação Preventiva das Empresas*, em "Revista de Direito da Insolvência", nº 5, Coimbra, Almedina, 2021, pp. 153 e s.
32. DINIS, David Sequeira/CASANOVA, Nuno Salazar/NUNES, Raquel Cardoso, *O processo extraordinário de viabilização de empresas*, em "Revista de Direito da Insolvência", nº 5, Coimbra, Almedina, 2021, pp. 71 e s.
33. DINIS, David Sequeira, *Stand-still, cláusulas ipso facto e new money após a transposição da Diretiva*, em "Conferência «O Plano de Recuperação e Resiliência para a Justiça Económica e a transposição da Diretiva 2019/1023, do Parlamento Europeu e do Conselho»" - E-book", Ministério da Justiça, março de 2022, pp. 42 e s., disponível para consulta em https://justica.gov.pt/Portals/0/Ficheiros/Organismos/JUSTICA/E-bookCONF-PRR-VF2.pdf, último acesso em 10/07/2022
34. Direção-Geral da Política da Justiça, *Relatório de avaliação do Processo especial de revitalização*, disponível para consulta em https://app.parlamento.pt/webutils/docs/doc.pdf?path=6148523063446f764c3246795958427774f6a63334e7a637664326c75636d56785833426c636d6431626e526863793959535 65976636e41784d54517465476c324c544668597931684c6e426b5a673d3d&fich=rp114-xiv-1ac-a.pdf&Inline=true, último acesso em 10/07/2022
35. DOMINGUES, Joana, *A COVID-19 e as empresas: que desafios para os juízos de comércio*, "Julgar", nº 44, Coimbra, Almedina, 2021, pp. 81 e s.
36. DUARTE, Filipe Pereira, *Como viciar um PER – A importância da decisão judicial sobre as impugnações de créditos*, em "AB Instantia – Revista do Conhecimento AB", Ano II, nº 4, Coimbra, Almedina, 2014, pp. 271 e s.
37. EPIFÂNIO, Maria do Rosário, *A pandemia da COVID-19 e o Direito da Insolvência*, em "Observatório

Almedina", fevereiro de 2021, disponível para consulta em https://observatorio.almedina.net/index.php/2021/02/17/a-pandemia-da-covid-19-e-o-direito-da-insolvencia/, último acesso em 10/07/2022

38. Epifânio, Maria do Rosário, *Anotação ao Acórdão do STJ de 12 de outubro de 2015 (Pinto de Almeida)*, em "Revista de Direito da Insolvência", nº 1, abril/2017, Coimbra, Almedina, pp. 179 e s.

39. Epifânio, Maria do Rosário, *Manual de Direito da Insolvência*, 8ª Edição, Coimbra, Almedina, 2022

40. Epifânio, Maria do Rosário, *O processo especial de revitalização*, Coimbra, Almedina, 2016

41. Epifânio, Maria do Rosário, *O processo especial de revitalização*, em "II Congresso Direito das Sociedades em Revista" (coord. Pedro Pais de Vasconcelos, Jorge Manuel Coutinho de Abreu, Rui Pinto Duarte), Coimbra, Almedina, 2012, pp. 257 e s.

42. Esteves, Bertha Parente, *Da aplicação das normas relativas ao plano de insolvência ao plano de recuperação conducente à Revitalização*, em "II Congresso de Direito da Insolvência" (coord. Catarina Serra), Coimbra, Almedina, 2014, pp. 267 e s.

43. Fernandes, Luís Carvalho/Labareda, João, *Código da Insolvência e da Recuperação de Empresas Anotado*, 3ª Edição, Lisboa, Quid Juris, 2015

44. Fernandes, Luís Carvalho/Labareda, João, *Código dos Processos Especiais de Recuperação da Empresa e de Falência Anotado*, 3ª Edição, Lisboa, Quid Juris, 1999

45. Fernandez, Elizabeth, *Um novo Código de Processo Civil? Em busca das diferenças*, Porto, Vida Económica, 2014

46. Ferreira, José Gonçalves, *Novo (?) Processo Especial para Acordo de Pagamento*, em "Seminário de Direito da Insolvência" (coord. Catarina Serra), Coimbra, Almedina, 2019, pp. 103 e s.

47. Ferreira, Manuel Requicha, *Estado de insolvência*, em "Direito da Insolvência – Estudos" (coord. Rui Pinto), Coimbra, Coimbra Editora, 2011, pp. 301 e s.

48. Frada, Manuel A. Carneiro da, *A alteração das circunstâncias à luz da Covid-19: teses e reflexões para um diálogo*, em "Revista da Ordem dos Advogados", Ano 80, Nº 1-2, Lisboa, jan.-jun. 2020, pp. 153 e s.

49. Freitas, José Lebre de/Machado, Montalvão, A./Pinto, Rui, *Código de Processo Civil Anotado*, Volume 2º, 2001, Coimbra, Coimbra Editora

50. Freitas, Miguel Fernandes, *Processo Especial de Revitalização – dúvidas presentes e soluções/dúvidas futuras (parte I)*, "IPSO JURE", nº 93, fevereiro de 2017, disponível para consulta em https://www.oa.pt/upl/%7B7a6a5ba1-b2a7-4f53-a60f-239d79c574e3%7D.pdf, último acesso em 10/07/2022

51. Freitas, Miguel Fernandes, *Processo Especial de Revitalização – dúvidas presentes e soluções/dúvidas futuras face ao projeto de Decreto-Lei (parte II)*, "IPSO JURE", nº 94, março de 2017, disponível para consulta em https://www.oa.pt/upl/%7Be0fc07cc-37df-494e-80b8-ae2d6c6663e2%7D.pdf, último acesso em 10/07/2022

52. Gomes, Júlio Vieira, *Nótula sobre a resolução em benefício da massa insolvente*, em "IV Congresso de Direito da Insolvência" (coord. Catarina Serra), Reimpressão, Coimbra, Almedina, 2020, pp. 107 e s.

53. Gomes, Mickael Borges Pereira, *Processo extraordinário de viabilização*

de empresas, Dissertação, Faculdade de Direito – Escola de Lisboa, Universidade Católica Portuguesa, Lisboa, 2021, disponível para consulta em https://repositorio.ucp.pt/bitstream/10400.14/37711/1/202920933.pdf, último acesso em 10/07/2022

54. GONÇALVES, Ana Cláudia Marques, *A recuperação de empresas em Portugal e o impacto do PEVE em época de Covid-19*, Dissertação, Instituto Superior de Contabilidade e Administração de Coimbra, Instituto Politécnico de Coimbra, Coimbra, 2022, disponível para consulta em https://comum.rcaap.pt/bitstream/10400.26/40423/1/Ana_Gon%c3%a7alves.pdf, último acesso em 10/07/2022
55. GONÇALVES, Filipa, *O processo especial de revitalização*, em "Estudos de Direito da Insolvência" (coord. Maria do Rosário Epifânio), Reimpressão, Coimbra, Almedina, 2020, pp. 51 e s.
56. GONÇALVES, Francisca Margarida Pereira, *O Processo Extraordinário de Viabilização de Empresas (PEVE) – Lei nº 75/2020 de 27 de novembro, Análise dos artigos 6º a 15º*, Dissertação, Faculdade de Direito – Escola do Porto, Universidade Católica Portuguesa, Porto, 2021, disponível para consulta em https://repositorio.ucp.pt/bitstream/10400.14/37907/1/202961966.pdf, último acesso em 10/07/2022
57. GONÇALVES, Marco Carvalho, *Direito a um processo equitativo e público*, em "Comentário da Convenção Europeia dos Direitos Humanos e dos Protocolos Adicionais", Volume II, (org. Paulo Pinto de Albuquerque), Universidade Católica Editora, pp. 931 e s.
58. GONÇALVES, Renato, *Recuperação de empresas – um desígnio continuado*, em "IV Congresso de Direito da Insolvência" (coord. Catarina Serra), Reimpressão, Coimbra, Almedina, 2020, pp. 379 e s.
59. LEAL, Ana Alves/TRINDADE, Cláudia, *O processo especial para acordo de pagamento (PEAP): o novo regime pré-insolvencial para devedores não empresários*, "Revista de Direito das Sociedades", nº 1, Ano IX, Coimbra, Almedina, 2017, pp. 68 e s.
60. LEITÃO, Luís Manuel Teles de Menezes, *A recuperação económica dos devedores*, 2ª Edição, Coimbra, Almedina, 2020
61. LEITÃO, Luís Manuel Teles de Menezes, *A responsabilidade pela abertura indevida do processo especial de revitalização*, em "II Congresso de Direito da Insolvência" (coord. Catarina Serra), Coimbra, Almedina, 2014, pp. 143 e s.
62. LEITÃO, Luís Menezes, *As dívidas da massa insolvente*, em "IV Congresso de Direito da Insolvência" (coord. Catarina Serra), Reimpressão, Coimbra, Almedina, 2020, pp. 25 e s.
63. LEITÃO, Luís Manuel Teles de Menezes, *Direito da Insolvência*, 10ª Edição, Coimbra, Almedina, 2021
64. LIMA, Pires de/Varela, Antunes, *Código Civil Anotado*, Volume I, 4ª Edição Revista e Actualizada, Coimbra, Coimbra Editora, 1987
65. LOUSA, Nuno Ferreira, *O incumprimento do plano de recuperação e os direitos dos credores*, em "I Colóquio de Direito da Insolvência de Santo Tirso" (coord. Catarina Serra), Coimbra, Almedina, 2014, pp. 119 e s.
66. MACHADO, José Manuel Gonçalves, *O dever de renegociar no âmbito pré-*

-insolvencial – Estudo comparativo sobre os principais mecanismos de recuperação de empresas, Coimbra, Almedina, 2016

67. Madaus, Stephen, *The New Age of Debt...and the common function of insolvency and restructuring law*, "Eurofenix – The Journal of INSOL Europe", nº 67, 2017, pp. 14 e s., disponível para consulta em https://www.insol-europe.org/publications/eurofenix-past-issues, último acesso em 10/07/2022
68. Malaquias, Pedro Ferreira/Leal, Miguel Rodrigues, *A reforma do Código de Insolvência e Recuperação de Empresas e o processo especial de revitalização*, em "Actualidad jurídica Uría Menendez", nº 33, Madrid, 2012, pp. 105 e s.
69. Martinez, Pedro Romano, *Da cessação do contrato*, 2ª Edição, Coimbra, Almedina, 2006
70. Martins, Alexandre de Soveral, *Alterações recentes ao Código da Insolvência e da Recuperação de Empresas*, Texto da conferência proferida no dia 5 de julho de 2012, na Livraria Almedina Estádio de Coimbra, disponível para consulta em https://estudogeral.uc.pt/bitstream/10316/20699/1/alteracoes_CIRE.pdf, último acesso em 10/07/2022
71. Martins, Alexandre de Soveral, *Mais vale tarde do que nunca: a Lei 75/2020, o PEVE e outras novidades (com o cair da folha)*, em "Direito das Sociedades em Revista", Ano 13, Vol. 25, Semestral, Coimbra, Almedina, 2021, pp. 37 e s.
72. Martins, Alexandre de Soveral, *O P.E.R. (Processo Especial de Revitalização)*, em "AB Instantia – Revista do Instituto do Conhecimento AB", Ano I, nº 1, 2013, Coimbra, Almedina, pp. 17 e s.
73. Martins, Alexandre de Soveral, *Um curso de Direito da Insolvência*, Volume I, 3ª Edição revista e atualizada, Coimbra, Almedina, 2021
74. Martins, Luís M., *Recuperação de pessoas singulares*, Vol. I, 2ª Edição, Coimbra, Almedina, 2012
75. Matos, José Igreja, *Poderes do juiz no processo especial de revitalização – Divergindo de edipianas inevitabilidades*, em "IV Congresso de Direito da Insolvência" (coord. Catarina Serra), Reimpressão, Coimbra, Almedina, 2020, pp. 293 e s.
76. Miranda, Jorge/ Medeiros, Rui, *Constituição da República Portuguesa Anotada*, Tomo I, 2ª Edição revista, actualizada e ampliada, Coimbra, Wolters Kluwer Portugal/Coimbra Editora, 2010
77. Morais, Fernando de Gravato, *Resolução em benefício da massa insolvente*, Coimbra, Almedina, 2008
78. Negrão, Fernando/Oliveira, Paulo Rios de/Cid, Nélia Monte, *O novo Código de Processo Civil comentado*, Lisboa, Quid Juris, 2013
79. Oliveira, Madalena Perestrelo, *Financiamento para reestruturação e financiamento intercalar*, em "V Curso de Direito de Insolvência" (coord. Catarina Serra), Coimbra, Almedina, 2019, pp. 271 e s.
80. Oliveira, Madalena Perestrelo de, *O processo especial de revitalização: o novo CIRE*, em "Revista de Direito das Sociedades", Ano IV – 2012, nº 3, Coimbra, Almedina, pp 707 e s.
81. Oliveira, Nuno Manuel Pinto, *Entre Código da Insolvência e «Princípios Orientadores»: um dever de (re)negociação?*, em "Revista da Ordem dos Advogados", Ano 72, Vol. II/III, Lisboa, abril-setembro, 2012, pp. 677 e s., disponível para consulta em https://portal.oa.pt/upl/%7B2f498f08-

da7b-4429-aa27-16b7eea28abc%7D.pdf, último acesso em 10/07/2022

82. Oliveira, Nuno Manuel Pinto, *O Direito da Insolvência e a tendencial universalidade do Direito Privado*, em "IV Congresso de Direito da Insolvência" (coord. Catarina Serra), Reimpressão, Coimbra, Almedina, 2020, pp. 71 e s.
83. Organização Mundial de Saúde, *WHO-convened Global Study of Origins of SARS-CoV-2: China Part*, 2021, disponível para consulta em https://www.who.int/docs/default-source/coronaviruse/final-joint-report_origins-studies-6-april-201.pdf?sfvrsn=4f5e5196_1&download=true, último acesso em 10/07/2022
84. Pereira, João Aveiro, *A revitalização económica dos devedores*, em "O Direito", nº 145, I-II, Coimbra, Almedina, 2013, pp. 9 e s.
85. Pidwell, Pedro, *Os poderes e deveres do administrador judicial (da insolvência) na reestruturação de empresas*, em "Revista de Direito da Insolvência", nº 2, Coimbra, Almedina, 2018, pp. 83 e s.
86. Pinto, Mariana Pinho de Freitas, *A crise de dívida soberana na área do Euro*, Dissertação, Faculdade de Economia e Gestão da Universidade do Porto, Porto, 2014, disponível para consulta em https://sigarra.up.pt/fep/pt/pub_geral.show_file?pi_doc_id=26887, último acesso em 10/07/2022
87. Pinto, Rui, *Recursos no processo de insolvência e no P.E.R.*, em "V Congresso do Direito da Insolvência" (coord. Catarina Serra), Coimbra, Almedina, 2019, pp. 301 e s.
88. Prata, Ana/Carvalho, Jorge Morais/Simões, Rui, *Código da Insolvência e da Recuperação de Empresas Anotado*, Coimbra, Almedina, 2013
89. Ramos, António Fonseca, *Os créditos tributários e a homologação do plano de recuperação*, em "Revista de Direito da Insolvência", nº 0, Coimbra, Almedina, 2016, pp. 267 e s.
90. Rebelo, Amélia Sofia, *A aprovação e a homologação do plano de recuperação*, em "I Colóquio de Direito da Insolvência de Santo Tirso" (coord. Catarina Serra), Coimbra, Almedina, 2014, pp. 69 e s.
91. Reis, Alberto dos, *Código de Processo Civil Anotado*, Volume IV, 3ª Ed. 1951, Reimpressão, Coimbra, Coimbra Editora, 2007
92. Ribeiro, Maria de Fátima, *Deveres dos administradores da empresa em crise: as perspectivas de viabilidade e o recurso ao PEVE*, em "Revista de Direito Comercial", Lisboa, 2021, pp. 1229 e s., disponível para consulta em https://www.revistadedireitocomercial.com/deveres-dos-administradores-da-empresa-em-crise-as-perspectivas-de-viabilidade-e-o-recurso-ao-peve, último acesso em 10/07/2022
93. Ribeiro, Maria de Fátima, *Insolvência, pessoas especialmente relacionadas, resolução em benefício da massa insolvente e subordinação de créditos*, em "V Congresso de Direito da Insolvência" (coord. Catarina Serra), Coimbra, Almedina, 2019, pp. 83 e s.
94. Ribeiro, Maria de Fátima, *O novo PEVE: primeiras dificuldades na aplicação do regime da Lei nº 75/2020*, disponível para consulta em https://eco.sapo.pt/opiniao/o-novo-peve-primeiras-dificuldades-na-aplicacao-do-regime-da-lei-n-o-75-2020/, último acesso em 10/07/2022
95. Ribeiro, Maria de Fátima, *Os deveres dos administradores na crise provocada pelos efeitos da pandemia Covid-19*

e a suspensão do dever de apresentação à insolvência, em "Revista da Ordem dos Advogados", Ano 81, nº 1-2, Lisboa, janeiro-junho. 2021, pp. 263 e s., disponível para consulta em https://portal.oa.pt/media/133312/maria-de-fatima-ribeiro.pdf, último acesso em 10/07/2022

96. Ribeiro, Maria de Fátima, *Um confronto entre a resolução em benefício da massa insolvente e a impugnação pauliana*, em "IV Congresso de Direito da Insolvência" (coord. Catarina Serra), Reimpressão, Coimbra, Almedina, 2020, pp. 131 e s.
97. Rodrigues, Carla, *O processo especial para acordo de pagamentos*, em "Revista de Direito da Insolvência", nº 4, Coimbra, Almedina, 2020, pp. 37 e s.
98. Santos, Mário João Coutinho dos, *Algumas notas sobre os aspectos económicos da insolvência da empresa*, em "Direito e Justiça", Universidade Católica Editora, Porto, 2005, tomo II, pp. 181 e s.
99. Serra, Catarina, *A contratualização da insolvência: hybrid procedures e pre-packs (A insolvência entre a lei e a autonomia privada)*, em "II Congresso — Direito das Sociedades em Revista" (coord. Pedro Pais de Vasconcelos, Jorge Manuel Coutinho de Abreu, Rui Pinto Duarte), Coimbra, Almedina, 2012, pp. 265 e s.
100. Serra, Catarina, *A falência no quadro da tutela jurisdicional dos direitos de crédito – O problema da natureza do processo de liquidação aplicável à insolvência no Direito português*, Coimbra, Coimbra Editora, 2009
101. Serra, Catarina, *COVID-19 (III) / O RERE como programa extraordinário para o apoio e a reanimação de empresas*, em "Observatório Almedina", fevereiro de 2020, disponível para consulta em https://observatorio.almedina.net/index.php/2020/04/30/covid-19-iii-o-rere-como-programa-extraordinario-para-o-apoio-e-a-reanimacao-de-empresas/, último acesso em 10/07/2022
102. Serra Catarina, *COVID-19/Para uma legislação para a crise das empresas em tempos de 'crise total'*, em "Observatório Almedina", abril de 2020, disponível para consulta em https://observatorio.almedina.net/index.php/2020/04/03/covid-19-para-uam-legislacao-para-a-crise-das-empresas-em-tempos-de-crise-total/, último acesso em 10/07/2022
103. Serra, Catarina, *Direito da Insolvência em movimento – A reestruturação de empresas entre as coordenadas da legislação nacional e as perspetivas do Direito europeu*, em "Revista de Direito Comercial", 2017, pp. 94 e s., disponível para consulta em https://static1.squarespace.com/static/58596f8a29687fe710cf45cd/t/5a97cd639140b739cc290ce4/1519897957641/2017-05.pdf, último acesso em 10/07/2022
104. Serra, Catarina, *Emendas à lei da insolvência portuguesa – primeiras impressões*, em "Direito das Sociedades em Revista", Ano 4, Vol. 7, março de 2012, pp. 97 e s.
105. Serra, Catarina, *For great ills, great remedies!*, "Eurofenix – The Journal of INSOL Europe", nº 85, 2021, pp. 28-30, disponível para consulta em https://www.insol-europe.org/publications/eurofenix-past-issues, último acesso em 10/07/2022

106. Serra, Catarina, *Garantias ao financiamento das empresas e outros instrumentos jurídicos de combate à iliquidez na Lei nº 75/2020 – a justa medida*, "Direito das Sociedades em Revista", Ano 13, Vol. 25, Semestral, Coimbra, Almedina, 2021, pp. 57 e s.
107. Serra, Catarina, *Lições de Direito da Insolvência*, Reimpressão, Coimbra, Almedina, 2019
108. Serra, Catarina, *Novo (?) Regime Extrajudicial de Recuperação de Empresas*, em "Seminário de Direito da Insolvência" (coord. Catarina Serra), Coimbra, Almedina, 2019, pp. 9 e s.
109. Serra, Catarina, *O processo especial de revitalização – Colectânea de jurisprudência*, Reimpressão, Coimbra, Almedina, 2017
110. Serra, Catarina, *O processo especial de revitalização na jurisprudência*, 2ª Edição, Coimbra, Almedina, 2017
111. Serra, Catarina, *O Processo Extraordinário de Viabilização de Empresas (PEVE) e outras medidas da Lei nº 75/2020*, em "Revista de Direito Comercial", Lisboa, 2020, pp. 2019 e s., disponível para consulta em https://www.revistadedireitocomercial.com/o-processo-extraordinario-de-viabilizacao-de-empresas-peve-e-outras-medidas-da-lei-n-75/2020, último acesso em 10/07/2022
112. Serra, Catarina, *O regime português da insolvência*, Coimbra, Almedina, 2012
113. Serra, Catarina, *Processo especial de revitalização – contributos para uma rectificação*, em "Revista da Ordem dos Advogados", Ano 72, Vol. II/III, abril-setembro de 2012, pp. 715 e s.
114. Serra, Catarina, *Regime Extrajudicial de Recuperação de Empresas – Análise (e) Crítica*, Coimbra, Almedina, 2018
115. Serra, Catarina, *The extraordinary proceedings for the economic sustainability of businesses: the viability or feasability test*, "PoLaR Portuguese Law Review", vol. 5 – n. º 1, Coimbra, Almedina, 2021, pp. 1 e s.
116. Serra, Catarina, *Tópicos para uma discussão sobre o Processo Especial de Revitalização (com ilustrações jurisprudenciais)*, em "AB Instantia – Revista do Instituto de Conhecimento AB", Ano II, nº 4, Coimbra, Almedina, 2014, pp. 53 e s.
117. Silva, Fátima Reis, *Algumas Questões Processuais no Código da Insolvência e da Recuperação de Empresas – uma primeira abordagem*, "Miscelâneas", nº 2, pp. 50 e s., Instituto de Direito das Empresas e do Trabalho, Coimbra, Almedina, 2004
118. Silva, Fátima Reis, *Aprovação e homologação de planos de recuperação*, em "V Congresso de Direito da Insolvência" (coord. Catarina Serra), Coimbra, Almedina, 2019, pp. 255 e s.
119. Silva, Fátima Reis, *Paralelismos e diferenças entre o PER e o processo de insolvência – o plano de recuperação*, em "Revista de Direito da Insolvência", nº 0, Coimbra, Almedina, 2016, pp. 136 e s.
120. Silva, Fátima Reis, *Processo Especial de Revitalização – Notas práticas e jurisprudência recente*, Porto, Porto Editora, 2014
121. Silva, Fátima Reis, *Proposta de Lei 115/XIV/3ª – na versão da proposta conjunta do GPPSD e GPPS – Lei nº 9/2022, de 11 de janeiro – A visão de um juiz nacional*, em "Conferência «O Plano de Recuperação e Resiliência para a Justiça Económica e a transposição da Diretiva 2019/1023, do Parlamento Europeu e do Conselho»" – E-book",

Ministério da Justiça, março de 2022, pp. 33 e s., disponível para consulta em https://justica.gov.pt/Portals/0/Ficheiros/Organismos/JUSTICA/E-bookCONF-PRR-VF2.pdf, último acesso em 10/07/2022

122. Silva, Fátima Reis, *Questões processuais relativas ao processo especial de revitalização (arts. 17º-A a 17º-I do Código da Insolvência e da Recuperação de Empresas)*, em "Processo de Insolvência e Ações Conexas", E-book CEJ, dezembro de 2014, pp. 65-89, disponível para consulta em https://cej.justica.gov.pt/LinkClick.aspx?fileticket=utB28KmMBKU%3d&portalid=30, último acesso em 10/07/2022

123. Soares, Rita Mota, *Renovado Processo Especial de Revitalização*, em "Seminário de Direito da Insolvência" (coord. Catarina Serra), Coimbra, Almedina, 2019, pp. 19-48

124. Sousa, Miguel Teixeira de, *CPC online – CPC: art. 1º a 58º*, versão de 2021.10, disponível para consulta em https://drive.google.com/file/d/1Qrkj7KpwR-oC3n-4DzvYQlkEbJoQcst0B/view, último acesso em 10/07/2022

125. Sousa, Miguel Teixeira de, *Por que se teima em qualificar a decisão-surpresa como uma nulidade processual?*, disponível para consulta no Blog do Instituto Português de Processo Civil, https://blogippc.blogspot.com/2021/10/por-que-se-teima-em-qualificar-decisao.html, último acesso em 10/07/2022

126. Taínhas, Fernando, *Os créditos sobre a insolvência na proposta de lei nº 115/XIV/3ª e o novo art. 119º do CIRE*, em "Conferência «O Plano de Recuperação e Resiliência para a Justiça Económica e a transposição da Diretiva 2019/1023, do Parlamento Europeu e do Conselho»" – E-book", Ministério da Justiça, março de 2022, pp. 90 e s., disponível para consulta em https://justica.gov.pt/Portals/0/Ficheiros/Organismos/JUSTICA/E-bookCONF-PRR-VF2.pdf

127. Taínhas, Fernando, *Pode uma pessoa singular que não seja empresário ou comerciante submeter-se a processo especial de revitalização? – Sobrevoando uma controvérsia jurisprudencial*, "Julgar *online*", dezembro de 2015, disponível para consulta em http://julgar.pt/pode-uma-pessoa-singular-que-nao-seja-empresario-ou-comerciante-submeter-se-a-processo-especial-de-revitalizacao/, último acesso em 10/07/2022

128. Teixeira, Ana Patrícia Leite, *O poder de iniciativa do credor no Processo de Insolvência*, Dissertação, Escola Superior de Tecnologia e Gestão do Politécnico do Porto, 2013, disponível para consulta em https://recipp.ipp.pt/bitstream/10400.22/5770/1/DM_AnaTeixeira_MSOL_2013.pdf, último acesso em 10/07/2022

129. Tracana, Dinis/Rodrigues, João, *O Processo Extraordinário de Viabilização de Empresas: uma breve análise dos principais aspectos fiscais*, em "PLMJ Restructuring Review", 01, pp. 31 e s., disponível para consulta em https://www.plmj.com/xms/files/Restructuring_Review/PLMJ_Restructuring_Review.pdf, último acesso em 10/07/2022

130. Trindade, Diana, *O processo especial de revitalização – Análise crítica da reforma e o desígnio da recuperação*, em "Estudos de Direito da Insolvência", Volume II (coord. Maria do Rosário Epifânio), Coimbra, Almedina, 2019, pp. 67 e s.

131. Vasconcelos, L. Miguel Pestana, *O novo processo extraordinário de viabilização de empresas (PEVE). Análise e proposta de reforma*, em "Revista de Direito Comercial", Lisboa, 2020, pp. 2105 e s., disponível para consulta em https://www.revistadedireitocomercial.com/o-novo-processo-extraordinario-de-viabilizacao-de-empresas-peve-analise-e-proposta-de-reforma, último acesso em 10/07/2022

132. Vasconcelos, L. Miguel Pestana, *Recuperação de empresas: o processo especial de revitalização*, Coimbra, Almedina, 2017

ÍNDICE